Portugal Nord

Astrid Sturm

GPX-Daten zum Download

www.kompass.de/gpx

Kostenloser Download der GPX-Daten der im Wanderführer enthaltenen Wandertouren. Mehr Informationen auf Seite 3.

AUTORIN

Astrid Sturm • lebt in der Provence, Wandern ist ihre Leidenschaft. Sie war mehr als zehn Jahre als Fachbereichsleiterin Wege in einem deutschen Wanderverein tätig. Neben der Bewegung in der Natur befasste sie sich bereits sehr früh mit Datenverarbeitung und ist bestens mit GPS, Kartenkunde und digitaler Kartenbearbeitung vertraut. Darüber hinaus erarbeitete sie Qualitätskriterien für Wanderwege. Astrid Sturm ist europaweit unterwegs und war, neben ihrer regionalen Wandertätigkeit, in einer Arbeitsgruppe zur Weiterentwicklung des Europäischen Wanderwegenetzes aktiv.

Die Autorin betreut außerdem die KOMPASS-Wanderführer Spessart, Sardinien, Ahrsteig, Provence und Algarve.

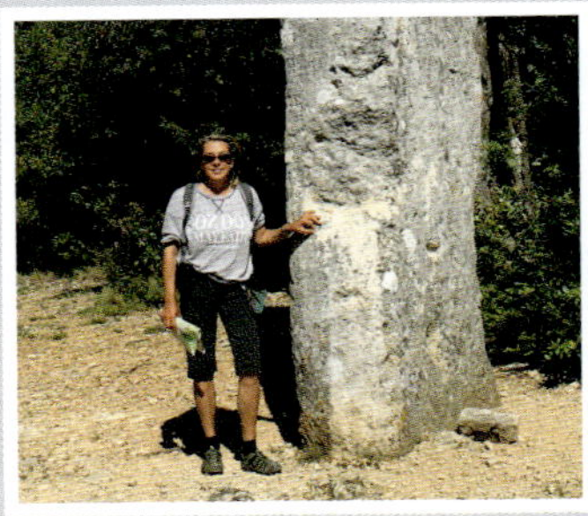

VORWORT

Portugal ist ein Fest für alle Sinne: Endlos erscheinende Sandstrände, blühende Mandel- und Orangenbäume, hohe Berge, breite Flusstäler und türkisfarbenes Meer betören das Auge. Duftender, wilder Thymian und Rosmarin, süße Früchte, frischer Fisch und exzellente Weine schmeicheln Nase und Gaumen. In Portugal hält der Sommer, was sein Name verspricht. Und ist es einmal brütend heiß, sorgt der Nortada für Erfrischung.

Quirlige Städte und Stille im Hinterland. Hier erlebt man nicht nur Natur, sondern auch Kultur: Tradition mit Zeugnissen aus vielen Kulturen und moderne Architektur – Portugal spielt mit seinem Facettenreichtum. Die idyllischen Dörfer verzaubern und geben einen entspannten Rhythmus vor.

Bei meinen Wanderungen und Erkundungen durch diese Gegenden, habe ich stets sehr freundliche und interessierte Einheimische getroffen. In den Bars und Cafés der kleinen Dörfer entlang der Wege erfuhr ich zuvorkommende Gastfreundschaft, die den Wanderer freundlich einlädt, bei gutem Essen und einem kühlen Getränk zu rasten.

Ich wünsche viel Freude, Erholung und interessante Wanderungen im Norden Portugals.

Astrid Sturm

ORIENTIERUNG MIT GPS

Für Navigationsgeräte und Apps haben wir auf unserer Webseite alle Touren im GPX-Format zum Download bereitgestellt:

www.kompass.de/gpx

Hier findet man alle weiteren Informationen. Einfach das richtige Produkt auf der Seite auswählen, die Daten herunterladen und auf das Zielgerät oder in die gewünschte App importieren.

Mehrwert mit Spaßfaktor: Ob vorab zur Planung, als Sicherheit für unterwegs oder zum Erinnern und Archivieren der gegangenen Tour. Die digitale Wanderroute ist in vielerlei Hinsicht wertvoll. Ein Blick auf die Daten hilft Neues zu entdecken und liefert Inspirationen für die nächsten Touren. Alle Wandertouren aus diesem Führer stehen im GPX-Format kompakt und genau zur Verfügung.

Was ist ein GPX-Track? GPX ist ein Datenformat für Geodaten. Das Wort GPS steht für Global Positioning System (Globales Positionsbestimmungssystem). Mit einem GPX-Track bekommt man die rote Linie, also den Wanderpfad, als geografische Koordinaten.

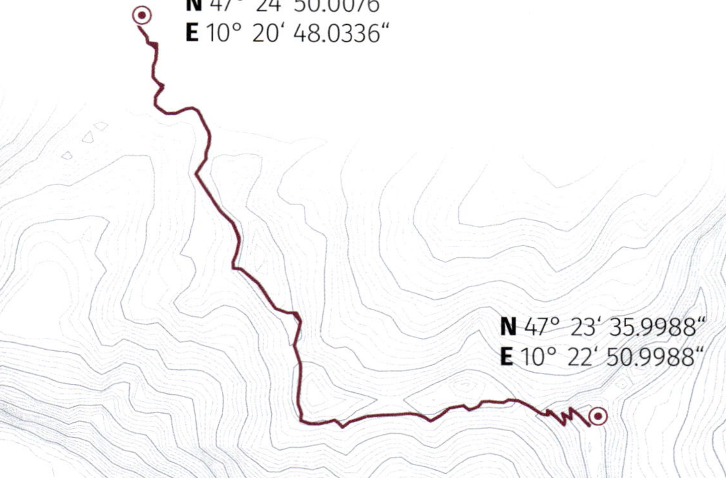

INHALT UND TOURENÜBERSICHT

AUFTAKT

ANHANG

 km	 h	 hm	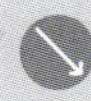 hm	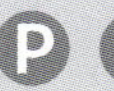	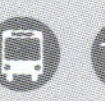	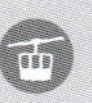					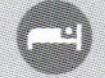
19,5	5:30	728	728	✓			✓		✓		
8,3	2:00	352	352	✓					✓		
10,3	2:30	410	410	✓					✓		
7,7	2:00	113	113	✓			✓		✓		
7,3	2:00	170	170	✓			✓		✓		
9,7	3:00	367	367	✓					✓		
6,6	1:30	314	314	✓					✓		
6,7	2:00	357	357	✓					✓		
13,1	4:30	813	813	✓					✓		
4,4	1:15	136	136	✓			✓		✓		
17,6	5:30	807	807	✓			✓		✓		
10,4	3:00	479	479	✓					✓		
5,4	2:00	329	329	✓			✓		✓		
6,9	3:00	523	523	✓			✓		✓		
3,6	1:30	341	341	✓					✓		
13	4:00	433	433	✓					✓		
13,1	3:30	419	419	✓					✓		
6,5	2:00	347	347	✓					✓		
8,9	3:00	291	291	✓					✓		

INHALT UND TOURENÜBERSICHT

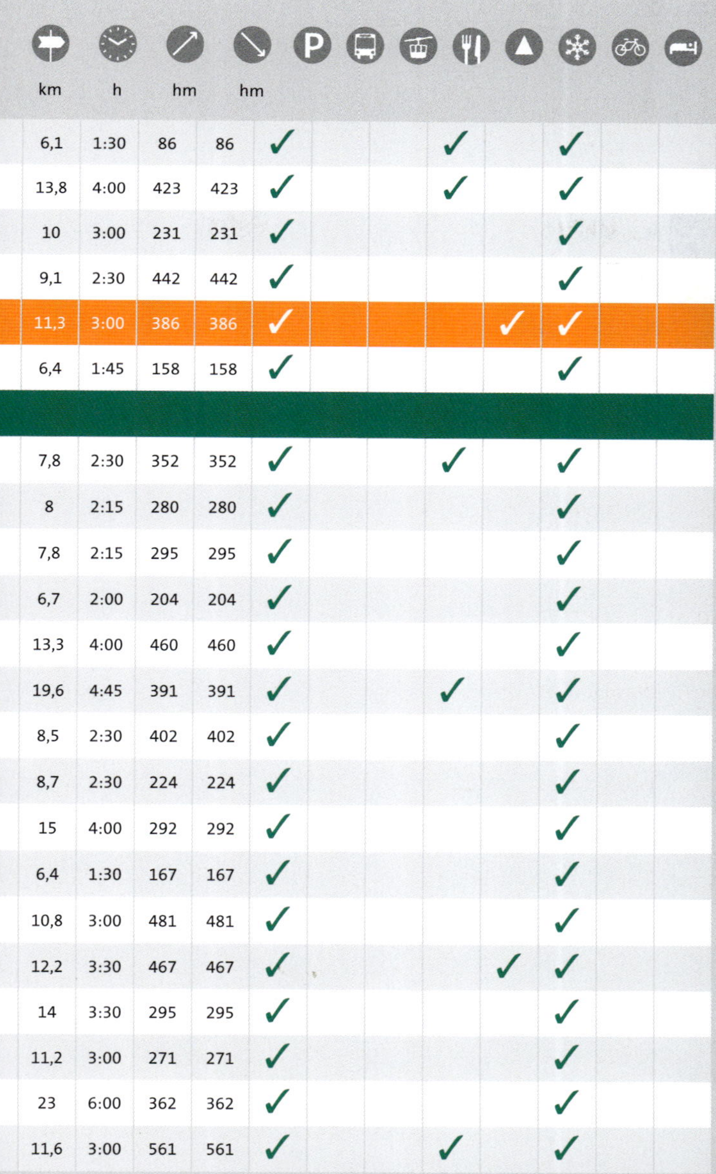

km	h	hm	hm								
6,1	1:30	86	86	✓			✓		✓		
13,8	4:00	423	423	✓			✓		✓		
10	3:00	231	231	✓					✓		
9,1	2:30	442	442	✓					✓		
11,3	3:00	386	386	✓				✓	✓		
6,4	1:45	158	158	✓					✓		
7,8	2:30	352	352	✓			✓		✓		
8	2:15	280	280	✓					✓		
7,8	2:15	295	295	✓					✓		
6,7	2:00	204	204	✓					✓		
13,3	4:00	460	460	✓					✓		
19,6	4:45	391	391	✓			✓		✓		
8,5	2:30	402	402	✓					✓		
8,7	2:30	224	224	✓					✓		
15	4:00	292	292	✓					✓		
6,4	1:30	167	167	✓					✓		
10,8	3:00	481	481	✓					✓		
12,2	3:30	467	467	✓				✓	✓		
14	3:30	295	295	✓					✓		
11,2	3:00	271	271	✓					✓		
23	6:00	362	362	✓					✓		
11,6	3:00	561	561	✓			✓		✓		

INHALT UND TOURENÜBERSICHT

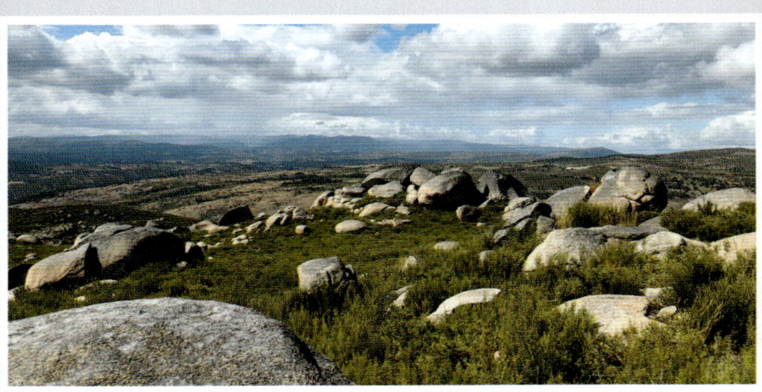

Schöne Felsformationen bei Pinheiro Novo

km	h	hm	hm								
10	2:30	608	608	✓					✓		
11,3	3:00	286	286	✓			✓		✓		
7,6	2:00	254	254	✓					✓		
7,2	2:00	443	443	✓					✓		
19,7	5:00	473	473	✓			✓		✓		
7,3	2:15	469	469	✓					✓		
8,3	2:15	334	334	✓					✓		
16,2	4:00	828	828	✓			✓		✓		
2,8	1:00	255	255	✓					✓		
11,3	3:00	493	493	✓					✓		
5,5	1:45	399	399	✓					✓		
11,3	3:15	534	534	✓					✓		
3,2	0:50	121	121	✓					✓		
10,2	2:45	260	260	✓					✓		

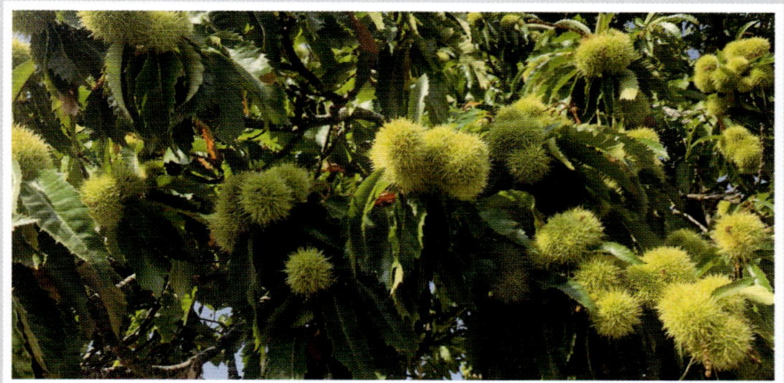

Esskastanienbäume prägen die Landschaft

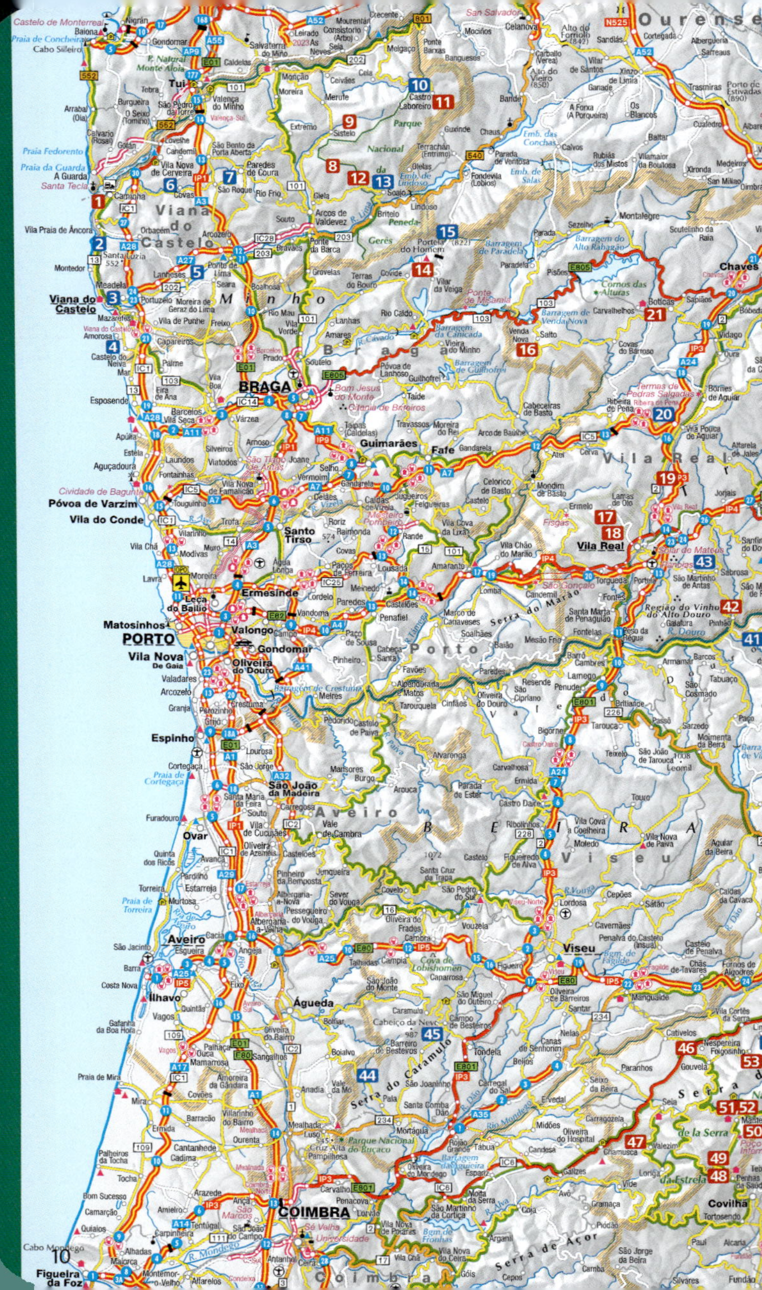
Castelo de Monterreal
Baiona
Praia de Concheira
Cabo Silleiro
Nigrán
Gondomar
Salvaterra do Miño
Leirado
As Neves
Mourentán
Consistorio (Arbo)
Crecente
Melgaço
San Salvador
Celanova
Ourense
Cortegada
Alberguería
Tui
Valença do Minho
P. Natural Monte Aloia
Monção
Moreira
Ceivães
Merufe
Castro Laboreiro
Bande
Ponte Barxas
Banguesos
Sandiás
Xinzo de Limia
Trasmiras
A Forxa (A Porqueira)
Os Blancos
Porto de Estivadas
Arrabal (Oia)
Burgueira
São Pedro da Torre
O Seixo (Tomiño)
Calvario (Rosal)
Goián
Covelhe
Cerdeira
São Bento da Porta Aberta
Sistelo
Extremo
Parque Nacional da Peneda-Gerês
Terrachán (Entrimo)
Guxinde
Chaus
Emb. das Conchas
Calvos
Baltar
Rubiás dos Mistos
Vilamaior da Boulloza
Xironda
Medeiros
San Milao
Oimbra
Praia Fedorento
Praia da Guarda
A Guarda
Santa Tecla
Caminha
Vila Nova de Cerveira
Paredes de Coura
São Roque
Rio Frio
Gíela
Soajo
Emb. de Lindoso
Lindoso
Fondevila (Lobios)
Emb. de Salas
Parada de Ventosa
Vila Praia de Âncora
Orbacém
Viana do Castelo
Arcozelo
Arcos de Valdevez
Ponte da Barca
Bravães
Soto
Britelo
Portela do Homem
Montalegre
Sezelhe
Soutelinho da Raia
Barragem do Alto Rabagão
Barragem de Paradela
Paradela
Parada
Pisões
Chaves
Montedor
Santa Luzia
Lanheses
Ponte de Lima
Seara
Meadela
Portuzelo
Moreira de Geraz do Lima
Vila de Punhe
Mazarefes
Minho
Grovelas
Terras do Bouro
Covide
Vilar da Veiga
Ponte de Misarela
Cornos das Alturas
Boticas
Sapiãos
Bobeda
Vidago
Amorosa
Castelo do Neiva
Capareiros
Freixo
Rio Mau
Vila Verde
Lanhas
Amares
Rio Caldo
Barragem da Caniçada
Vieira do Minho
Venda Nova
Barragem de Venda Nova
Salto
Carvalhelhos
Covas do Barroso
Mar
Palme
Esposende
Vila Boa
Prado
Soutelo
Braga
Bom Jesus do Monte
Citânia de Briteiros
Póvoa de Lanhoso
Guilhofrei
Barragem do Guilhofrei
Taíde
Cabeceiras de Basto
Ribeira de Pena
Termas de Pedras Salgadas
Bornes de Aguiar
Fão
Apúlia
Barcelos
Vila Seca
Várzea
Travassos
Moreira do Rei
Arco de Baúlhe
Vila Pouca de Aguiar
Estela
Aguçadoura
Silveiros
Arnoso
Taipas (Caldelas)
Guimarães
Fafe
Gandarela
Atei
Cerva
Vila Real
Alfarela de Jales
Cividade de Bagunte
Póvoa de Varzim
Vila do Conde
Laundos
Fontainhas
Touguinha
Viatodos
São Tiago de Antas
Vila Nova de Famalicão
Joane
Vermoim
Selho
Gandarela
Celorico de Basto
Mondim de Basto
Lamas de Olo
Jorjais
Vila Chã
Trofa
Vilarinho
Muro
Modivas
Delães
Caldas de Vizela
Jugueiros
Felgueiras
Mosteiro Pombeiro
Rande
Vila Cova da Lixa
Castelo
Ermelo
Fisgas
Vila Chão do Marão
Vila Real
Solar de Mateus
Sanfins do Douro
Santo Tirso
Roriz
Raimonda
Covas
Lavra
Moreira
Leça do Bailio
Matosinhos
Porto
Vila Nova de Gaia
Valadares
Arcozelo
Granja
Espinho
Ermesinde
Valongo
Gondomar
Oliveira do Douro
Água Longa
Lordelo
Vandoma
Campo
Paços de Ferreira
Lousada
Meinedo
Paredes
Castelões
Penafiel
Amarante
Lomba
Candemil
Serra do Marão
Torgueda
São Gonçalo
Fontes
Santa Marta de Penaguião
Fontelas
Peso da Régua
Região do Vinho do Alto Douro
Galafura
Pinhão
Sabrosa
São Martinho de Anta
Marco de Canaveses
Soalhães
Baião
Mesão Frio
Paço de Sousa
Cabeça Santa
Favões
Pinheiro
Alpendurada e Matos
Tarouquela
Cinfães
Oliveira do Douro
São Cipriano
Resende
Penude
Barrô
Cambres
Lamego
Britiande
Armamar
Barcos
Tabuaço
São Cosmado
Sarzedo
Paço
Moimenta da Beira
Passô
Tarouca
São João de Tarouca
Leomil
Castro Daire
Teixelo
Bigorne
Carvalhosa
Ermida
Crestuma
Perozinho
Gulpilhares
Lourosa
São Jorge
Melres
Barragem de Crestuma
Pedorido
Castelo de Paiva
Alvarenga
Mansores
Burgo
Arouca
Parada de Ester
Cortegaça
Praia de Cortegaça
Santa Maria da Feira
Souto
São João da Madeira
Carregosa
Furadouro
Ovar
Vila de Cucujães
Oliveira de Azeméis
Vale de Cambra
Castelões
Aveiro
Beira
Ribolhinhos
Vila Cova à Coelheira
Moledo
Vila Nova de Paiva
Aguiar da Beira
Touro
Quinta dos Ricos
Avanca
Pardilhó
Estarreja
Torreira
Praia de Torreira
Murtosa
Pinheiro da Bemposta
Junqueira
Albergaria-a-Nova
Pessegueiro do Vouga
Sever do Vouga
Santa Cruz da Trapa
Castelo
Figueiredo de Alva
Viseu
Cepões
Sátão
Caldas da Cavaca
Covelo
São Pedro do Sul
Lordosa
Vouzela
Oliveira de Frades
Cambra
Cavernães
Penalva do Castelo
Castelo de Penalva
São Jacinto
Barra
Costa Nova
Ílhavo
Cacia
Esgueira
Angeja
Albergaria-a-Velha
Talhadas
Campia
Cova de Lobishomen
Caparrosa
Figueiró
São Miguel do Outeiro
Mangualde
Chãs de Tavares
Fornos de Algodres
Quintãs
Fixo
Vagos
Águeda
São João do Monte
Caramulo
Cabeço da Neve
Campo de Besteiros
Santar
Oliveira de Barreiros
Vila Cortês da Serra
Gafanha da Boa Hora
Palhaça
Ouca
Mamarrosa
Sangalhos
Oliveira do Bairro
Bolfiar
Boialvo
Barreiro de Besteiros
Tondela
Canas de Senhorim
Nelas
Beijós
Cativelos
Nespereira
Folgosinho
Gouveia
Praia de Mira
Mira
Covões
Amoreira da Gândara
Anadia
Vale de Mó
Serra do Caramulo
São Joaninho
Carregal do Sal
Seixo da Beira
Paranhos
Serra da Estrela
Santa Comba Dão
Pala
Mortágua
Parque Nacional do Buçaco
Luso
Mealhada
Cruz Alta do Buçaco
Pampilhosa
Rio Mondego
Midões
Ervedal
Oliveira do Hospital
Carragozela
Seia
Manteigas
Poço do Inferno
Ermida
Barracão
Villarinho do Bairro
Ourentã
Cantanhede
Cadima
Palheiros da Tocha
Tocha
Rojão Grande
Tábua
Oliveira do Mondego
Barragem da Aguieira
Espariz
Candosa
Galizes
Chamusca
Valezim
Loriga
Penhas da Saúde
Teixo
Arazede
Bom Sucesso
Camarção
Amieiro
Ançã
São Marcos
Carvalho
Penacova
Lorvão
Coimbra
Sé Velha
Universidade
Mota da Serra
São Martinho da Cortiça
Coja
Avô
Vide
Gramaça
Piodão
Covilhã
Tortosendo
Quiaios
Tentúgal
São Silvestre
São João do Campo
Carpinheira
Cabo Mondego
Alhadas
Maiorca
Figueira da Foz
Montemor-o-Velho
Alfarelos
Condeixa
Antanhol
Ceira
Vila Nova de Poiares
Bgm de Fronhas
Vila Chã
Vila Nova do Ceira
Arganil
Serra de Açor
São Jorge da Beira
Cepos
Góis
Paul
Alcaria
Camba
Silvares
Fundão

GEBIETSÜBERSICHTSKARTE

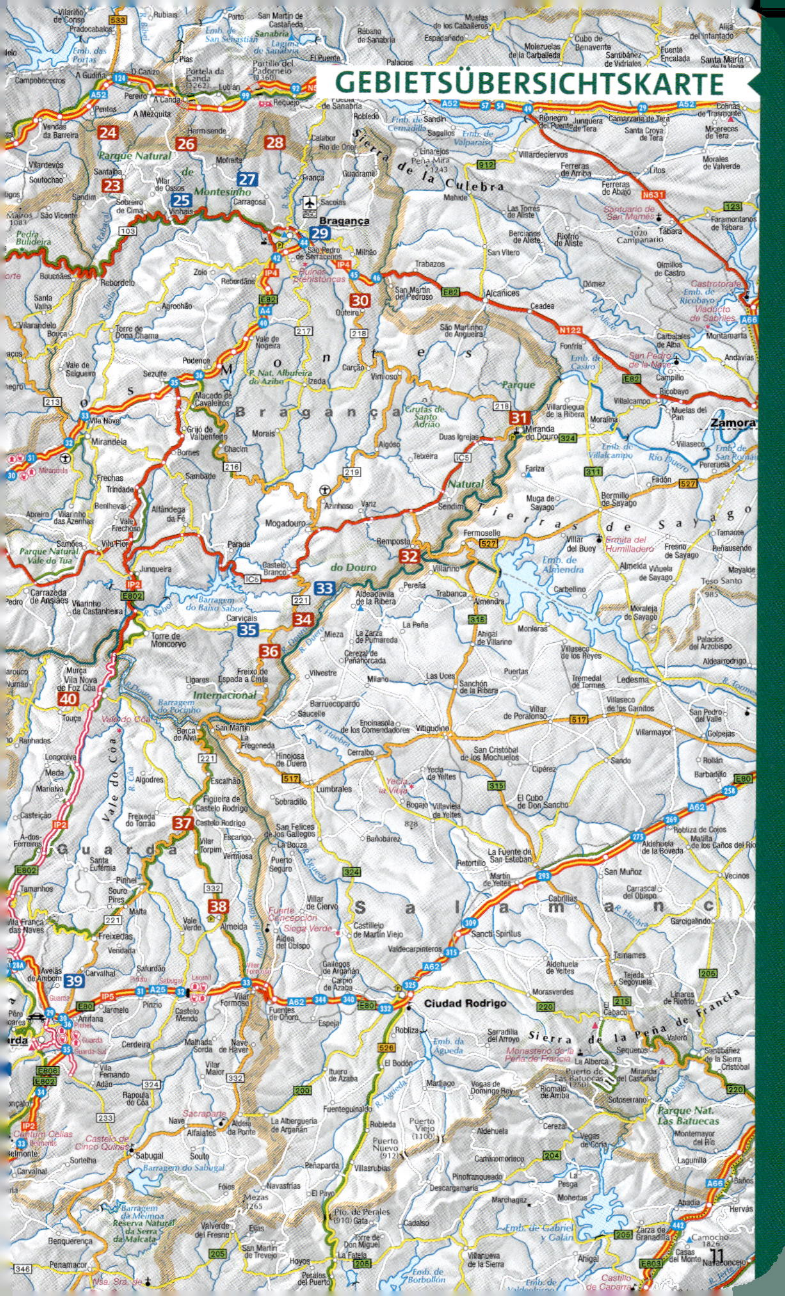

DAS GEBIET

Dieser Wanderführer legt seinen Schwerpunkt auf die Regionen: Viana do Castelo, Braga, Porto, Vila Real und Bragança in Nordportugal sowie auf die Gegenden Viseu und Guarda, die eigentlich zu Zentralportugal gezählt werden. Das Gebiet ist nicht groß, aber es ist sehr vielseitig. Die meisten Touren befinden sich in den Naturparks Montesinho, Serra do Alvão, Serra da Estrela und in Portugals einzigem Nationalpark Peneda-Gerês. Jeder Landstrich hat seine typische Vegetation und Artenvielfalt. Vor allem der Teil, der an Spanien grenzt, ist sehr gebirgig und wird von vielen Flüssen, wie zum Beispiel dem Douro, durchzogen. Die höher gelegenen Lagen verschaffen dieser Region ein kontinentales Klima, wo klimatische Extreme vermehrt spürbar sind: Die Sommer sind viel heißer und sehr trocken und die Winter viel kälter, in denen oft Regen oder Schnee fällt.

Die Flora in Nordportugal ist mit der des Mittelmeerraumes zu vergleichen und zeichnet sich durch eine überaus große Vielfalt aus. Die jeweilige Vegetation wird maßgeblich durch die

Portwein

Der Douro durchfließt ein Schiefermassiv, dort, wo im Norden Portugals sonst nur Granit ist. Das war die Chance der ersten Weinbauern: Aus zertrümmertem Schiefer schufen sich die Anrainer des Flusses im Mittelalter schmale Terrassen, die Patamares. Die ersten Weinreben pflanzten sie zwischen die Pilheiros genannten Mauern. Während der römischen Herrschaft extensivierten sie den Anbau. Die UNESCO bestimmte 24.600 Hektar der Weinregion zwischen Régua und Barca d'Alva 2001 zum Weltkulturerbe. Die bekanntesten Portweine stammen aus dem Gebiet Cima Corgo und der Weinstadt Pinhão. Der Fokus der Portweinproduktion liegt auf der Stadt Peso da Régua. Das einzigartige Gesicht der bis auf 600 Meter hoch reichenden Schiefertreppen prägen auch die Oliven- und Mandelbäume, Orangen, Zitronen, Pfirsiche und Feigen.

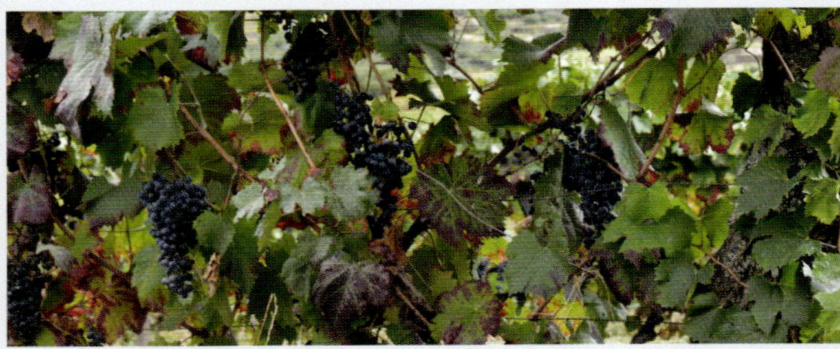

Reben im Dourotal

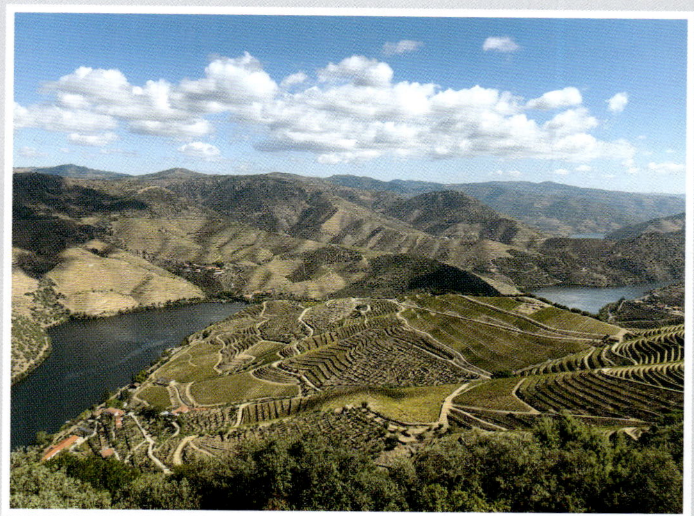

Weinanbau im Tal des Douro

klimatischen Verhältnisse und die Beschaffenheit der Böden bestimmt. Wer sich die Pflanzenwelt in Portugal ansehen möchte, kommt am besten im Frühjahr. Ab Dezember verwandelt sich die von der Sonne verbrannte und braune Landschaft in ein grünes Paradies. In Portugal wachsen, neben den heimischen Arten, exotische Pflanzen aus dem Mittelmeerraum und aus Übersee. Sie kamen entweder mit den Römern und Arabern oder auf den Schiffen der portugiesischen Entdecker und Eroberer in die Region. Ein besonderes Erlebnis ist die Mandelblüte im Januar und Februar. Die zartrosa Blüten der kleinen Bäume geben der Landschaft dann eine sehr besondere Note. Im Februar und März verwandeln die Mimosen die Welt in ein Meer aus gelben Blütenkelchen. Die Orangenbäume verströmen ihren intensiven Duft zwischen Februar und Juni und der dornige Granatapfelbaum trägt seine roten Blüten von Mai bis September. Die weit verbreitete Zistrose, mit ihren klebrigen Blättern, zeigt ihre zerknitterten meist weiß-gelben Blüten zwischen März und Juni.

Zu den wichtigsten Wirtschaftszweigen in Portugal zählen die Landwirtschaft, der Fischfang und der Tourismus.

Portugal ist weltweit der größte Exporteur von Kork und die Korkeichen prägen weite Teile des Landschaftsbildes im Hinterland. Damit Korkeichen überleben können, werden sie nur alle zehn Jahre in mühevoller Handarbeit geschält. Das Jahr, in dem der Baum zuletzt abgeerntet wurde, wird mit weißer Farbe auf die Rinde geschrieben. Die rostrot leuchtende Farbe der frisch geschälten Bäume gibt sich der Baum als eine Art Schutzmantel selbst. In der Forstwirtschaft von Portugal hat der aus Australien stammende Eukalyptusbaum seinen Siegeszug angetreten. Auf gerodeten oder abgebrannten Waldflächen verspricht er durch sein schnelles Wachstum einen Gewinn in der Papierindustrie. Die ökologischen Folgen sind allerdings gravierend. Eukalyptusbäume entziehen dem Boden sehr viel Wasser und senken somit den Grundwasserspiegel. Andere Pflanzen werden zurückgedrängt und die ätherischen Öle der Eukalyptusbäume erhöhen die Waldbrandgefahr und stellen für die Tierwelt keine Nahrungsquelle dar.

Der Olivenbaum prägt seit gut zweieinhalb Jahrtausenden Portugal – und das nicht nur landschaftlich. Auch in der portugiesischen Küche sind Oliven und ihr geschmacksintensives Öl ein allgegenwärtiger Bestandteil.

Die Weinhänge des Douro und seiner Nebenflüsse, 80 Kilometer östlich von Porto, erzählen eine Überlebensgeschichte. Archäologen datierten ihre Funde von Traubenkernen im Nordosten Portugals auf die Bronzezeit, in der die Menschen hier nachweislich den ersten Weinanbau betrieben.

Die portugiesische Küche ist einfach und deftig und geht eher in Richtung Hausmannskost. Fisch, Fleisch und Kohl bilden oft die Grundlage. Zu den Nationalgerichten zählen vor allem Stockfisch (bacalhau), Sardinen (sardinhas) und caldo verde, eine Kartoffel-Kohl-Suppe mit Chouriço. Die Gerichte in Portugal sind je nach Region unterschiedlich und abwechslungsreich. An den Küsten kommt natürlich eher Fisch auf den Teller, während im Landesinneren mehr Fleisch gegessen

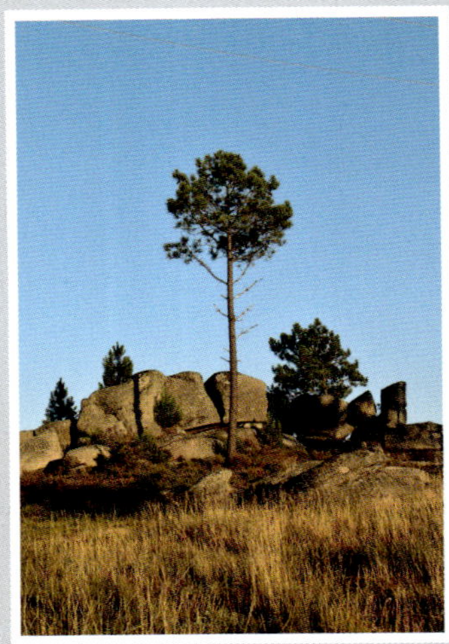

Zwischen Terras de Bouro und Covide

wird. Überall gleichermaßen beliebt sind Suppen und Eintöpfe sowie süße Nachspeisen. Getrunken wird vorwiegend Wein. Gerne auch als Aperitif oder Digestif. Portugal verbindet man in erster Linie mit dem berühmten Portwein. Doch das ist längst nicht alles. An heißen Tagen empfiehlt sich ein *Vinho verde*, ein junger, spritziger Weißwein aus dem Anbaugebiet zwischen Douro und Minho. Wer es süßer mag, gönnt sich zum Dessert einen Madeirawein (*vinho da Madeira*).

In freier Wildbahn leben Chamäleons, Eidechsen, Füchse, Ginsterkatzen, Hasen, Otter, Schlangen, Steinmarder, Hirsche und Wildschweine. Man bekommt sie allerdings nur sehr selten zu Gesicht. Vielerorts erobern Wolfsrudel das Terrain zurück. Die Unterwasserwelt vor der Küste Portugals ist reich an verschiedenen Fischarten. Große Thunfisch-Schwärme ziehen im Sommer vor der Küste vorbei.

Geschichte

Sieht man sich die Fläche von Portugal an, dann mag man über so manche Errungenschaften des Landes staunen: Mit einer Fläche ca. so groß wie Österreich oder Irland, schaffte es Portugal, eine der wichtigsten Seemächte der Welt zu werden. Davon zeugten Kolonien, die über den ganzen Globus verteilt waren: Angola, Indien, Macau, Brasilien, Mosambik u.v.m.

Zu Beginn der portugiesischen Geschichte standen vor allem die Territorialkriege im Vordergrund. Verschiedene Völker wollten das Gebiet für sich beanspruchen. Zuerst waren es die Iberer, die ca. 2000 vor Christus das Territorium zum ersten Mal betraten. Danach kamen die Kelten und schließlich waren es dann die Römer, die neben weiten Teilen Europas auch Portugal für sich erobern konnten.

Es folgten in dieser Zeit aber immer wieder Aufstände von Minderheiten, die Teile des Gebietes zurückgewinnen wollten. Dazu kamen noch Westgoten und Germanen, die kurze Zeit die Oberhand hatten.

Die nächste wichtige Etappe in der Geschichte war die Ära der Araber. Es waren die Mauren, die Portugal über die Straße von Gibraltar eroberten. Das größtenteils christliche Portugal befand sich plötzlich unter muslimischer Herrschaft. Diese Periode dauerte bis ins 12. Jahrhundert an. Am Ende stand die Begründung des ersten Königreiches von König Afonso I. 1143 wurde das Land schließlich unabhängig.

Portugal verfügt heute über einen großen Anteil an Küste. Die komplette westliche Landesgrenze liegt am Meer und auch im Norden und Süden sind weitere Küstenabschnitte zu finden. Diese geographische Lage trug dazu bei, dass das Land, das flächenmäßig eigentlich sehr klein war, zu einer der wichtigsten Seefahrermächte der Welt wurde.

Die ersten Entdeckungsfahrten starteten im 14. Jahrhundert. Teile Marokkos waren das erste Gebiet, das außerhalb Portugals erobert wurde. Die Erkundungen gingen aber noch viel weiter. Heinrich der Seefahrer schaffte es, die erfahrensten Eroberer und Wissenschaftler zu versammeln.

Das Wissen der Portugiesen in Sachen Schiffbau und Seefahrt war vielen anderen Seefahrernationen weit überlegen. Das brachte dem Land die Vorreiterrolle ein. Eines der geschichtsträchtigsten Ereignisse war Vasco da Gamas Reise bis nach Indien. Damit wurde das erste Mal ein Seeweg entdeckt, der bis nach Ostasien vordrang. Teile Asiens waren aber nicht die einzigen Kolonien, die die Portugiesen eroberten. Sie schafften es bis nach Südamerika und Afrika und hatten ihr Staatsgebiet somit auf der ganzen Welt verteilt.

Naturschutzgebiete in Portugal

Der einzig ausgewiesene **Nationalpark** des Landes ist **Peneda-Gerês** mit einer Größe von mehr als 700 km². Manche Berge in dem Gebiet sind bis zu 1.500 Meter hoch. Bei der Besteigung werden verschiedene Klimazonen durchquert. Touren durch den Park sind nur auf ausgewiesenen Wanderwegen, den sogenannten Trilhos, erlaubt.

Schon vor 5.000 Jahren siedelten Menschen in dieser Gegend. Zeugnis davon legen Dolmen und Menhire ab: Sie stehen unter anderem in Mezio, Tourem und Mourela. Bei der Ponte de Barca setzt der Menhir von Ermida ein deutliches Zeichen in der Landschaft. Die Römer bauten zahlreiche und noch heute in Teilstücken erhaltene Straßen aus. Sie führen quer durch den Park. Am Straßenrand stehen schöne gravierte Meilensteine und auch die Brücken sind sehenswert.

Üppig wuchert es in den Tälern. Neben Eichen und Stechpalmen, ist die blaulila-farbene Gêres-Lilie hier heimisch. In höheren Lagen wachsen Heide, Ginster und Wacholder, an den Flüssen Eiben und Birken. Geradezu magisch sind die Wälder aus meterhohen Farnen mit Moosen und Flechten.

Besucherzentren: Der Hauptsitz des Nationalparks liegt in Braga. Mehrere Besucherzentren bieten Informationen in Mezio, Lamas de Mouro, Campo de Gerês und Montalegre.

Der Kurort Gerês aus dem 17. Jahrhundert bietet nicht nur eine schöne Architektur, sondern auch gute Möglichkeiten zum Shoppen und ein Thermalbad, das bereits von den Römern geschätzt wurde.

Der **Parque Natural de Montesinhos** bei Bragança ist mit 750 km² Größe sehr weitläufig. Neben der schönen Natur des Parks sind besonders die baulichen Leistungen der Menschen beachtenswert. Zum Park gehören mehrere Dörfer, darunter Montesinho, dem der Park seinen Namen verdankt, Rio de Onor und Guadramil. In diesen Orten ist es der Bevölkerung gelungen, sich geschickt der Landschaft anzupassen und ihre Schiefer- und Granithäuser hervorragend in das Landschaftsbild einzufügen. Die größte Überraschung bei einem Besuch der Dörfer besteht darin, festzustellen, dass es sich hier um wahre Kommunen handelt. Die Bewohner teilen sich die öffentlichen Güter, d. h. der zum Backen von Brot verwendete Holzofen, die Schmiede, die Tenne, die Mühle, der Waschplatz, die Ackerflächen, die Wiesen und der Stier des Dorfes werden, nach seit Jahrhunderten unveränderter Tradition, von den Bewohnern gemeinschaftlich genutzt und verwaltet.

Egal, wie viele Dörfer Sie besuchen, Rio de Onor ist auf jeden Fall ein Muss. Das Dorf ist die am besten erhaltene Kommune des Parks, aber das ist nicht alles. Durch das Gebiet verläuft die Grenze zwischen Portugal und Spanien. Die spanische Seite trägt sogar einen anderen Namen, nämlich Rihonor de Castilla. Die Familien- und Freundschaftsbande der Bewohner lassen die Grenze jedoch fast verschwinden.

Klein, aber fein: Der **Naturpark Alvão** ist ein Paradies zwischen Vila Real und Mondim de Basto. Er zählt zu den kleinsten Naturparks in Portugal, aber sein Wasserfall Fisgas do Ermelo ist dagegen einer der größten von ganz Europa. Die Fläche des 1983 gegründeten Parque Natural de Alvão beträgt dabei nur 70 Quadratkilometer. Dort leben noch heute Menschen und Natur friedlich nebeneinander. Land-

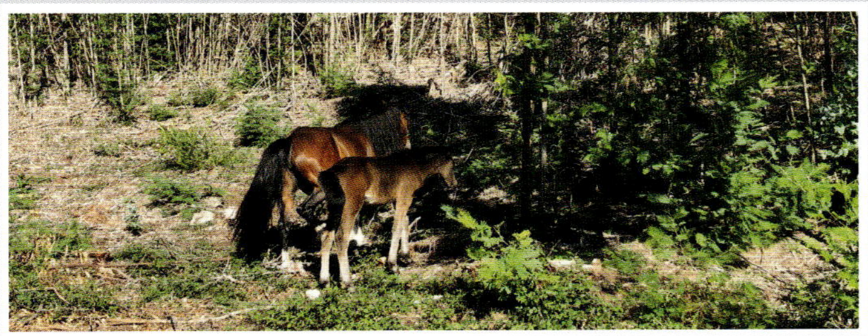

Wildpferde bei Viana do Castelo

schaftlich umfasst der Park zwei ganz unterschiedliche Landschaftsformen: Die Region um Lamas de Olmo auf einer Höhe von 1.000 m mit Hochgebirgsvegetation und Granitfelsen. In der, auf 450 m Höhe liegenden, Zone um Ermelo dominiert dagegen Schiefergestein das Landschaftsbild und es ist grün wie sonst nur in der Region Minho.

Der vielfältige Alvão-Park birgt Wasserfälle und Bergseen sowie Flusslandschaften und uralte Wälder mit Kastanien und Eichenbäumen. In den Dörfchen Fervença und Ermelo kann man, nach einer Wanderung, ein leckeres Mittag- oder Abendessen zu sich nehmen.

Der Wasserfall in Bilhó speist sich aus dem Fluss Cabrão: Er fließt über mehrere Kaskaden in natürliche Steinbecken und in beeindruckender Schönheit bis ins Tal. Im Sommer gibt es nichts Besseres als ein Bad in den glasklaren, natürlichen Seen und in diesen steinernen Naturpools.

In den Bergdörfern des Naturparks Alvão ticken die Uhren noch anders. Eingebettet in die aparten Landschaften des Parks, liegen die typischen traditionellen Bergdörfchen Lamas de Olmo, Ermelo und Fervença.

Die Umgebung liefert das Material für die charmanten Häuschen: Granit, Schiefer und Stroh. Während es sich bei Ermelo und Lamas de Olmo um typische Bergdörfer handelt, ist die Architektur von Fervença von Berghängen mit kultivierten Terrassen geprägt.

Rund um die Dörfer erstrecken sich große Wiesen, auf denen im Sommer die Mohnblumen blühen, und ausgedehnte Äcker – sie liefern das Korn für das im Holzofen gebackene Brot. Das Dorf Barreiro bietet einen besonders schönen Ausblick auf den Berg Farinha.

Die Dorfbewohner gelten als gastfreundlich und teilen gerne ihre Traditionen und kulinarischen Schätze.

Den Sternen ganz nah ist man in dem **Naturpark Serra da Estrela**, das bedeutet „Gebirge der Sterne". Dort liegt der höchste Gipfel des portugiesischen Festlandes – der 1.993 m hohe Torre. Ihren Namen verdankt die Serra da Estrela jedoch nicht den Sternen, sondern den hier wachsenden wilden Osterglocken, die sich im Frühjahr über die Berghänge ergießen. In der Serra da Estrela entspringen die Flüsse Mondego, Zêzere und Alva. Sieben der Gipfel überschreiten eine Höhe von 1.400 m.

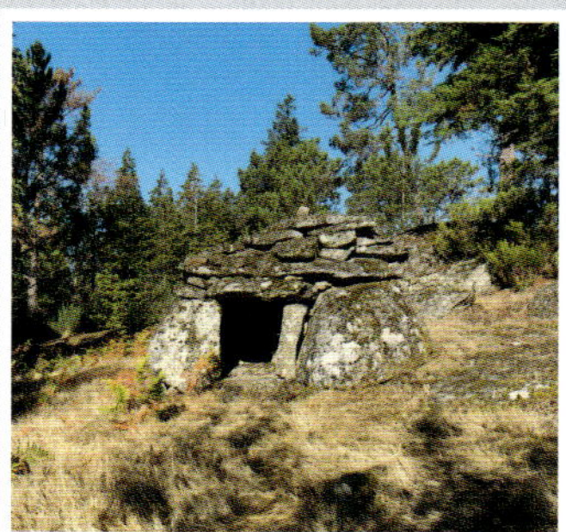

Steinhäuschen im Nationalpark Peneda-Gêres

Es wechseln sich Zonen mit mediterranem und gemäßigtem Klima ab. Die Sommer sind warm und trocken, in den Monaten Oktober bis Mai kann es jedoch zu Niederschlägen kommen. In Höhenlagen über 1.400 m fällt im Winter Schnee. Einzigartig ist die vielfältige Tier- und Pflanzenwelt in der Serra da Estrela. In der Landschaft finden Wölfe, Otter, Wildschweine, Füchse, Wildkaninchen und Ginsterkatzen ihr Zuhause. Über allem kreisen zahlreiche Vögel, zu den selteneren zählen Steinadler, Wanderfalken, Mäusebussarde, Uhus und der Schwarzmilan. Zwischen den Felsen und entlang der Flüsse wachsen je nach Höhenlage wilde Narzissen, aber auch Wacholder und Steinbrech. Die Wälder setzen sich aus verschiedenen Eichenarten, Kiefern und Kastanienbäumen zusammen. Die Ebenen sind bedeckt mit Heide, Rosmarin und Ginster. Auf ausgedehnten Weideflächen wird auch heute noch Berglandwirtschaft betrieben.

Besucherzentren: Lohnend und ein guter Ausgangspunkt für Aktivitäten sind die Besucherzentren im Naturpark Serra da Estrela. Man findet sie in Manteigas, Seia, Gouveia und Guarda vor. Sie bieten eine Fülle von Informationen und Tipps über die Pflanzen- und Tierarten, die Stauseen, Lagunen und Geschichte der Region und bieten auch oft eine multimediale Ausstellung an. Tipps: Neben der reizenden Landschaft lohnt ein Besuch der charmanten, historischen Dörfchen im Naturpark. Ganze 12 Aldeias mit historischen Steinhäusern, die sich an die Granitsteinfelsen und grünen Hänge schmiegen, sind erhalten.

Schön ist eine Fahrt mit dem Auto etwa von Manteigas nach Piódão über eine landschaftlich schöne, kurvenreiche Strecke von etwa 70 km. Vorbei geht es an Pinienwäldchen und Bächen, an Terrassen und blau-weißen Kirchen.

Die bizarre Gebirgslandschaft des Zêzere Tals mit ihren Steingipfeln, Geröllfeldern und Heideflächen schlägt jeden Besucher schnell in ihren Bann. Sie wurde vor 20.000 Jahren von Gletschern geformt und eine Tour mit dem Auto durch das Tal zählt zu den schönsten Routen in ganz Portugal.

Was das Moseltal für Deutschland ist, ist das **Flusstal des Douro** für Portugal. Die Landschaft dort ist über 2.000 Jahre alt und zählt zum Weltkulturerbe der UNESCO. Seit Jahrhunderten wird dort Wein angebaut, es ist eines der ältesten Anbaugebiete der Welt. Das Dourotal führt von der Hafenstadt Porto landeinwärts bis nach Spanien. An den Hängen des steilen Tals erheben sich viele kleine Ortschaften aus dem Boden. Sie fügen sich wunderschön in die Landschaft ein.

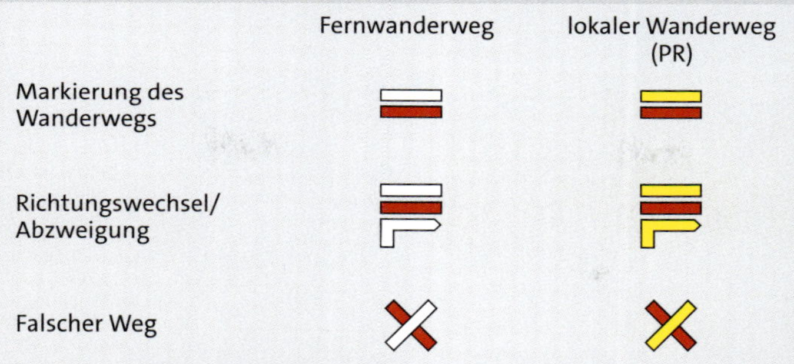

Markierungssystematik in Portugal

WANDERWEGE UND MARKIERUNGEN

Portugal ist bei entsprechender Ausrüstung eine Ganzjahreswanderregion. Die beste Wanderzeit ist jedoch von März bis Ende Mai, wenn die Natur am buntesten und vielfältigsten ist. Die Erntezeit kann man besonders schön auf Wanderungen erleben, wenn die Medronho-Früchte, Granatäpfel und Esskastanien reif sind. Und im Dezember beginnt die Natur wieder zu grünen und zu blühen. Sogar ein Bad im Atlantik ist dann noch möglich. Eine gute Ausrüstung ist empfehlenswert, da sich das Wetter in den Bergen schnell ändern kann.

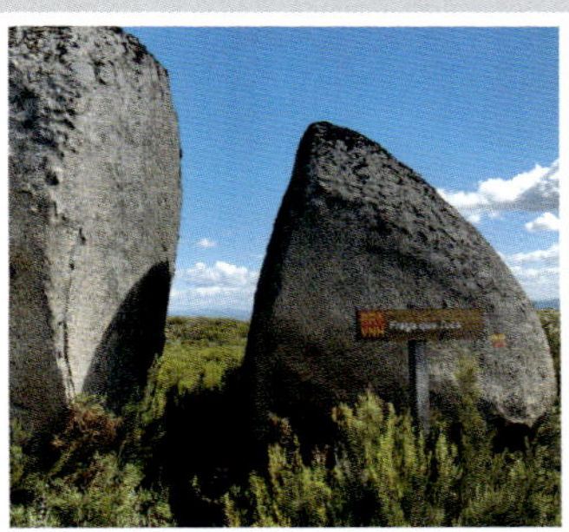

An der Grenze zu Spanien, bei Pinheiro Novo

Die portugiesischen Wanderwege sind durchgängig sehr gut markiert. Die Fernwanderwege sind weiß-rot markiert. Die regionalen und die Naturparkwanderwege (PR) werden gelb-rot gekennzeichnet.

SCHWIERIGKEITSGRADE

■ LEICHT
Leichte Wanderungen auf Forstwegen ohne größere Steigungen. Meist auch für Familien mit Kindern geeignet, obwohl sie nicht durchgehend bequemen Promenaden folgen, sondern auch wurzeligen Pfaden.

■ MITTEL
Wanderungen, die hinsichtlich ihrer Länge, Wegebeschaffenheit und Höhenmetern anspruchsvoller sind.

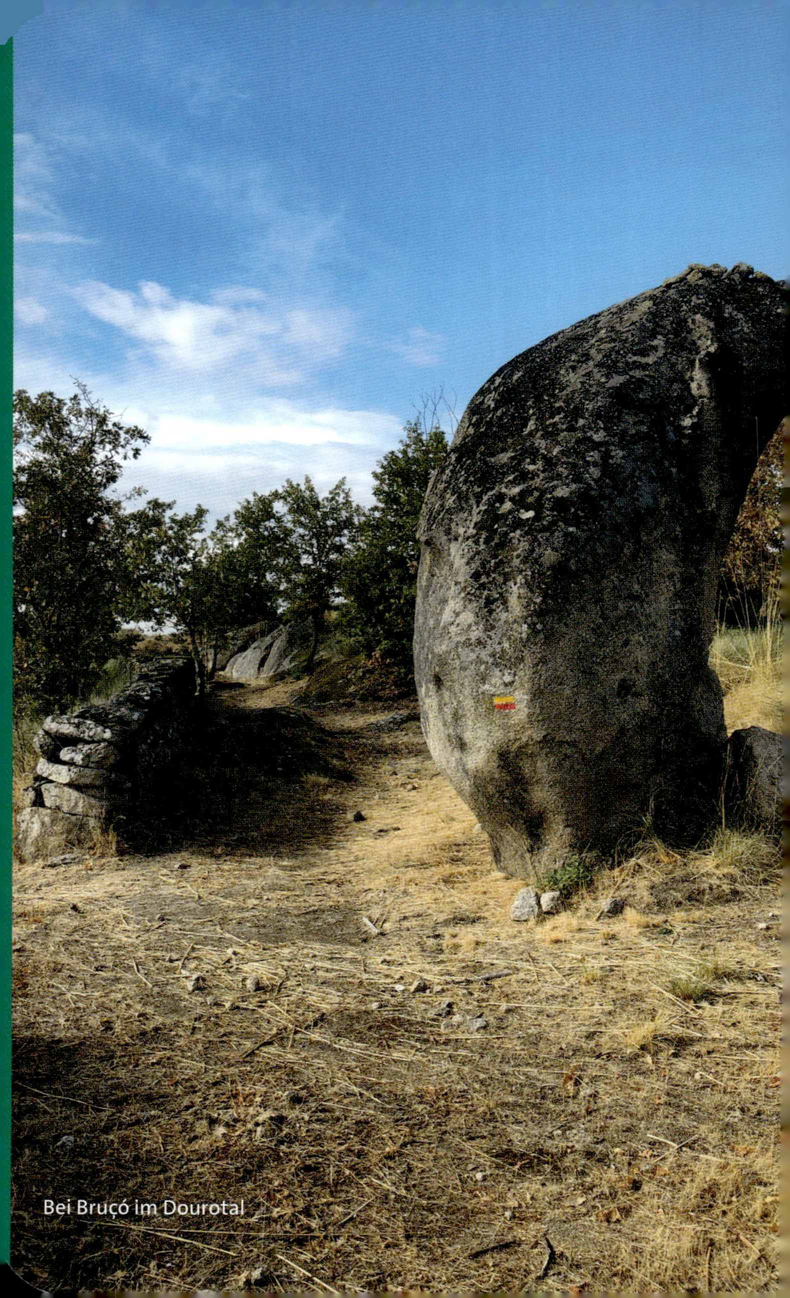

Bei Bruçó im Dourotal

Sie setzen Kondition und Ausdauer voraus.

■ **SCHWER**
Anspruchsvolle Tour, die Trittsicherheit, gute Kondition und Schwindelfreiheit erfordert oder Klettersteige beinhaltet.

Notrufe

Allgemeiner Notruf:
112 (europaweit)
Notrufnummer des Forstdienstes: 115 (etwa bei Waldbrand)

HINWEIS

Gehzeiten und Schwierigkeitsbewertungen können nur Richtwerte sein. Für Pausen und Besichtigungen sollte reichlich zusätzliche Zeit eingeplant werden. Faktoren wie das Wetter und individuelle Voraussetzungen gilt es zu berücksichtigen.

EINKEHRMÖGLICHKEITEN

Das Einkehrsymbol auf der Seitenleiste bezieht sich auf Einkehrmöglichkeiten unterwegs. Da sich die Öffnungszeiten saisonal sehr unterscheiden, sollten Sie sich vorab über Übernachtungs- und Einkehrmöglichkeiten informieren.

JÄGER

Die Portugiesen jagen gerne. Während der Saison von Mitte August bis Ende Februar sollten Hundebesitzer ihre Vierbeiner nicht von der Leine lassen. Gejagt wird donnerstags und an Wochenenden.

MEINE LIEBLINGSTOUR

Von Pinheiro Novo nach Spanien (Tour 24, Seite 96)
Die Serra do Coelho, im Grenzgebiet von Portugal und Spanien, ist eine Hochfläche, die von bizarren Felsformationen und vereinzelt stehenden Kiefern geprägt ist. Der Boden ist mit Erika bedeckt und ergibt einen weichen Untergrund zum Wandern. Die karge Landschaft bietet grandiose Aussichten und die alten Grenzsteine erzählen Geschichte.

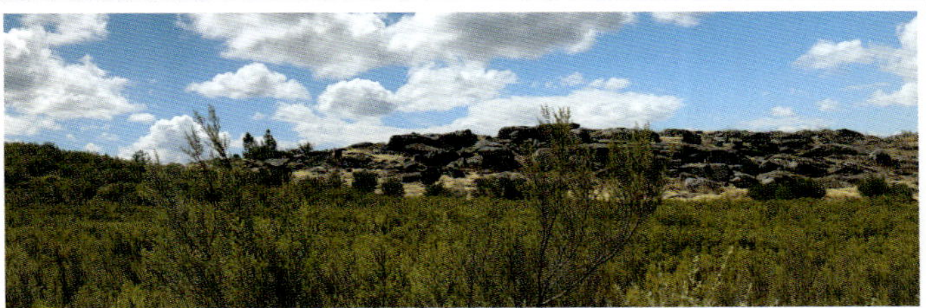

Schönes Grenzgebiet nach Spanien

MEINE HIGHLIGHTS

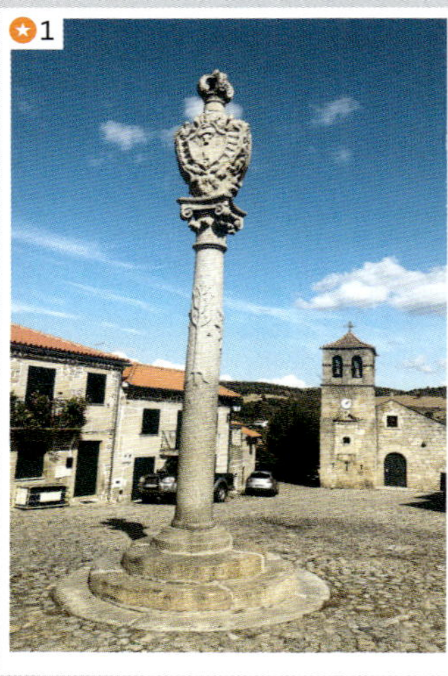

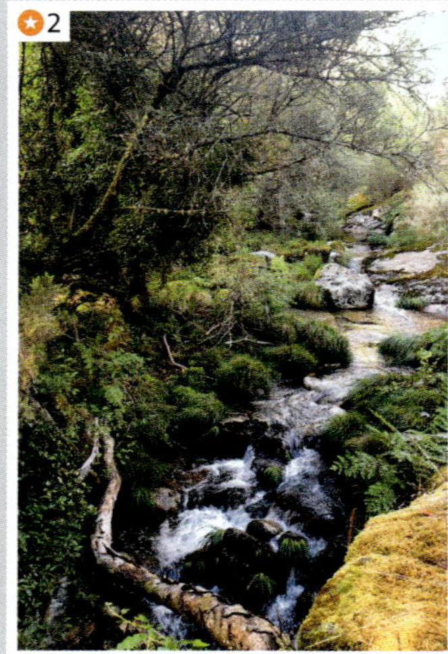

1: Kultur-Highlight: Diese Wanderung ist ein Bildungsausflug und wir können römische Überreste in Prazo und Rumansil unter die Lupe nehmen. Gekrönt wird die Tour mit einem phantastischen Ausblick in das Tal des Douro.
→ Tour 40, Seite 147

2: Familien-Highlight: Die Riesenschaukel auf dem Hügel nahe dem Nationalparkzentrum ist eine beliebte Touristenattraktion. Cachena-Rinder und Wildpferde sind zum Greifen nah. Ein Bach zum Planschen rundet diese Tour ab.
→ Tour 12, Seite 60

3: Genuss-Highlight: Das gesamte Stadtgebilde von Linhares wird von einer wehrhaften Burg überragt, die hervorragend in das landschaftliche Gesamtbild eingefügt ist. Das Restaurant „Cova da Loba" bietet kulinarische Köstlichkeiten der Region.
→ Tour 54, Seite 191

4: Natur-Highlight: Diese Wanderung ist geprägt von bizarren Felsformationen aus runden Granitblöcken. Auf der Hügelkette von Calcedónia fanden Archäologen Überreste aus der Eisenzeit.
→ Tour 14, Seite 66

5: Sportliches Highlight: Im Grenzgebiet zu Spanien liegt die kleine Ortschaft Castro Laboreiro. Eine zerfallene Burg thront über dem Dorf. Unsere Wanderung umkreist die alte Festung, sodass sich immer wieder neue Aussichten auf den Hügel bieten.
→ Tour 11, Seite 57

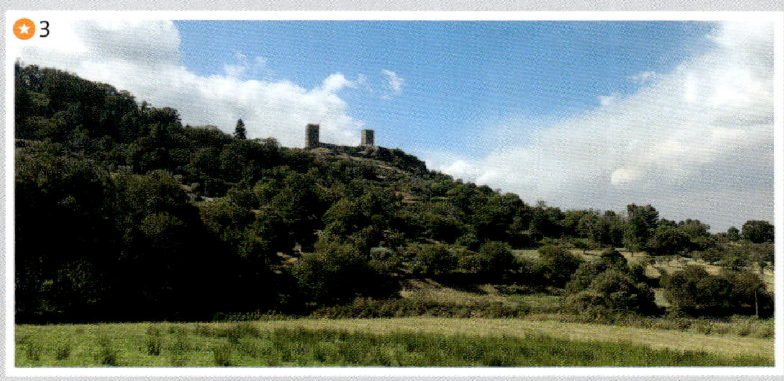
3

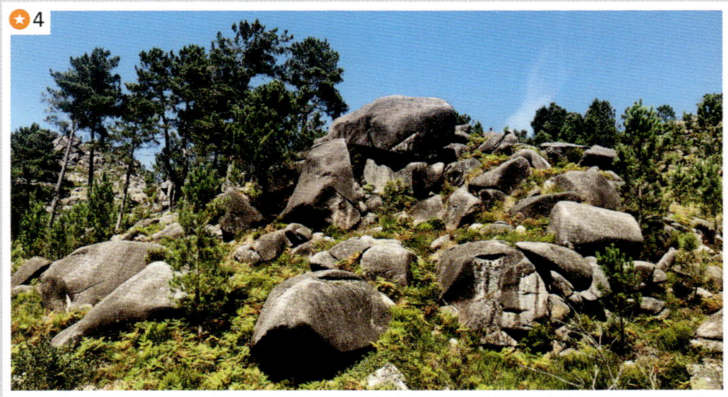
4

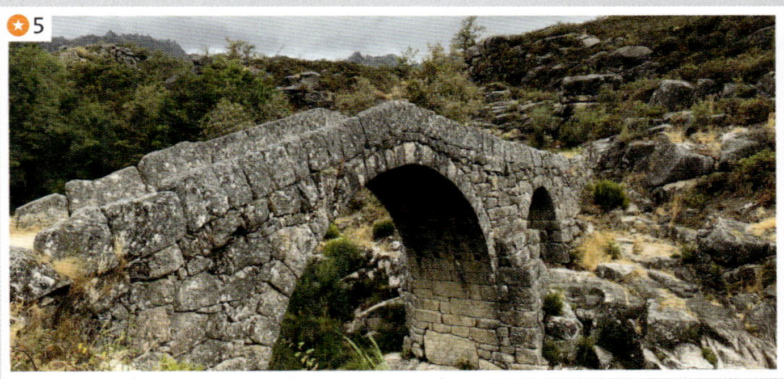
5

Zwischen Bergen und Meer

Wir beginnen im äußersten Nordwesten Portugals und wandern unsere Touren immer in Grenznähe zu Spanien, am Meer, im Nationalpark Peneda-Gerês und den Naturparks Alvão und Montesinho.

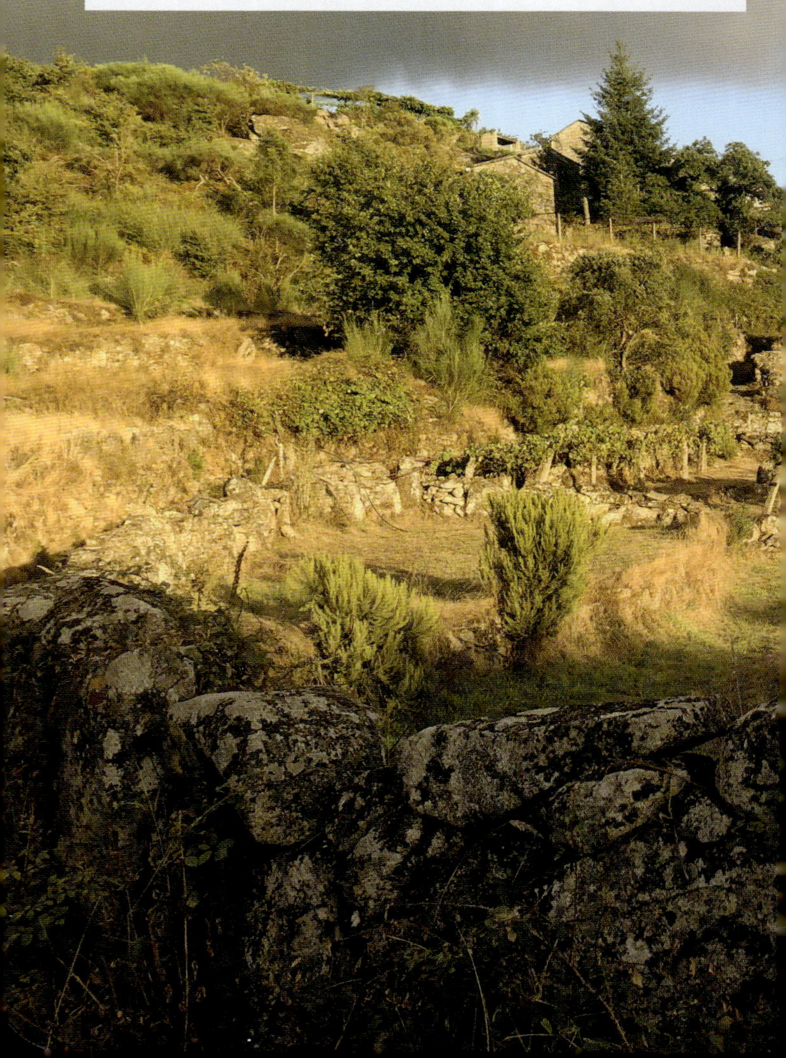

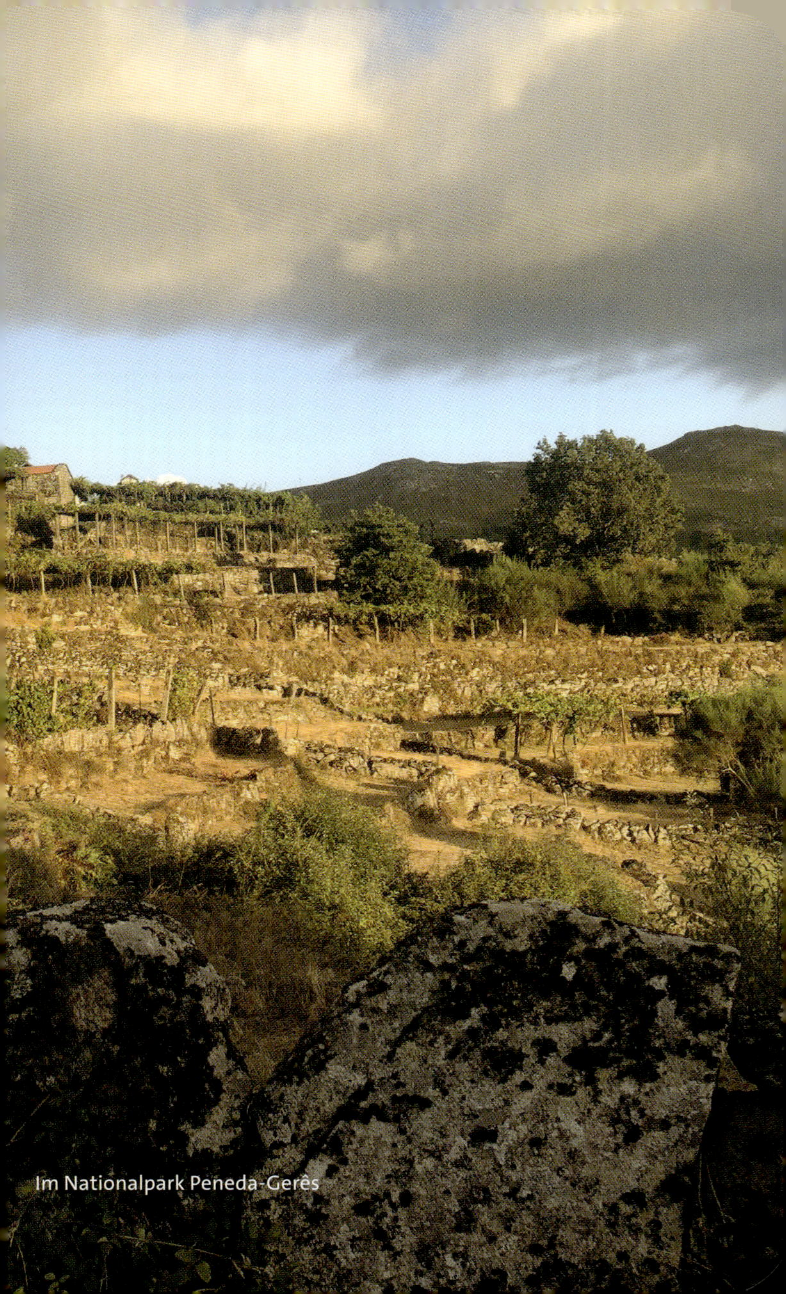
Im Nationalpark Peneda-Gerês

1

ZWISCHEN BERGEN UND MEER

Rundwanderung im äußersten Nordwesten Portugals

  19,5 km 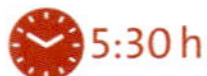 5:30 h  728 hm  728 hm

START | Parkplatz neben dem Campingplatz von Caminha, 10 m. Hinweis: Ausreichend Wasser, einen Sonnenschutz und Badesachen mitnehmen!
[GPS: UTM Zone 29 x: 511.750 m y: 4.634.807 m]
CHARAKTER | Herrliche Rundwanderung über die Berge zum Badeort Moledo. Die Tour ist gelb-rot markiert und trägt die Bezeichnung PR5 – Trilho entre mar e montanha.
EINKEHR | Zahlreiche Cafés und Restaurants in Moledo und Caminha.

Das befestigte Grenzstädtchen Caminha, an der Mündung des Rio Minho, war früher Schauplatz vieler Schlachten zwischen Portugal und Spanien. Heute verkehrt täglich eine Fähre zwischen den beiden Ufern. Moledo ist ein ruhiges und friedliches Szene-Örtchen. Musik, Kunst, gutes Essen und die Weintradition sorgen für facettenreiche Erlebnisse. Die Kulisse aus Bergen, Wäldern und Strand lädt jeden ein, der das Meer und die Natur liebt. Durch den Wind und die lebhafte Brandung des Meeres bietet der Strand im Sommer beste Voraussetzungen zum Surfen. Auf einer kleinen Insel mitten im Mündungsgebiet des Rio Minho stehen die Überreste des Forte da Ínsua. Diese Festung wurde im 15. Jahrhundert als Kloster errichtet und im 17. und 18. Jahrhundert in eine Befesti-

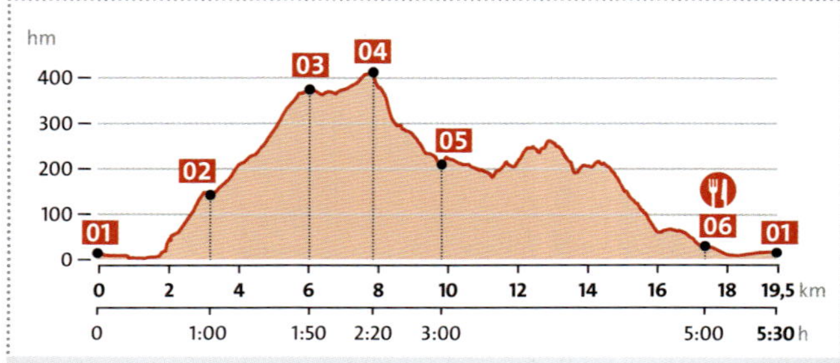

01 Parkplatz, 10 m; 02 Aussichtspunkt, 110 m;
03 Kapelle Santo Antão, 355 m; 04 Espiga, 412 m;
05 Kapelle São Pedro de Verais, 200 m; 06 Moledo, 10 m

gungsanlage zur Verteidigung der Küste umgebaut.

▶ Wir starten am **Parkplatz** 01 zwischen Campingplatz und Stadion und folgen entlang der Zufahrtsstraße den gelb-roten Markierungen. Am Ufer des Rio Minho wenden wir uns nach rechts auf einen Holzsteg. Neben Fischerbooten gehen wir auf Caminha zu. Vor einem Gebäude gelangen wir auf die Straße und an der Hauptstraße biegen wir nach links ab, auf die kleinere Straße neben der Hauptstraße. Nach kurzer Strecke

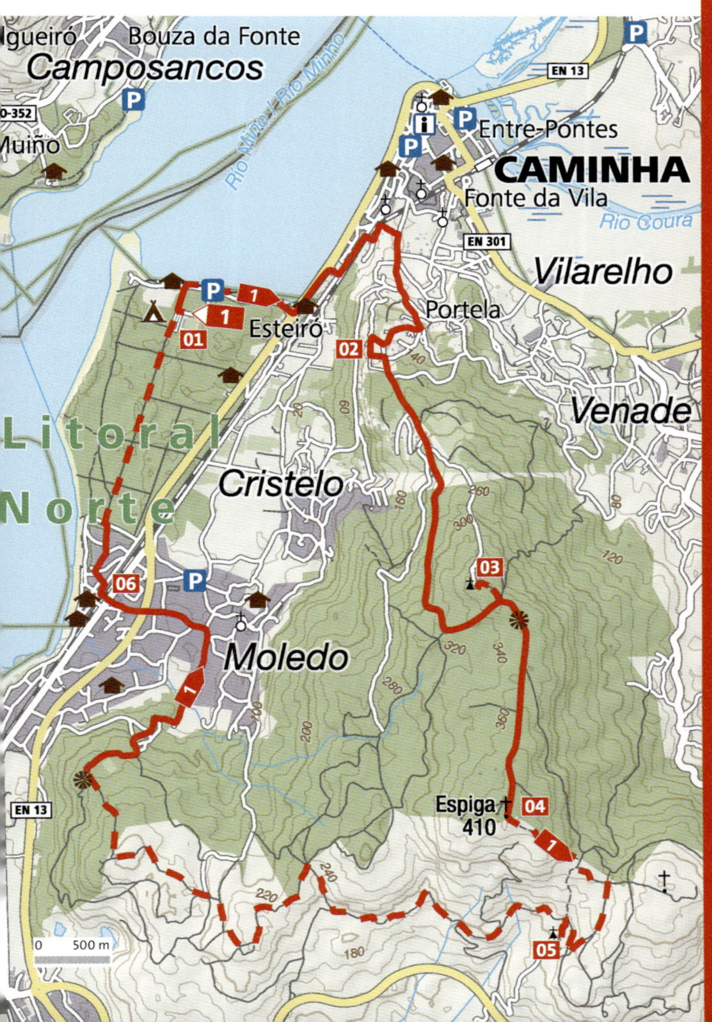

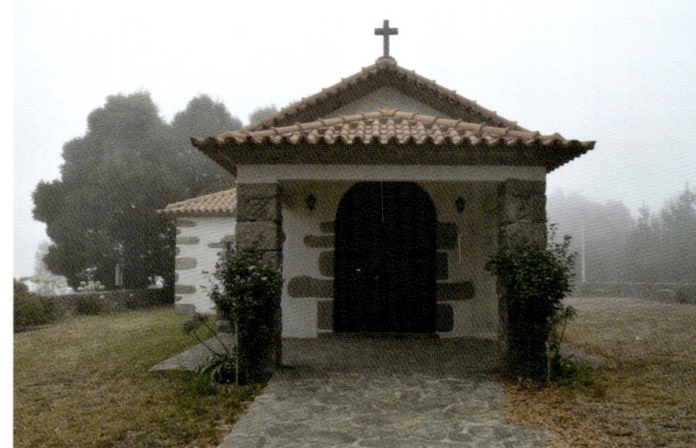

Kapelle Santo Antão

halten wir uns nach rechts und vor der Bahnlinie nach links. Nachdem wir die Gleise überquert haben, geht es hangaufwärts und vor einem steinernen Tor nach links. Über Treppen und einen gepflasterten Weg gelangen wir zu einer Straße, der wir nach rechts folgen.

Die Zeichen führen uns bergan und nach rechts zum Miradouro da Fraga, einem wunderschönen **Aussichtspunkt** 02.

Wir setzen unseren Weg, zunächst noch auf Asphalt, dann auf einer Schotterpiste fort. Zwischen Euka-

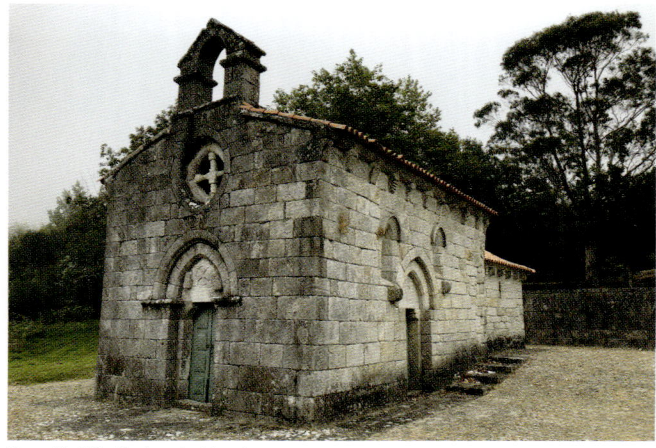

Kapelle São Pedro de Verais

lyptusbäumen und hohen Kiefern geht es immer weiter bergauf. Wir bleiben immer auf dem Hauptweg. An einer Gabelung machen wir einen Abstecher zur **Kapelle Santo Antão** 03 nach links. Picknickplätze laden zu einer Rast ein und wir genießen eine phantastische Aussicht.

Zurück an der Gabelung setzen wir unseren Weg nach links fort. An einer Verzweigung halten wir uns nach halbrechts und an der folgenden Gabelung geradeaus in Richtung Saida/Exit. Nachdem wir ein Gebäude vom Windpark passiert haben, stoßen wir auf den Höhenpunkt von **Espiga** 04. Dort nehmen wir einen steinigen Pfad nach links, der uns bergab zu einer Forstpiste bringt. Wir wenden uns nach rechts und fädeln an der nächsten Gabelung nach halbrechts ein. An der folgenden Kreuzung halten wir uns scharf nach rechts und wir erreichen die schön gelegene **Kapelle São Pedro de Verais** 05 mit Picknickplätzen.

Wir setzen den Weg fort und in einer Linkskurve verlassen wir den breiteren Weg auf einen schmalen, steinigen Weg nach rechts. Nach einem guten Stück treffen wir auf einen Weg, dem wir nach rechts hangaufwärts folgen. Vor einem Eukalyptuswald biegen wir scharf nach links ab. Es folgt ein sehr schöner Wegeabschnitt, wobei wir gut auf die Bodenmarkierungen achten müssen, um einen Abzweig nach rechts, auf einen etwas zugewachsenen Pfad, nicht zu verpassen. Sobald wir den Waldbereich verlassen, steigen wir nach links, durch Gestrüpp, zu einem Feldweg hinab. Dort gehen wir geradeaus hangaufwärts. Vor einem Sendemast wenden wir

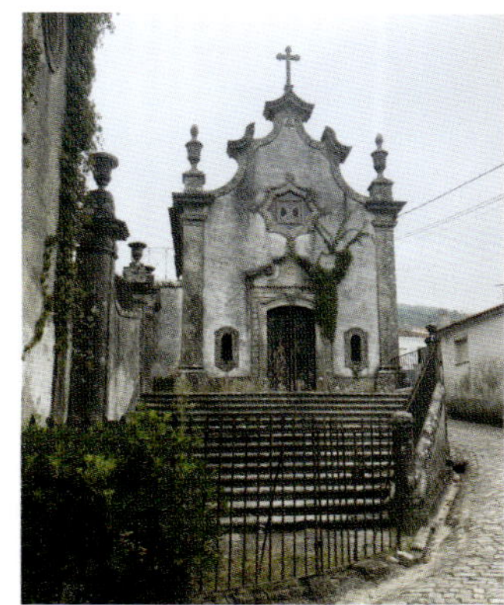

Kirche in Moledo

uns nach rechts und nach einem alten Gebäude führt uns der Weg nach links hangabwärts. An einer weiteren Antenne, neben einem Gipfelkreuz, biegen wir nach rechts ab. Ein gepflasterter Weg bringt uns weiter bergab.

Nach einem hohen Eukalyptuswald erreichen wir die ersten Häuser von **Moledo** 06. Wir wandern nach links, dann in die zweite Straße nach rechts und geradeaus über die nächste Kreuzung. In die Rua do Prado biegen wir nach links ein. Nach einem guten Stück gehen wir links an der Kirche vorbei und an einer Wasserstelle erneut nach links. Wir halten uns immer geradeaus, über die Schnellstraße und die Bahnlinie, dann in die erste Straße nach rechts und die nächste nach links. Am Kreisel angekommen, bietet sich die Möglichkeit einer Badepause am Strand oder einer Einkehr in ein Café oder Restaurant. Wir gehen geradeaus, zunächst noch durch ein Wohngebiet, dann durch hohen Kiefernwald und gelangen zurück zum **Parkplatz** 01.

AFIFE

Abwechslungsreiche Rundwanderung durch eine typisch ländliche Region

 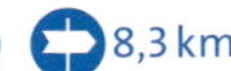 8,3 km  2:00 h 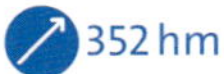 352 hm 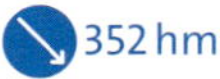 352 hm

START | Kapelle São António in Afife, 38 m.
[GPS: UTM Zone 29 x: 511.497 m y: 4.625.560 m]
CHARAKTER | Die Tour verläuft entlang von Bächen und durch hohen Eukalyptuswald. Eine erfrischende Rundwanderung, überwiegend auf Feldwegen und kleinen Straßen. Die Route ist gelb-rot markiert und trägt die Bezeichnung PR24 – Trilho dos castros.
EINKEHR | Keine Einkehrmöglichkeit unterwegs.

Die Praia de Afife mit ihrem riesigen Sandstrand, der nur über Wege aus Holzplanken zu erreichen ist, lockt besonders im Sommer die Touristen an. In der lebhaften Brandung kann man hervorragend surfen. Etwas vergessen liegt die Ortschaft Afife im Hinterland. Mit ihren schönen Kapellen, eingerahmt von Wäldern, ist sie ein lohnendes Ziel für Wanderer.

▶ Wir starten an dem kleinen Kreisel vor der Kapelle São António in Afife. Eine Hinweistafel zum Wanderweg PR24, sogar auf Englisch, finden wir in der Mitte des Platzes. Wir gehen nach rechts, auf einem gepflasterten Weg, bergan. Auf der Höhe liegt die **Kapelle São António** 01. Picknickplätze laden ein, einen Moment zu verweilen, um die schöne Aussicht zu genießen. Vor einer

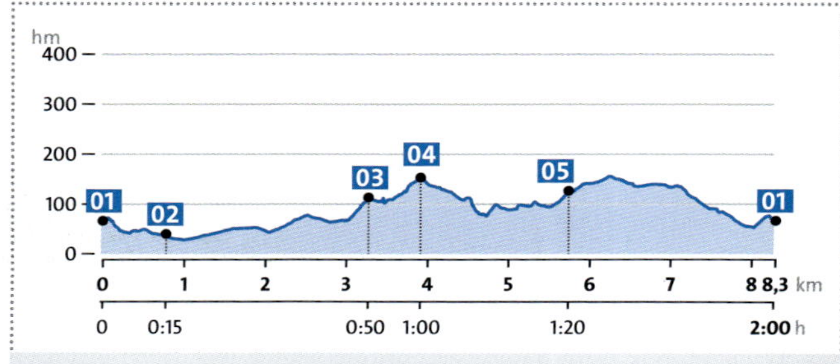

01 Kapelle São António, 38 m; 02 Kapelle Senhora da Rocha, 21 m; 03 Straße, 100 m; 04 Steinkreuz, 128 m; 05 Eukalyptuswald, 93 m

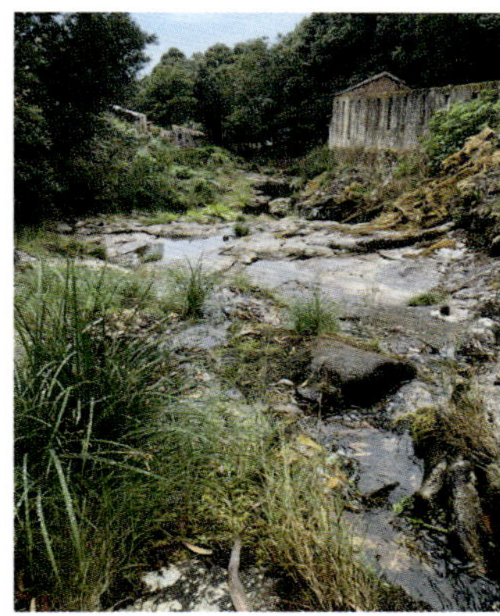

Bachlauf des Rio Cabanas

Gruppe großer Kiefern folgen wir den gelb-roten Markierungen über eine Treppe auf einen Pfad. An einer Mauer wenden wir uns nach rechts, kurz darauf nach links und gelangen zu einer Straße, die wir schräg nach rechts überqueren. Wir passieren die Kirche an ihrer rechten Seite und schlüpfen durch ein Steintor. Einen Platz mit steinernem Kreuz verlassen wir an seinem rechten, hinteren Ende.

Vorbei an **der Kapelle Senhora da Rocha** **02** und am Friedhof stoßen wir auf eine weitere, kleine Kapelle. Dort wenden wir uns nach links. Der Weg gewinnt stetig an Höhe und wir schlagen die Richtung nach Cabanas ein. An einem Platz mit einem Baum wenden wir uns nach rechts, dann nach links entlang von Steinmauern und über eine Brücke. Die Markierungszeichen führen uns dreimal nach links, bis wir an einer Gabelung nach halbrechts einfädeln. Über Felsen steigen wir zu einer **Straße** **03** hinauf. Wir folgen ihr einige Meter nach links und tauchen dann in einen hohen Eu-

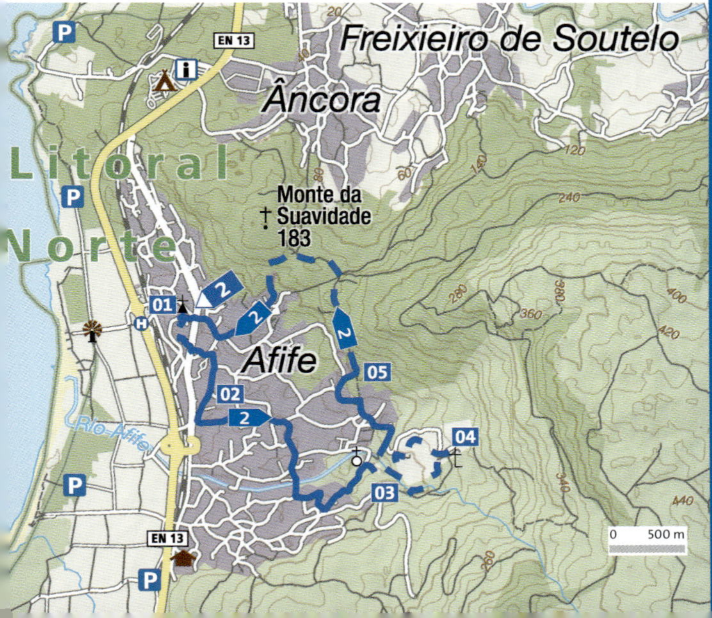

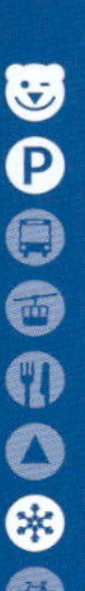

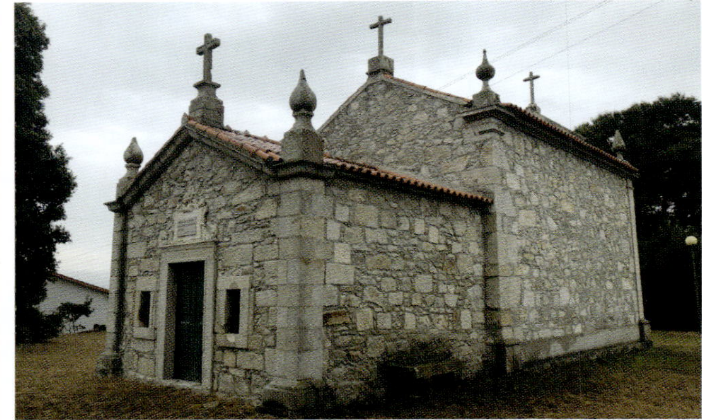

Kapelle in Afife

kalyptuswald ein. Dort, wo die Mauer einer alten Mühle beginnt, gehen wir über Treppen bergab zu einem Bachlauf, den wir überqueren. Wir nehmen den Pfad nach rechts, der uns durch eine Bachlandschaft führt. Vorbei an einer Quelle gelangen wir über ein paar Stufen zu ein paar Häusern. Wir wenden uns nach rechts und biegen dann nach links ab.

An einem **Steinkreuz** 04 folgen wir nicht dem Wegweiser nach rechts. Wir gehen neben der Kirche auf einen schmalen Weg. Zwischen hohen Steinmauern geht es hangabwärts. Einer gepflasterten Straße folgen wir nach rechts und schwenken dann nach links auf einen schmalen Weg. Der Weg führt uns entlang einer Mauer, dann nach rechts, steil bergab in ein Tal. Wir folgen dem Wasserlauf, bis wir, nach einem zerfallenen Gebäude, auf einen alten Eselsweg abzweigen. Auf der Höhe wenden wir uns an einer kleinen Straße nach links. Der Weg führt uns entlang von Weinreben nach rechts bergan. Zwischen ein paar Häusern hindurch und vorbei an einer kleinen Kapelle gelangen wir zu einer Gabelung. Dort nehmen wir den Weg bergan, nach rechts und auf der Höhe nach links in einen **Eukalyptuswald** 05.

Nach einem guten Stück erreichen wir eine Kreuzung mit zwei Steinkreuzen. Wir setzen unseren Weg geradeaus auf einem Forstweg fort. An einem Sendemast wenden wir uns nach links auf einen Pfad. Wir gehen scharf nach links und folgen nicht der Wegweisung. Die gelb-roten Markierungen führen uns in den Ort hinein. An einer Querstraße wenden wir uns nach rechts und wir nehmen an der nächsten Verzweigung die Straße nach rechts. Am Ende der Straße biegen wir nach links ab und gehen bergab auf einem Feldweg, dann durch eine enge Gasse bergab. Bei der folgenden Gabelung schwenken wir nach rechts ab und an der nächsten Verzweigung nach halblinks. Dann gehen wir geradeaus, auf einer schmalen Gasse, zurück zu unserem **Ausgangspunkt** 01.

VIANA DO CASTELO

Rund um den Monte Santa Luzia

  10,3 km  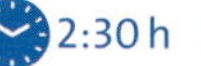 2:30 h 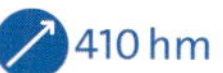 410 hm 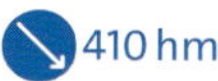 410 hm

START | Viana do Castelo, 233 m.
[GPS: UTM Zone 29 x: 513.719 m y: 4.616.656]
CHARAKTER | Abwechslungsreiche Rundwanderung mit einem langen Abschnitt auf einem Aquädukt sowie auf kleinen Landstraßen und Forstwegen. Die Tour ist gelb-rot markiert und trägt die Bezeichnung PR9 – Trilho dos canos de água.
EINKEHR | Keine Einkehrmöglichkeit unterwegs.

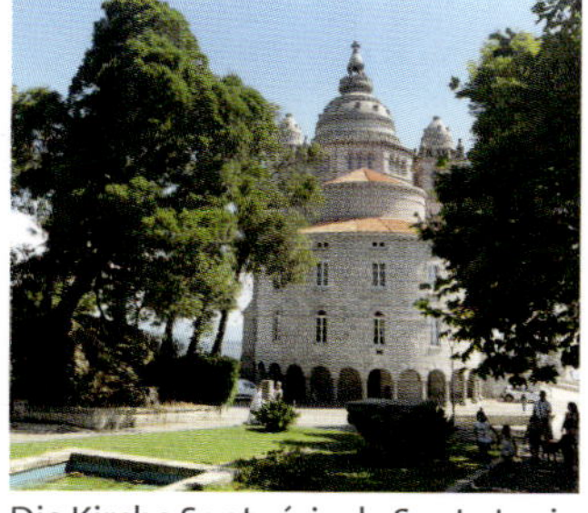
Die Kirche Santuário de Santa Luzia

Die Santuário de Santa Luzia ist eine wunderschöne Kirche, die auf einem Hügel oberhalb der Altstadt von Viana do Castelo errichtet wurde. Der Bau dieses Gotteshauses wurde 1904 begonnen und zog sich bis 1959 hin. Die Rosenfenster aus Buntglas werfen ein besonderes Licht auf den Innenraum und den Altar. Der Panoramablick hoch über Viana do Castelo und dem Atlantischen Ozean ist atemberaubend.

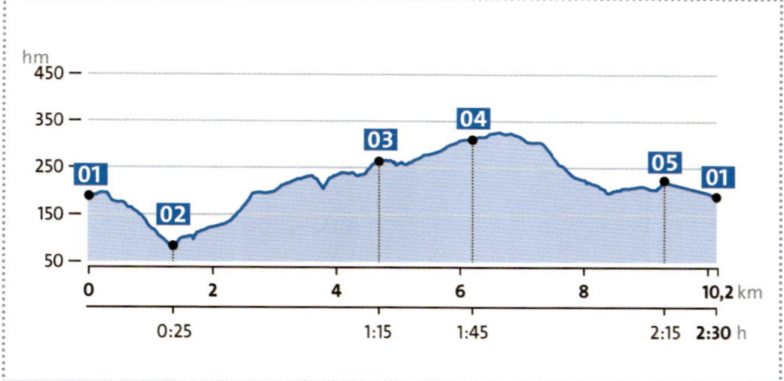

01 Santa Luzia, 233 m; 02 Aquädukt, 65 m; 03 Kapelle, 250 m; 04 Forstweg, 296 m; 05 Aussichtsturm, 218 m

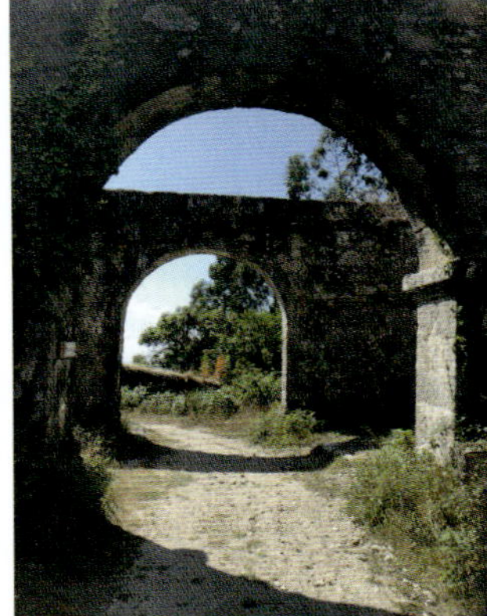

Die Bögen des Aquädukts

▶ Wir starten an der Wandertafel vor der **Kirche Santa Luzia** 01 und gehen links neben dem Bauwerk hangaufwärts. An einer Kreuzung wenden wir uns nach links und nach wenigen Metern biegen wir auf einen Waldweg ab. Wir wandern durch hohen Eukalyptuswald kontinuierlich bergab; ein Weg zweigt nach links ab, wir halten uns geradeaus, bis wir auf das **Aquädukt** 02 stoßen. Zwischen den zwei Steinbögen biegen wir nach rechts ab und laufen auf der Wasserleitung entlang.

Es folgt ein sehr schöner Wegeabschnitt. Wir gehen geradeaus über einen Weg hinweg und vorbei am Abzweig zur Mina di Aqua. Dann überqueren wir einen weiteren Forstweg und folgen der Wasserleitung. Nach einem guten Stück treffen wir auf einen Weg und gehen nach links, vorbei an einem weiteren Holzwegweiser, bis wir eine kleine Straße erreichen. Dort wenden wir uns nach rechts. Ein Weg zweigt nach links ab, wir gehen geradeaus, steil bergan, weiter. Die Markierungen führen uns an einer **Kapelle** 03 vorbei und zwischen ein paar Häusern hindurch, dann nach links durch ein kleines Tal. Hinter den Häusern wenden wir uns nach rechts und

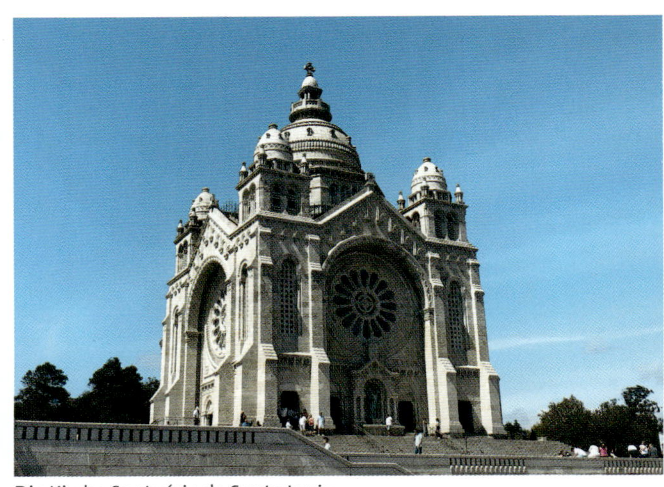

Die Kirche Santuário de Santa Luzia

wir gelangen wieder zu der Straße, der wir weiter bergauf folgen. An der nächsten Verzweigung halten wir uns scharf nach links.

Nach knapp einem Kilometer biegen wir nach rechts auf einen **Forstweg** 04 ab. Der Weg bringt uns zu einer Straße, der wir nach links folgen. Wir verlassen die Straße auf einen steinigen Weg. Zunächst halten wir uns geradeaus, dann nach links. An einem Rastplatz treffen wir wieder auf die Straße. Sie führt uns an einem Militärgelände vorbei, bevor wir nach rechts auf einen Pfad abzweigen. Wir gelangen zu einem **Aussichtsturm** 05 und an eine Landstraße. Schräg nach links kehren wir zu unserem **Ausgangspunkt** 01 zurück.

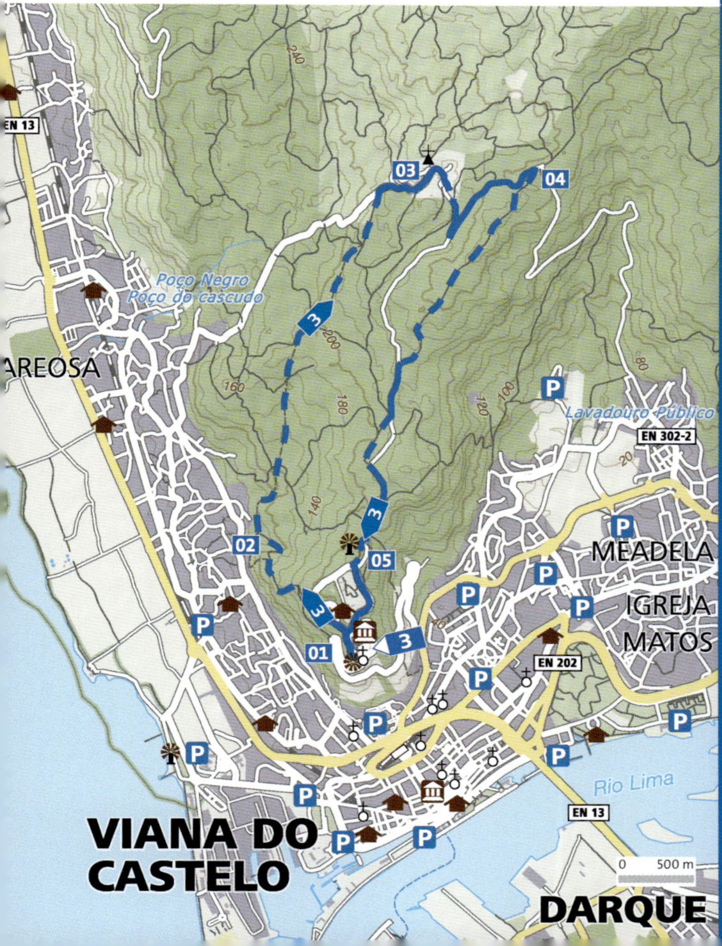

4

PEDRA ALTA

Wilder Atlantik und ein uriger Hafen

 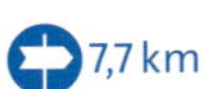 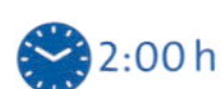 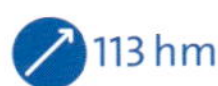 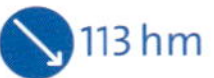

START | Pedra Alta, 1 m.
Hinweis: Einen Sonnenschutz und Badesachen mitnehmen!
[GPS: UTM Zone 29 x: 514.961 m y: 4.608.628 m]
CHARAKTER | Einfache Rundwanderung an der Atlantikküste zumeist auf Feldwegen und kleinen Straßen. Die gelb-roten Markierungen sind nur teilweise erhalten und die Tour ist eine Abwandlung des Trilho Castelo do Neiva.
EINKEHR | Cafés/Restaurants in Pedra Alta und Café in Castelo do Neiva.

Der kleine Hafen Pedra Alta ist eine wahre Perle an der Küste. Die bunten Fischerboote werden noch per Hand ins Wasser gezogen, oder ein Traktor zieht sie über den Sand. Besonders atmosphärisch sind die Fischauktionen, wobei direkt vom Boot gekauft wird. Frischer geht's nicht.

▶ Wir beginnen unsere Tour in dem kleinen **Hafen** 01 und gehen hangaufwärts in die erste Straße nach rechts. Die Uferstraße bringt uns vorbei an Containern der Fischer und der Strandpromenade zu einem Kreisel. Nach dem Restaurant Marisqueira halten wir uns nach rechts und gelangen in den Bezirk der Praia de Castelo do Neiva. Auf einem Holzsteg laufen wir zwischen dem Strand und Wohngebiet immer geradeaus.

Wir verlassen den besiedelten Bereich und nach einem guten

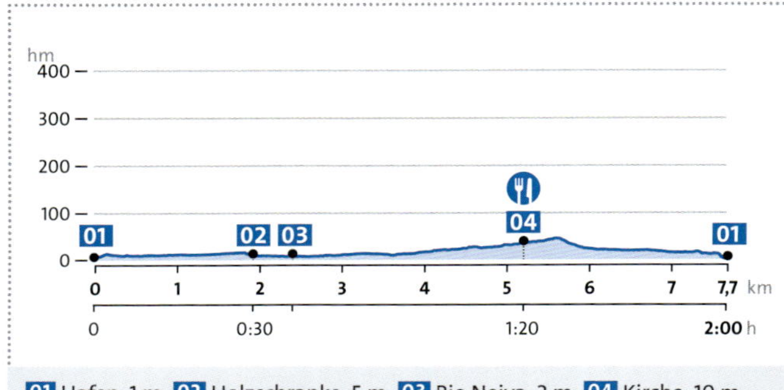

01 Hafen, 1 m; 02 Holzschranke, 5 m; 03 Rio Neiva, 2 m; 04 Kirche, 10 m

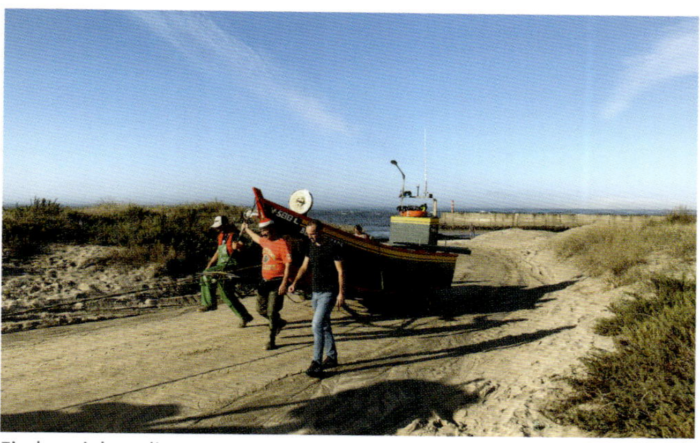

Fischer ziehen die Boote per Hand aus dem Meer

Stück zwischen Meer und Dünen zweigen wir auf einen betonierten Weg nach halblinks ab. Hinter einer **Holzschranke** **02** nehmen wir den zweiten kleinen Weg nach rechts. Wir wandern entlang des **Rio Neiva** **03** auf einem Fahrradweg in Richtung Landesinnere. Hohes Schilfgras ziert den Wegesrand. An einem Querweg verlassen wir den Fahrradweg nach links auf einen Feldweg. Wir nehmen den nächsten Weg nach rechts und an der folgenden Ver-

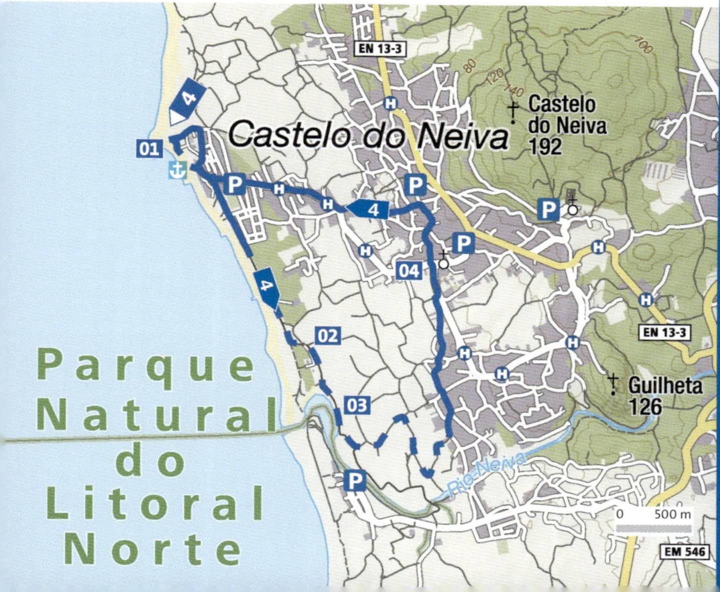

EN 13-3
Castelo do Neiva
Castelo do Neiva 192
01
02
03
04
Guilheta 126
Rio Neiva
Parque Natural do Litoral Norte
0 500 m
EM 546

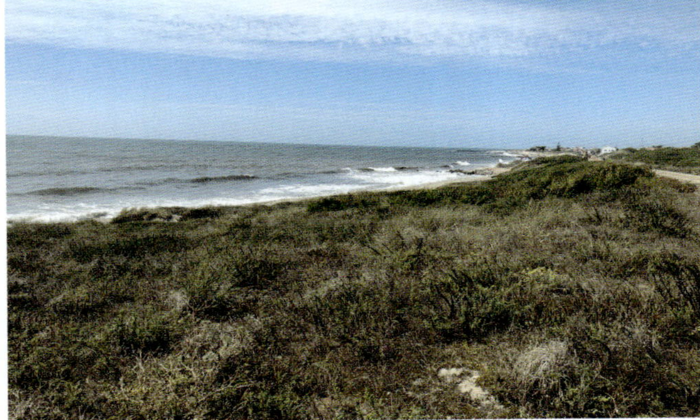

Der wilde Atlantik

zweigung biegen wir erneut nach rechts ab. Zwischen Maisfeldern und Brombeerbüschen bleiben wir auf dem Hauptweg, bis wir uns an einer Kreuzung nach links wenden.

Wir erreichen die Häuser von Castelo do Neiva und nehmen die erste Straße nach links. Dann führen uns die gelb-roten Markierungen nach rechts, und kurz darauf nach links. Wir passieren ein Café und gehen vor einer Sackgasse nach links. An einer Gabelung halten wir uns halblinks auf einen gepflasterten Weg, bevor wir an der folgenden Verzweigung nach rechts abbiegen. Der Weg führt nach links durch eine kleine Straße. Bei der nächsten Möglichkeit wenden wir uns nach rechts, danach in die zweite Gasse nach links. Ein sandiger Weg führt uns entlang von Kleingärten. Am Ende der Straße halten wir uns nach rechts.

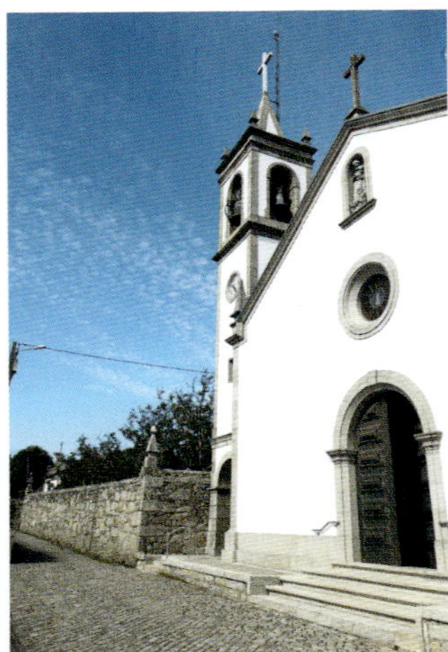

Kirche in Pedra Alta

Wir gelangen zur Hauptstraße, der wir nach links folgen. Wir gehen an der linken Seite der **Kirche** **04** vorbei. An einem kleinen Platz mit einem Kreuz in der Mitte halten wir uns nach halbrechts. Kurz darauf gehen wir in schneller Abfolge nach rechts, dann zweimal nach links. Wir spazieren immer geradeaus zurück zum Kreisel und entlang des Strandes zum **Hafen** **01**.

DER KREUZWEG VON PONTE DE LIMA

5

Bequeme Rundwanderung von Kapelle zu Kapelle

  7,3 km 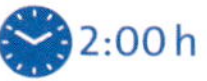

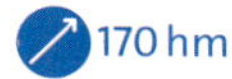

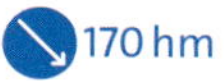

START | Naturparkzentrum „Centro de Interpretação Ambiental das Lagoas de Bertiandos e São Pedro de Arcos“, 18 m.
[GPS: UTM Zone 29 x: 529.672 m y: 4.623.694]
CHARAKTER | Historisch interessante Rundwanderung auf wenig befahrenen Straßen. Die Tour ist durchgängig sehr gut mit gelb-roten Balken markiert und trägt die Bezeichnung PR7-Rota dos Cruzeiros.
EINKEHR | Café und Restaurant in Arcos und in Fontão.

Die Rundwanderung beginnt im Naturschutzgebiet und führt durch typische, von Landwirtschaft geprägte Dörfer der Region. Portugiesen sind ein sehr gläubiges Volk. Dies ist bei dieser Tour besonders auffällig.

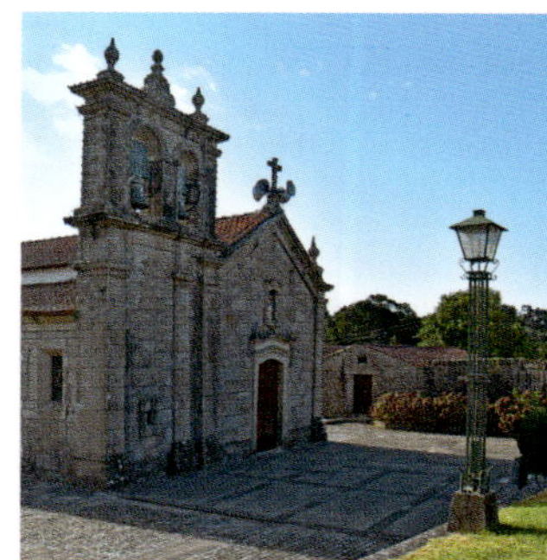

Kirche São Pedro de Arcos

▶ Vor dem **Naturparkzentrum** 01 finden wir mehrere Wandertafeln und wir wählen den PR7. Wir gehen hangaufwärts und wenden uns nach links. Ein gepflasterter Weg führt uns durch einen hohen Eukalyptuswald. Wir halten uns

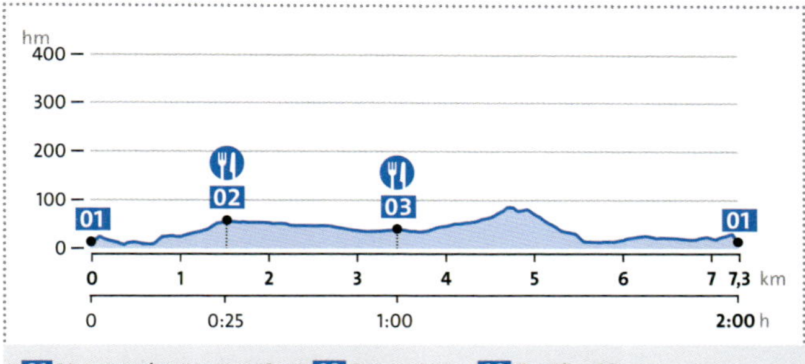

01 Naturparkzentrum, 18 m; 02 Arcos, 49 m; 03 Fontão, 25 m

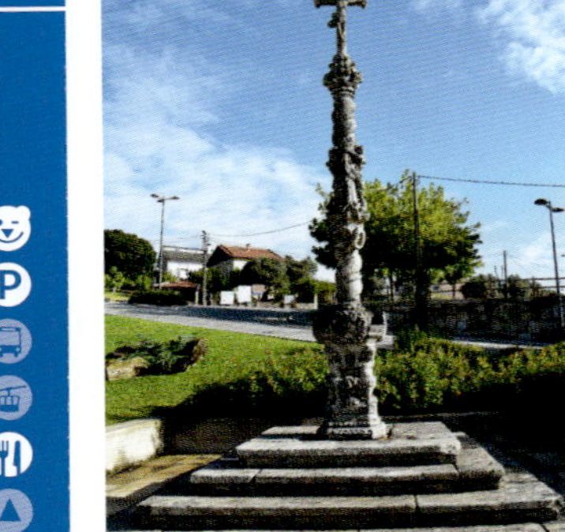

Kreuz vor der Kirche

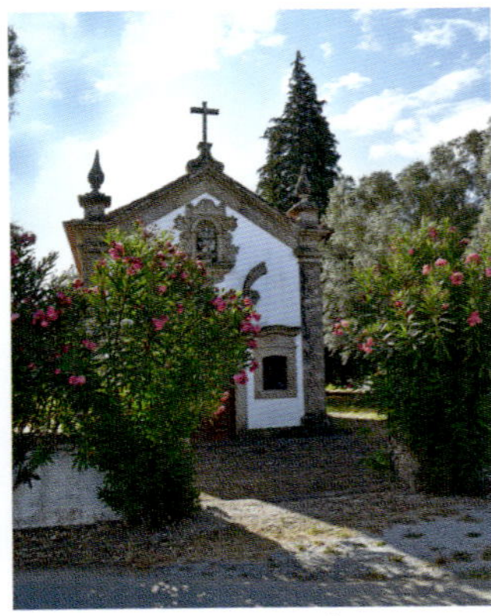

Kapelle am Wegesrand

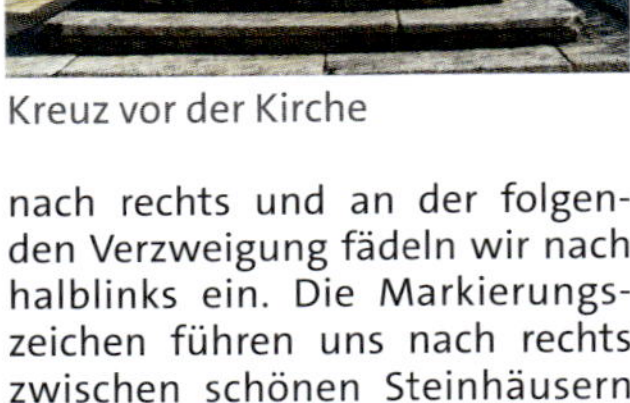

nach rechts und an der folgenden Verzweigung fädeln wir nach halblinks ein. Die Markierungszeichen führen uns nach rechts zwischen schönen Steinhäusern hindurch.

Wir gelangen zu einer Straße, der wir nach rechts zur **Kirche São Pedro de Arcos** 02 folgen. Nach der Kirche gehen wir nach rechts und an einem Café nehmen wir die Straße nach links. Wir wandern auf einer kleinen Straße und verlassen die Ortschaft. Vorbei an einer Kapelle, dann nach halbrechts, gelangen wir, entlang von Weinbergen und vereinzelt ste-

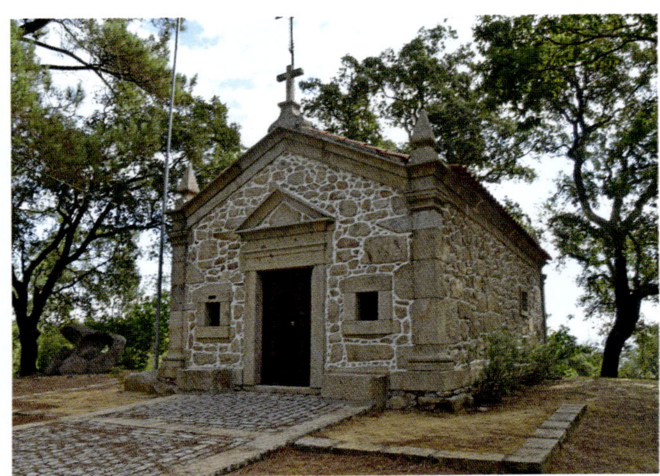

Kapelle São Cristovão

Ponte de Lima

In diesem Ort wird der Fluss Lima von einer 2000 Jahre alten Brücke (Ponte) römischen Ursprungs überspannt, der das attraktive, uralte Städtchen seinen Namen verdankt. Ponte de Lima liegt inmitten einer fruchtbaren, landwirtschaftlich genutzten Region, in der der berühmte Vinho Verde produziert wird. Außerdem ist es die Gegend in Portugal, in der die meisten Herrenhäuser und Landgüter liegen.

henden Häusern, in die Ortschaft **Fontão** 03. An einer Gabelung wenden wir uns nach halblinks und folgen der Beschilderung zum Restaurant Sonho Azul. Wir passieren das Restaurant an seiner linken Seite und verlassen das Dorf.

Der Weg führt uns zu der schön gelegenen Kapelle São Cristovão. Ein idealer Ort für ein Picknick. Frisch gestärkt geht es im Wald hangabwärts und wir gelangen zu einer Landstraße. Wir wenden uns nach links. Am Abzweig wählen wir die Richtung nach Casa da Lage und wir erreichen die Kreuzung, die wir von unserem Hinweg kennen. Nach rechts gehen wir auf gleichem Weg zurück zu unserem **Ausgangspunkt** 01.

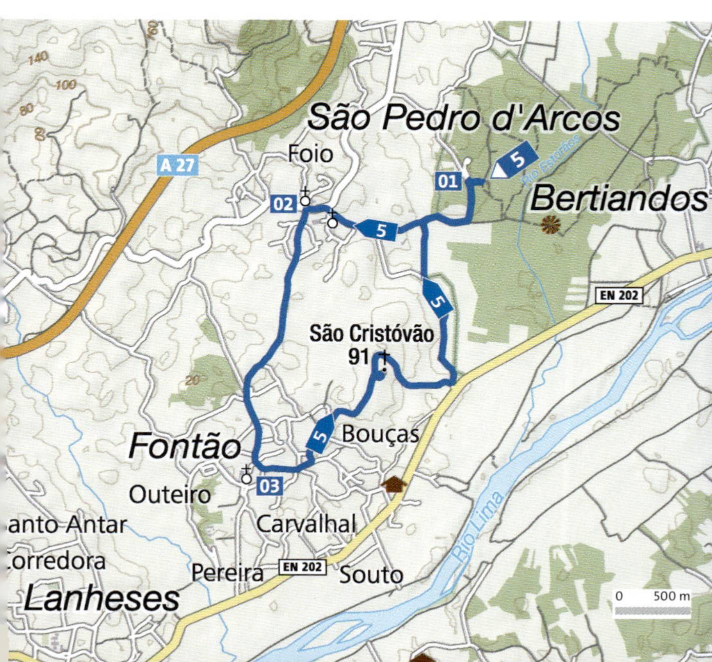

6

COVAS

Attraktive Rundwanderung zu einem alten Wasserkraftwerk

  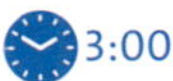  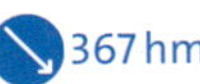

START | Kirche in Covas, 129 m.
[GPS: UTM Zone 29 x: 525.149 m y: 4.637.106 m]
CHARAKTER | Interessante Rundwanderung auf kleinen Straßen, Feldwegen und Pfaden. Der Abstieg zum Wasserkraftwerk kann etwas rutschig sein und die Holzbrücken sollten vorsichtig überquert werden. Die Tour ist gelb-rot markiert und trägt die Bezeichnung PR3 – Trilho da Serra de Covas.
EINKEHR | Cafés und Restaurant in Covas.

Am Ufer des Rio Coura stehen die Überreste einer gigantischen Wasserkraftanlage. Sie wurde Anfang des 20. Jahrhunderts erbaut und 1974 außer Betrieb genommen. Imposant sind die gut erhaltenen technischen Instrumente, die man durch die Fenster bestaunen kann. Mehrere Hinweistafeln erklären das Projekt.

An der **Kirche** 01 in Covas füllen wir uns am Brunnen noch schnell die Wasserflasche auf. Dann orientieren wir uns in Richtung Campingplatz. Vorbei am Waschplatz folgen wir den gelb-roten Markierungen nach rechts. Zwischen vereinzelt stehenden Häusern hindurch gelangen wir zu einer kleinen Straße. Dort wenden wir uns nach links. An der nächsten Verzweigung schlagen wir erneut den Weg nach links ein. Auf einem Schotterweg geht es bergan zu einer Gabelung,

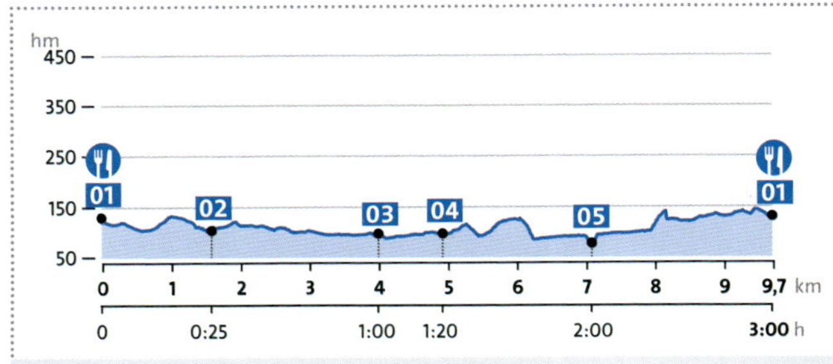

01 Kirche, 129 m; 02 Rio Coura, 97 m; 03 Picknickplätze, 90 m; 04 Brücke, 80 m; 05 Wasserkraftwerk, 65 m

wo wir halbrechts entlang von Felsen weiterwandern. Vor der Einfahrt zu einem Haus halten wir uns nach halbrechts. Dann biegen wir scharf nach rechts ab und gehen steil bergab. Zwischen Häusern hindurch nehmen wir eine enge Gasse, die uns zu einer Straße führt.

Wir folgen ihr nach rechts entlang des Flusslaufs des **Rio Coura** **02**. Wir verlassen die kleine Straße nach links. Ein Feldweg führt uns durch das Tal. An einer Gabelung wählen wir den linken Weg. Vorbei an einer Wasserstelle erreichen wir eine Ortschaft und wenden uns an der Straße nach links. Nach einer Brücke biegen wir nach rechts ab. Wir wandern ein gutes Stück auf der kleinen Landstraße, bis uns die Markierungen auf ei-

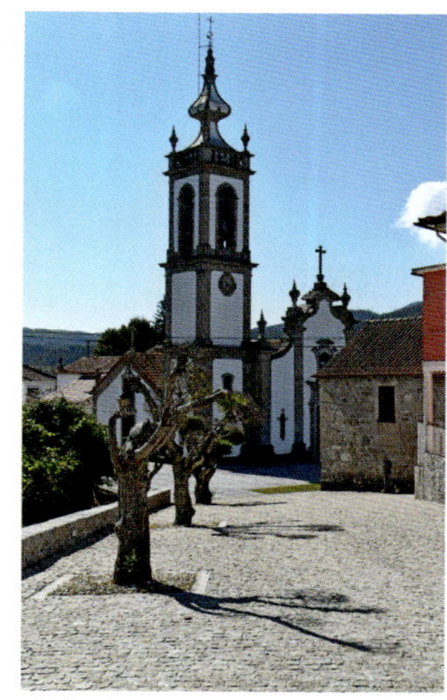

Kirche in Covas

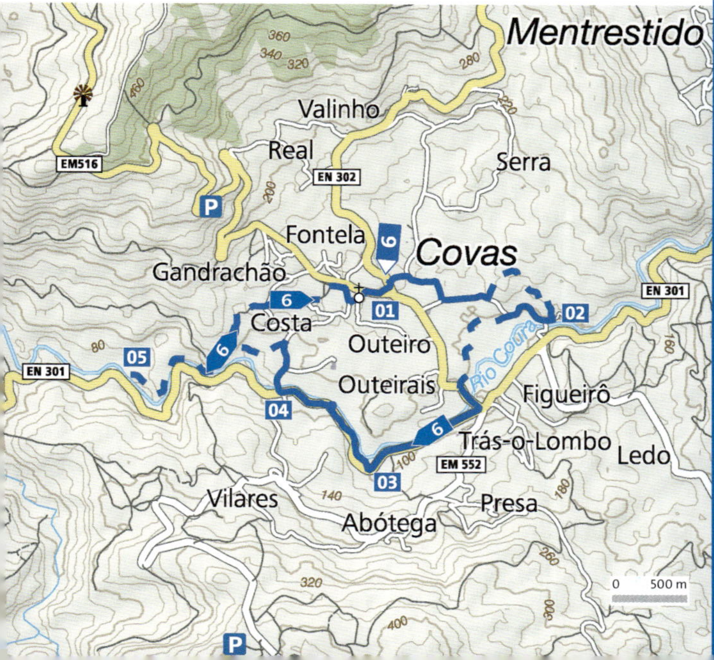

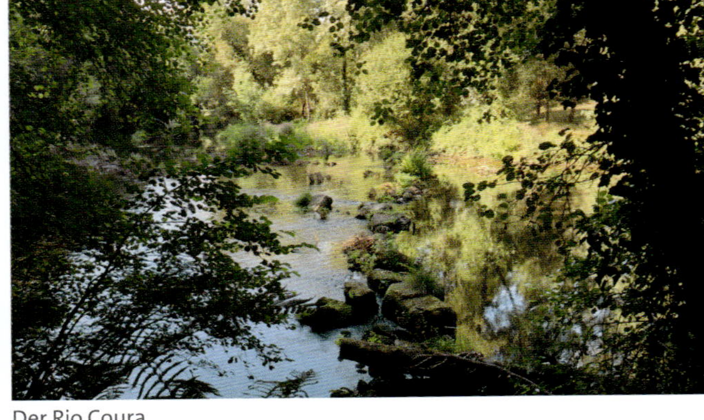

Der Rio Coura

nen Feldweg nach halbrechts führen. Der Weg verläuft, vorbei an **Picknickplätzen** 03, am Ufer des Rio Coura entlang.

Wir erreichen wieder die Straße und überqueren den Fluss über eine **Brücke** 04. Ein Sträßchen führt uns hangaufwärts. Dann biegen wir nach links in einen schmalen Weg ein. Nach einer Feuchtstelle halten wir uns halblinks und überqueren kurz darauf einen Bach. Wir gelangen entlang von Weinreben zu einem Feldweg mit einem Steinkreuz. Dort machen wir einen Abstecher scharf nach links, dann auf einen schmalen Weg nach halblinks. Vorbei an Bienenstöcken geht es steil bergab zum Fluss. Zwischen den Bäumen sehen wir die Mauer des alten Stausees.

Beeindruckend: Das alte Wasserkraftwerk

Wir gehen im und auf dem Kanal des alten **Wasserkraftwerkes** 05, bis wir die zerfallenen Gebäude erreichen. Einige Hinweistafeln erzählen die Geschichte der Anlage. Zurück am Steinkreuz gehen wir geradeaus weiter. Wir halten uns immer auf dem Hauptweg und gelangen zu den ersten Häusern von Covas. Am Ende eines Pfades zwischen Weinreben wenden wir uns nach rechts. An der nächsten Straße erneut nach rechts, dann nach links auf einem gepflasterten Weg bergan. Vorbei an einer kleinen Kapelle, dann in eine Gasse nach halblinks, und wir erreichen unseren **Ausgangspunkt** 01.

PAREDES DE COURA

Entlang von Wasser durch den Wald

  6,6 km  1:30 h 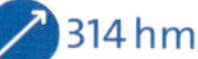 

START | Paredes de Coura, Capela Nª Senhora da Purificação, 420 m.
Hinweis: Im Hochsommer kann der Wasserfall trocken sein.
[GPS: UTM Zone 29 x: 535.180 m y: 4.639.738]
CHARAKTER | Einfache Rundwanderung auf Waldwegen und kleinen Straßen. Die Tour ist gelb-rot markiert und trägt die Bezeichnung PR14 – Trilho das Lages Altas. Holzwegweiser erleichtern die Orientierung.
EINKEHR | Unterwegs keine Einkehrmöglichkeit.

Einsam liegt die kleine Kapelle Nª Senhora da Purificação im Wald. Die umliegenden Picknickplätze laden zum Rasten ein, speziell an heißen Sommertagen.

▶ Rechts neben der **Kapelle Nª Senhora da Purificação** 01 zeigt uns ein Holzwegweiser die Richtung. Auf einem steinigen Weg geht es hangaufwärts. An einer Gabelung halten wir uns nach links. Wir gelangen zu einem Wegweiser und wenden uns nach rechts, weiter auf den Trilho das Lages Altas. Vorbei an einer Wasserstelle erreichen wir eine Kreuzung. Dort schlagen wir den Weg nach links ein. An einer kleinen Straße biegen wir nach rechts ab. Nach kurzer Strecke führen uns die Markierungen nach links auf einen Feldweg. Wir bleiben parallel zur Landstraße und wandern

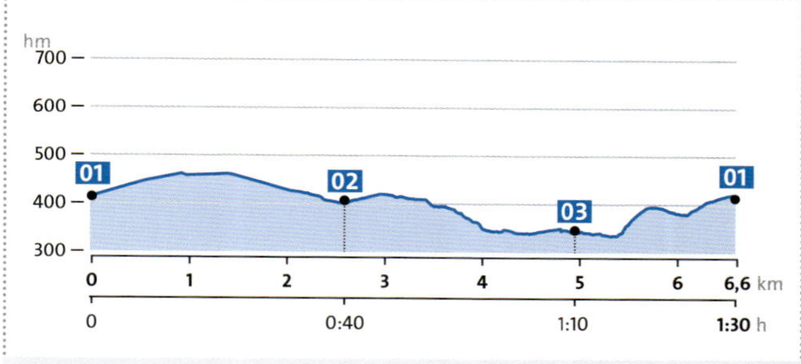

01 Kapelle Nª Senhora da Purificação, 420 m; 02 Brücke, 405 m;
03 Wasserfall, 320 m

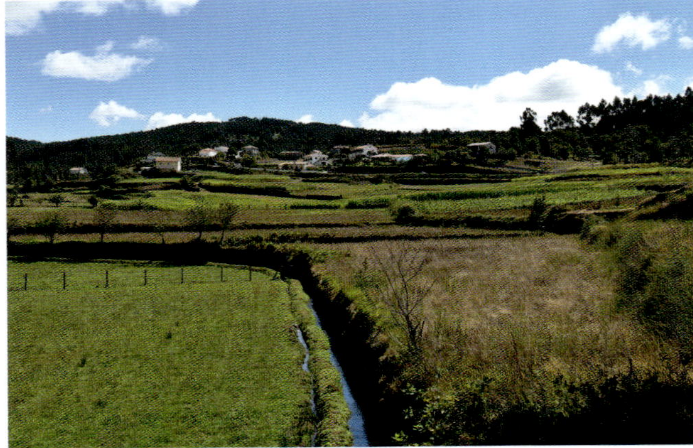
Eine erfrischende Tour an heißen Tagen

hinter ein paar Häusern entlang. Dann folgen wir weiter der Straße über eine **Brücke** 02.

Nach einer weit gezogenen Kurve verlassen wir die Straße nach halbrechts. Zunächst gehen wir unterhalb der Straße, dann nach rechts in den Wald hinein. Wir bleiben immer auf dem Hauptweg, der uns zwischen hohen Eukalyptusbäumen hangabwärts führt. Nach einer scharfen Linkskurve verläuft der Weg entlang eines kleinen Kanals. Vor einer Brücke wenden wir uns nach rechts, um direkt nach halbrechts auf einen Waldweg einzubiegen. An einer Gabelung fädeln wir nach halblinks ein. Nachdem wir durch einen Hohlweg gelaufen sind, kann der Pfad etwas matschig werden. Wir erreichen den **Wasserfall** 03 Poça do Vale. Eine Hinweistafel informiert über das Naturschauspiel.

Kapelle Nª Senhora da Purificação

Weiter geht's am Bachlauf entlang. An einer Gabelung wenden wir uns nach links und bei einer Verzweigung wählen wir den mittleren Weg über Felsen bergan. Wir gelangen zu einem Forstweg, dem wir nach links folgen. Ein Asphaltsträßchen bringt uns bergan zurück zu unserem **Ausgangspunkt** 01.

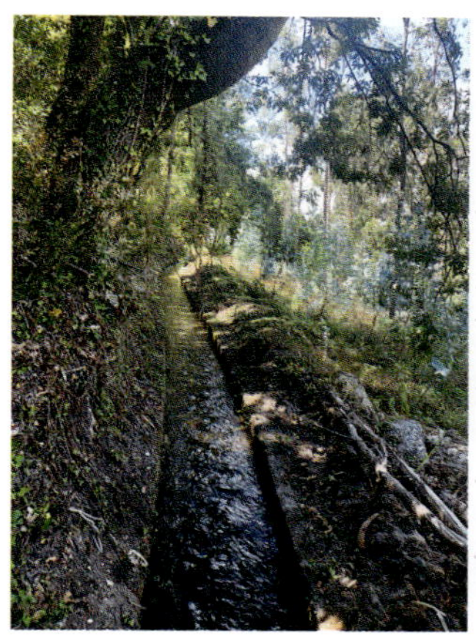

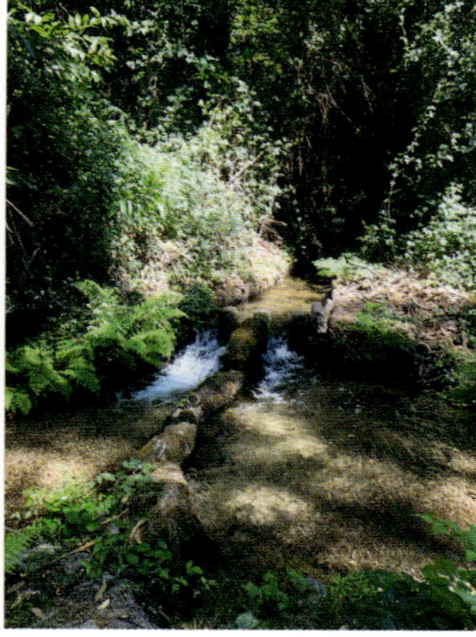

Immer wieder geht es entlang von Wasserläufen

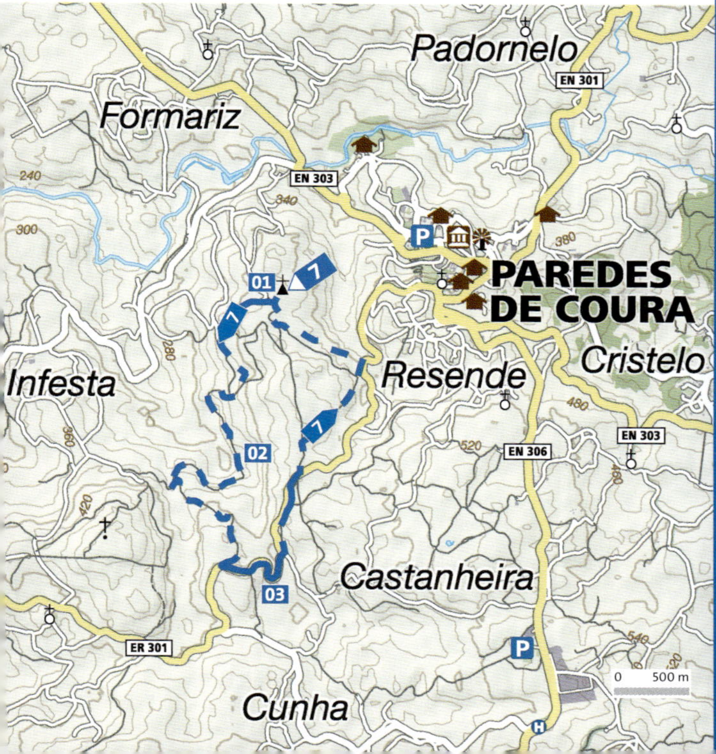

Padornelo
EN 301
Formariz
EN 303
240
340
300
380
P
PAREDES
DE COURA
01
7
7
Resende
Cristelo
Infesta
280
480
360
7
02
520
EN 306
EN 303
460
420
Castanheira
03
ER 301
540
P
0 500 m
Cunha
H

8

LOMBADINHA

Typische Bergdörfer und Cachena-Rinder

 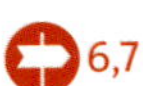 6,7 km 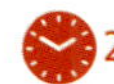 2:00 h  357 hm  357 hm

START | Lombadinha, 575 m.
[GPS: UTM Zone 29 x: 553.133 m y: 4.641.208 m]
CHARAKTER | Abwechslungsreiche Rundwanderung auf Pfaden entlang von Bächen und über Hochweideflächen. Die Tour ist gelb-rot markiert und trägt die Bezeichnung PR12 – Trilho da Lombadinha. Holzwegweiser erleichtern die Orientierung.
EINKEHR | Keine Einkehrmöglichkeit unterwegs.

Cachena-Rinder sind eine der kleinsten Rinderrassen der Welt, deren Ursprung unbekannt ist. Sie kommen nur noch in sehr kleiner Population in Portugal und Spanien vor. In den kleinen Bergdörfern Lombadinha und Oucias spazieren die friedlichen Tiere frei durch die Gassen.

▶ In dem kleinen Bergdorf **Lombadinha** **01** können wir am Brunnen in der Ortsmitte noch schnell unsere Wasserflaschen auffüllen. Dann gehen wir entlang der Zufahrtsstraße bis zu einem Steinkreuz. Dort wenden wir uns nach links und folgen dem felsigen Weg bergab. Wir queren ein Bachbett und erreichen eine kleine Landstraße, der wir ein kurzes Stück folgen. In einer Rechtskurve biegen wir auf einen steinigen Pfad ab. Wir folgen den guten gelb-roten Markierungen in ein Tal. Zwischen Farn, Ginster und Eichen geht es kontinuierlich abwärts. Vor einer Steinmauer halten wir uns nach links und queren den Bachlauf. Wir gehen um ein Gatter herum und kommen an kleinen Steinhäuschen vorbei. Nochmals

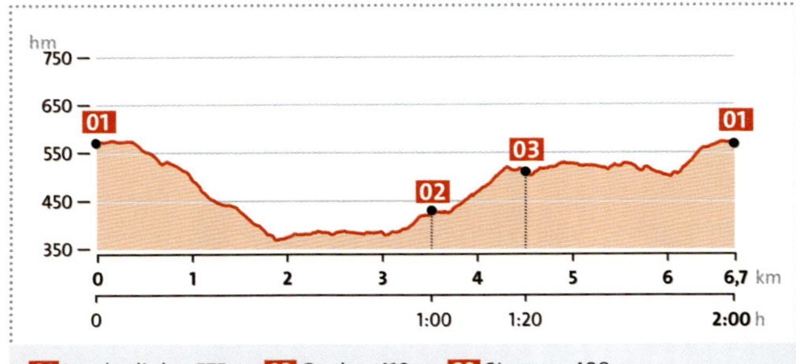

01 Lombadinha, 575 m; **02** Oucias, 410 m; **03** Stausee, 498 m

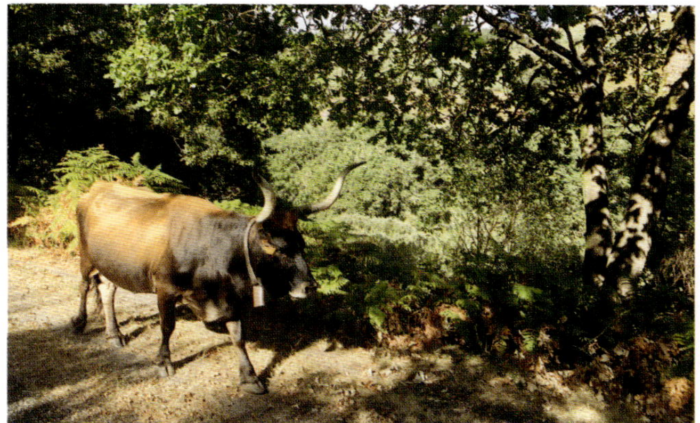

Cachena-Riner begegnen uns bei dieser Wanderung

durchschreiten wir ein Bachbett und gehen durch ein Eisentor. Nachdem wir einen weiteren Bach überquert haben, führt uns der Weg über Felsen. Gut erkennbar sind die Furchen von Eselskarren im Stein, Zeugen von schweren Transporten auf der Strecke. Kurz

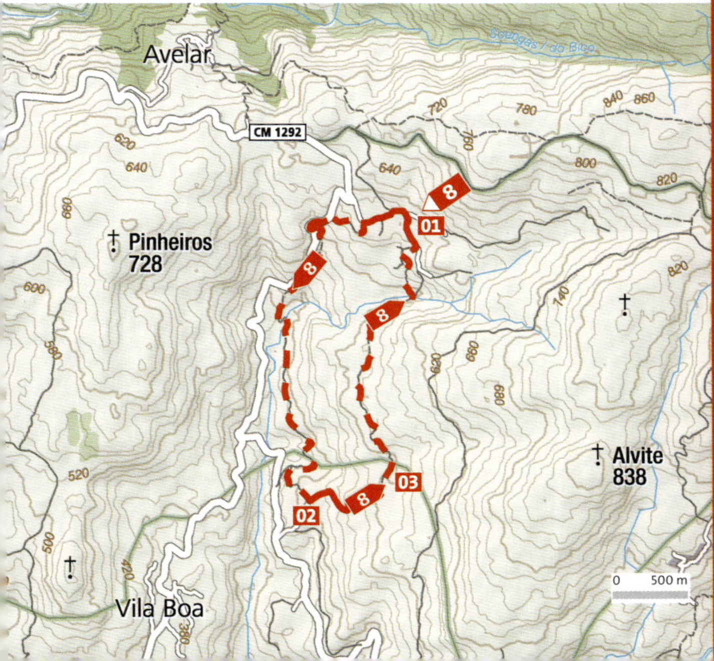

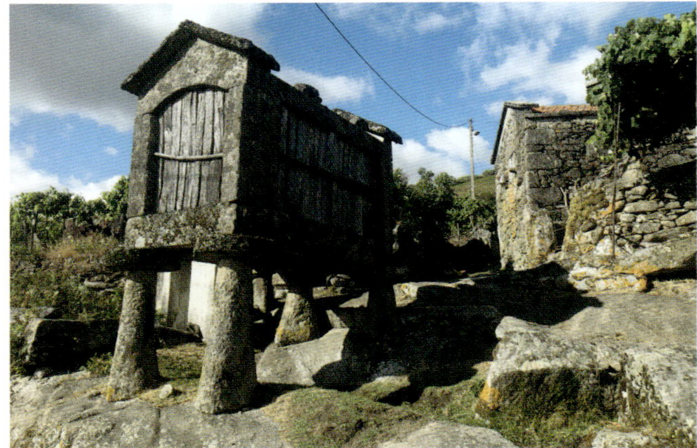

Kornspeicher in Lombadinha

darauf wenden wir uns nach links und steigen in den Ort **Oucias** 02 hinauf.

An der kleinen Straße gehen wir nach links. Vorbei an einer Wasserstelle erreichen wir den Dorfplatz. Wir gehen geradeaus auf einem gepflasterten Weg, zwischen schön renovierten Steinhäusern, bergan. Am Ende der Straße biegen wir nach links, in Richtung Miradouro, ab. Vorbei am Aussichtspunkt und an ein paar alten Steinhäusern erreichen wir die Hochweideflächen der Cachena-Rinder.

Zwischen Oucias und Lombadinha

Nach einem kleinen **Stausee** 03 setzen wir unseren Weg hinter einem Gatter fort. Bald schon bietet sich uns eine herrliche Aussicht über die hügelige Gegend. Wir bleiben immer auf dem mit Furchen durchzogenen Weg. Es folgt ein sehr schöner Wegeabschnitt, entlang von Steinmauern und auf Pfaden über die Weideflächen. Im Auf und Ab queren wir mehrere Bachläufe. Über uns liegt das Dorf Lombadinha. An einer knorrigen Eiche überqueren wir einen Bach und halten uns nach links. Der Weg führt steil bergan in den Ort hinauf. Auf der Höhe folgen wir einer kleinen Asphaltstraße hinauf zur Hauptstraße. Dort wenden wir uns nach links. Vorbei an alten Kornspeichern gelangen wir zurück zu unserem **Ausgangspunkt** 01.

PORTA COVA

Auf dem Gletscherweg zur Almsiedlung Branda do Furado

  13,1 km 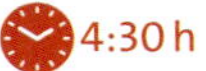 4:30 h 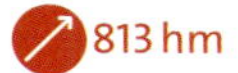 813 hm 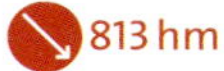 813 hm

9

START | Porta Cova, 506 m.
Hinweis: Ausreichend Wasser, einen Sonnenschutz und ein Fernglas mitnehmen!
[GPS: UTM Zone 29 x: 554.119 m y: 4.647.977 m]
CHARAKTER | Herrliche Rundwanderung auf steinigen Wegen und Pfaden mit teilweise steilen Anstiegen. Die Tour ist gelb-rot markiert und trägt die Bezeichnung PR6 – Trilho do Glaciar e Alto Vez. Holzwegweiser helfen bei der Orientierung.
EINKEHR | Keine Einkehrmöglichkeit unterwegs.

Diese Rundtour bringt uns zu einer Almsiedlung und zu den Hochweiden von Costa do Salgueiro. Unsere Wegbegleiter sind die Cachena-Rinder.

Wir starten am Dorfeingang von **Porta Cova** 01. An der Brücke weist uns ein Holzschild den Weg durch den Ort bergan. Wir verlassen die kleine Siedlung auf einem steinigen Karrenweg und haben eine herrliche Aussicht auf die in Terrassen angelegte Landschaft.

An einer **Kreuzung** 02 halten wir uns nach links. Der Weg bringt uns weiter bergan und wir durchlaufen einen kleinen Kiefernwald.

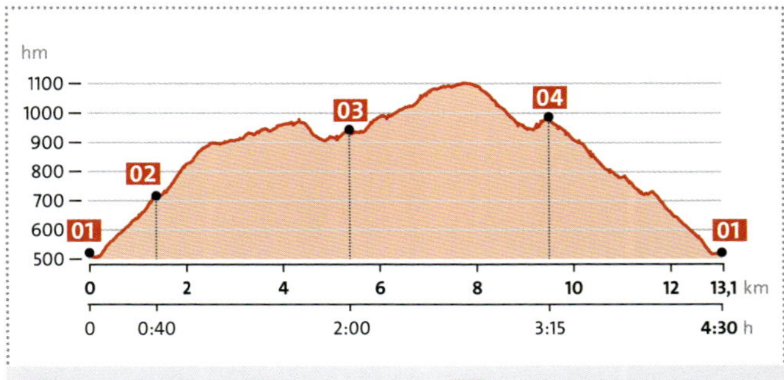

01 Porta Cova, 506 m; 02 Kreuzung, 681 m; 03 Branda do Furado, 937 m; 04 Steinhaus, 972 m

9

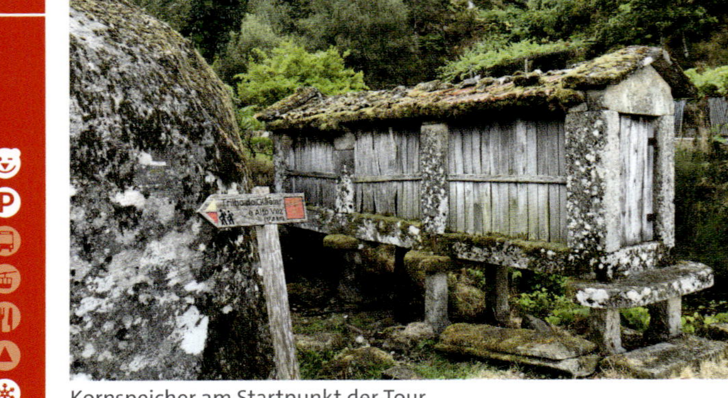
Kornspeicher am Startpunkt der Tour

Wir passieren ein altes Steinhaus und finden uns zwischen großen Weideflächen. Im Auf und Ab geht es durch mehrere Täler, der Zuflüsse des Rio Vez. Die Landschaft ist von Farnen und Stechginster geprägt. Wir stoßen auf einen breiteren Weg und folgen ihm geradeaus.

Bergan erreichen wir die Almsiedlung **Branda do Furado** 03 mit ihren wunderschönen Steinhäuschen. Wir gehen durch ein Gatter und gelangen zwischen Steinmauern zu einer Gabelung. Dort fädeln wir nach rechts ein. Der Weg bringt uns durch eine karge Landschaft immer weiter

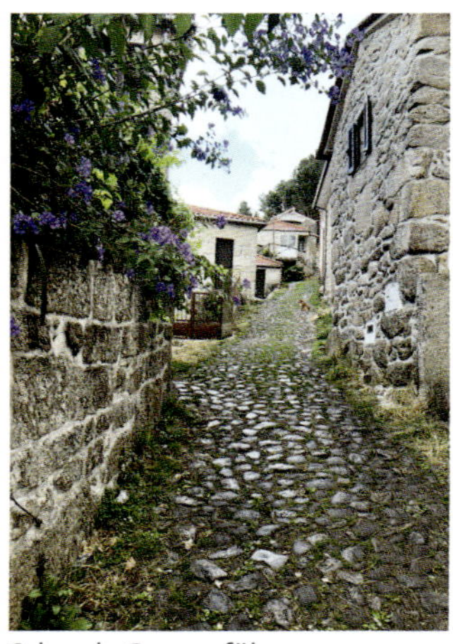
Schmale Gassen führen uns bergan

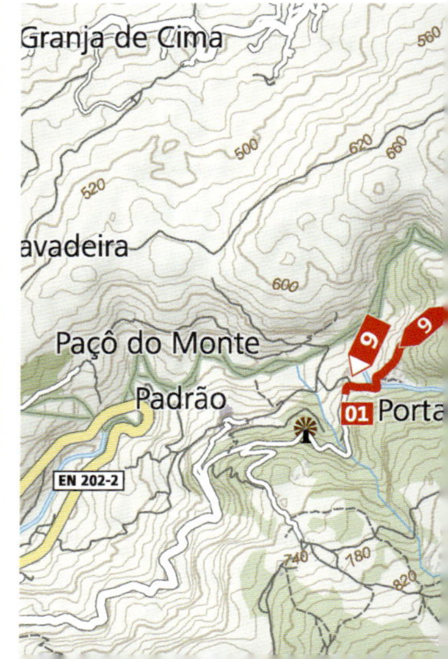

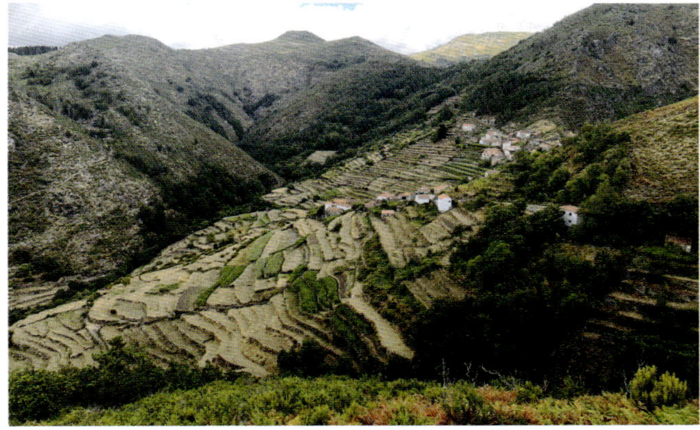

Blick auf Porta Cova

auf die Höhe und uns bieten sich phantastische Aussichten in alle Richtungen. Dann geht es bergab und vereinzelt stehen Häuschen in den Weideflächen. An einem **Steinhaus** **04** kommen wir direkt vorbei. Nach einem guten Stück gabelt sich der Weg und wir wenden uns nach links. Vorbei an einem Haus führt uns der alte Eselsweg bergab, an zerfallenen Häusern vorbei und durch bewaldetes Gebiet. Zwischen vermoosten Mauern treffen wir wieder auf die Kreuzung, die wir vom Hinweg kennen. Wir wenden uns nach links und spazieren zurück zu unserem **Ausgangspunkt** **01**.

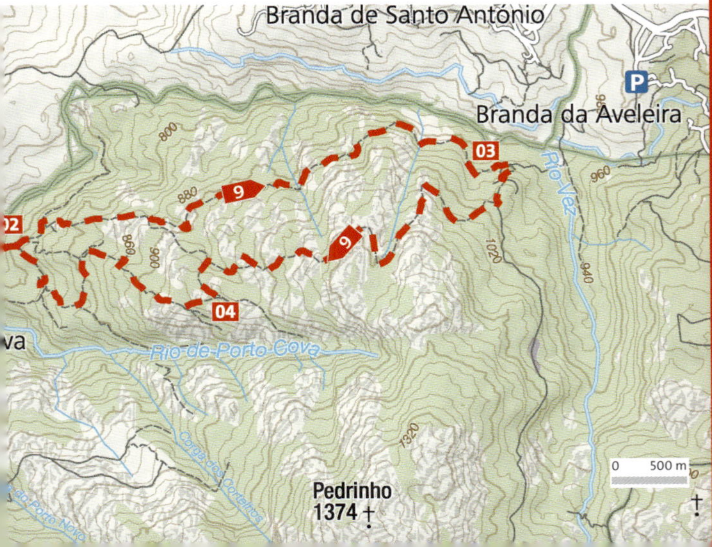

LAMAS DE MOURO

Kinderfreundliche Rundwanderung zwischen Wildpferden

 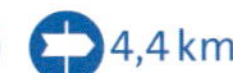   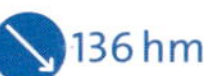

4,4 km | 1:15 h | 136 hm | 136 hm

START | Nationalparkzentrum Porta Lamas de Mouro, 870 m. [GPS: UTM Zone 29 x: 566.563 m y: 4.654.496 m]
CHARAKTER | Landschaftlich reizvolle Rundwanderung auf Feldwegen und kleinen Straßen. Der Wegeverlauf ist gelb-rot markiert und trägt die Bezeichnung: PR6-Trilho Interpretativo de Lamas de Mouro.
EINKEHR | Café/Snack-Bar kurz vor Ende der Rundtour.

Das kleine Dorf Lamas de Mouro liegt am Eingang zu Portugals einzigem Nationalpark, dem „Parque Nacional da Peneda-Gerês".

▶ Wir starten am **Zentrum des Nationalparkes** 01, überqueren die Landstraße und spazieren über einen Holzsteg. Die gelb-roten Markierungen weisen uns nach rechts. Der Weg führt uns unter hohen Kiefern an einigen Picknickplätzen vorbei. Mit etwas Glück trifft man dort auf Wildpferde, die in Ufernähe am Fluss grasen. An einem zerfallenen Gebäude wenden wir uns nach rechts. Der Weg verläuft entlang eines Flusslaufes.

Wir überqueren eine kleine Straße und gehen auf einem Wiesenpfad nach halbrechts weiter zu der schönen, alten **Steinbrücke** 02 Ponte do Porto Ribeiro. Ein kurzes Stück hinter der Brücke gehen wir über eine weitere Landstraße zu einer alten Mühle mit einem Rast-

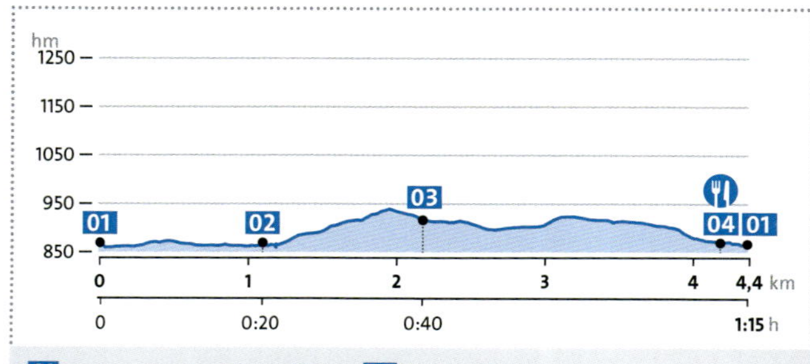

01 Nationalparkzentrum, 870 m; 02 Brücke, 875 m;
03 Lamas de Mouro, 910 m; 04 Café/Snack-Bar, 860 m

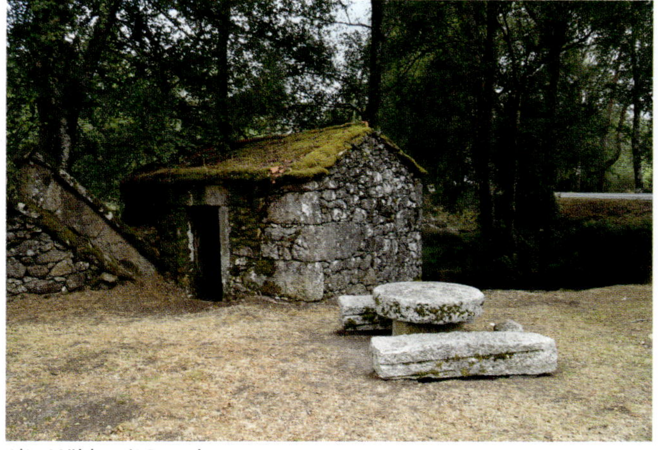

Alte Mühle mit Rastplatz

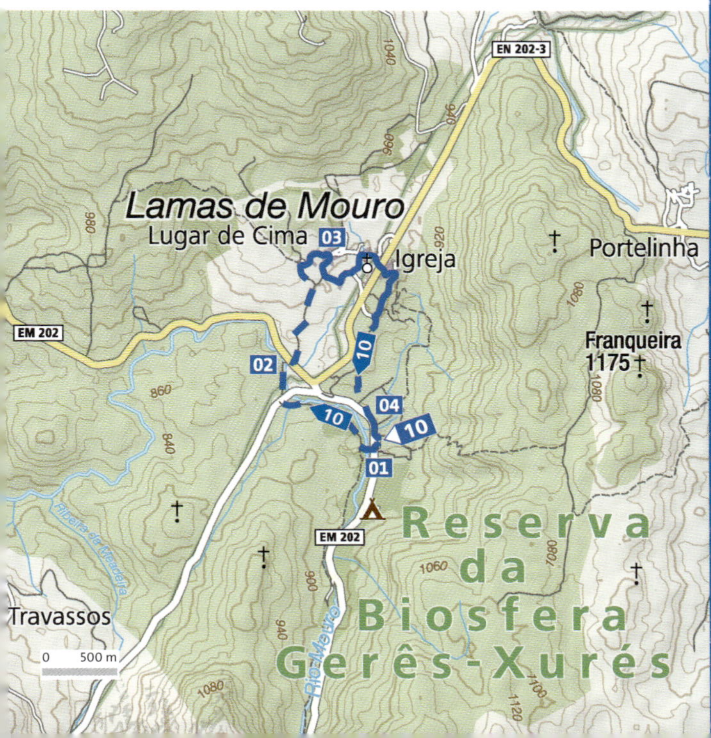

Lamas de Mouro
Lugar de Cima
03
Igreja
Portelinha
EN 202-3
EM 202
02
10
04
10
01
Franqueira
1175
EM 202
Reserva da Biosfera Gerês-Xurés
Ribeira da Meadeira
Rio Mouro
Travassos
0 500 m

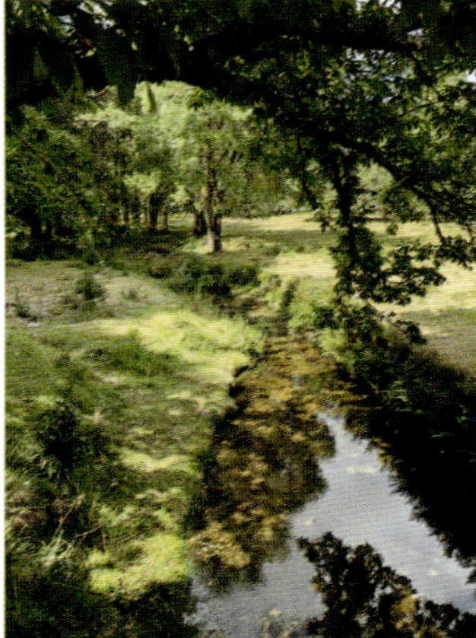

Bachlauf am Nationalparkzentrum

platz, gebastelt aus einem Mühlrad. Auf einem gepflasterten Weg wandern wir zwischen Steinmauern hangaufwärts. Dann zweigen wir nach links auf einen steinigen Weg ab.

Wir erreichen die Häuser von **Lamas de Mouro** 03 und gehen auf einem Sträßchen nach rechts bergab. Die gelb-roten Markierungen führen uns sicher durch die Ortschaft, zunächst hangabwärts. Zwischen ein paar Häusern halten wir uns nach links und an einer Gabelung fädeln wir erneut nach links ein. Dann wenden wir uns an der folgenden Querstraße, über den Bach, nach rechts. Wir kommen an der Kirche vorbei und gehen dann nach rechts über eine Landstraße. Ein schmaler Weg führt uns hangaufwärts und hinter dem letzten Haus nach rechts. Ein kurzes Stück gehen wir auf einem Asphaltsträßchen, dann zweigen wir auf einen Feldweg nach links ab. Der Weg verengt sich zu einem Pfad, der uns zwischen Felsen zurück zur Straße bringt. Wir passieren ein **Café/ Snack-Bar** 04 und erreichen den Parkplatz vor dem **Nationalparkzentrum** 01.

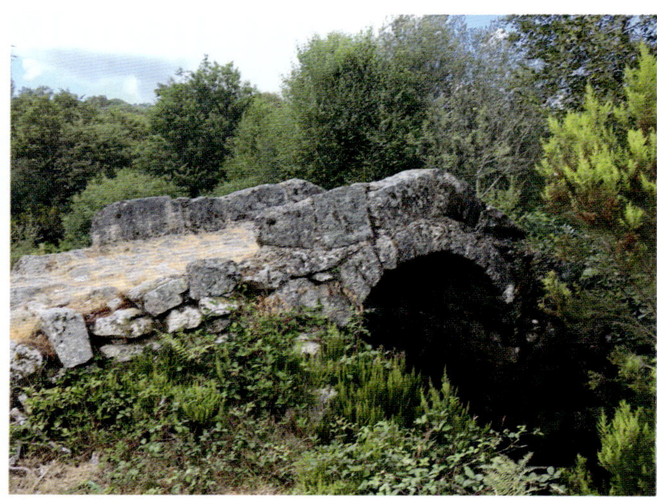

Alte Steinbrücke

CASTRO LABOREIRO

Lange Rundwanderung durch schöne Naturlandschaft und kleine Dörfer

 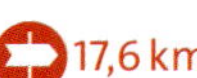 17,6 km 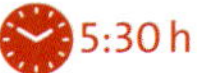 5:30 h 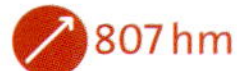 807 hm  807 hm

START | Castro Laboreiro, 946 m.
Hinweis: Ausreichend Wasser, einen Sonnenschutz und ein Fernglas mitnehmen!
[GPS: UTM Zone 29 x: 569.591 m y: 4.653.526 m]
CHARAKTER | Anspruchsvolle Rundwanderung, die vor allem im Hochsommer eine gute Kondition erfordert. Die Tour verläuft auf steinigen Wegen und Pfaden mit einigen steilen Auf- und Abstiegen. Der PR3 – Trilho Castrejo ist gelb-rot markiert.
EINKEHR | Zahlreiche Cafés und Restaurants in Castro Laboreiro.

Im Grenzgebiet zu Spanien liegt die kleine Ortschaft Castro Laboreiro. Eine zerfallene Burg thront über dem Dorf. Unsere Wanderung umkreist die alte Festung, sodass sich immer wieder neue Aussichten auf den Hügel bieten.

▶ Wir starten an der Hauptstraße von **Castro Laboreiro** 01, vor dem Hotel Castrum Villae. Eine Stele informiert über den Wanderweg Trilho Castrejo. Auf einem gepflasterten Weg verlassen wir die Ortschaft. Wir folgen den gelb-roten Markierungen auf einem Sandweg. Dann führen uns die Zeichen auf einen schmalen Weg nach halblinks. Zunächst gewinnt der Weg etwas an Höhe, dann gehen wir zwischen schönen

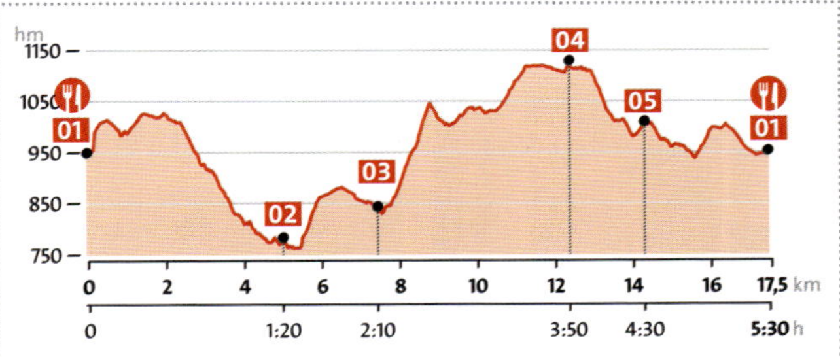

01 Castro Laboreiro, 946 m; 02 Assureira, 765 m; 03 Curveira, 830 m; 04 Seara, 1108 m; 05 Cainheiras, 996 m

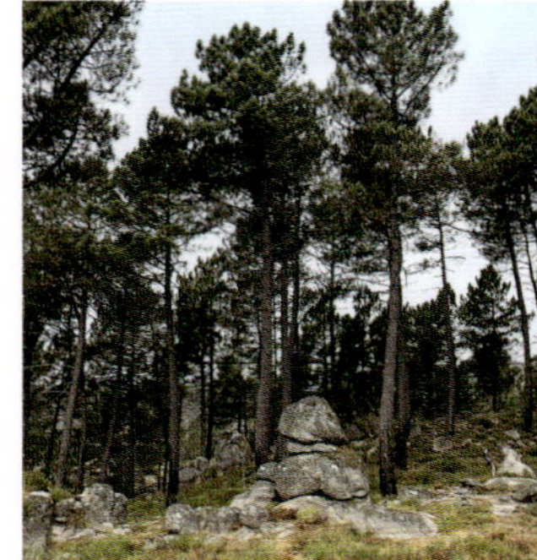

Hohe Kiefern zwischen Felsbrocken

Felsformationen auf einem Pfad auf der Höhe. Hohe Kiefern umrahmen die großen Felsbrocken und bilden ein schönes Fotomotiv. Der Weg schlängelt sich hangabwärts über eine Steinbrücke und wir gelangen in einen Eichenwald. Wir wenden uns nach rechts auf einen Pfad und wandern entlang einer vermoosten Steinmauer.

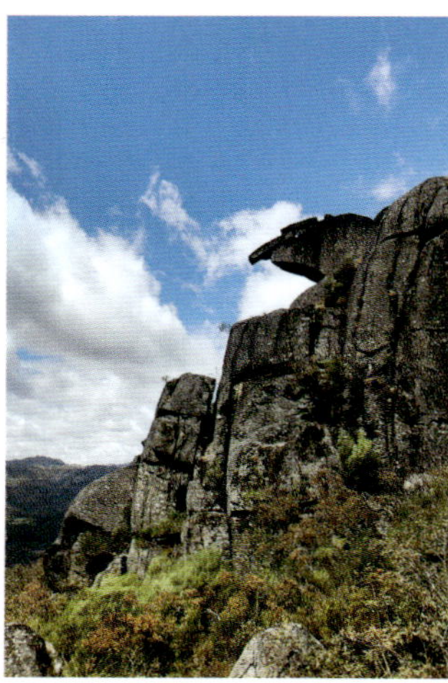

Die Felsnase des Bico do Patelo

Nach links gelangen wir in den Ort Barreiro. Ein Sträßchen bringt uns hangabwärts. Wir queren einen Bachlauf und gehen rechts an einem Haus vorbei. Die Markierungen führen uns durch zwei Gatter am Bachlauf entlang. Wir erreichen eine kleine Straße und folgen ihr geradeaus.

Vorbei an einem Haus, gehen wir geradeaus auf einen Pfad und durchqueren die Ortschaft **Assureira** 02. Nachdem wir eine Landstraße überquert haben, gehen wir auf einem Pfad und über die alte Steinbrücke „Ponta Nova". Danach gewinnt der Weg kontinuierlich an Höhe. Wir wandern durch schönen Eichenwald und können herrliche Aussichten auf den Festungshügel von Castro Laboreiro werfen.

Vor dem Ort **Curveira** 03 wenden wir uns nach rechts. Wir gehen geradeaus über eine Landstraße und durch den Ort. Nach einer Brücke verläuft der Weg steil bergan zu der, schon von Weitem sichtbaren, markanten Felsformation „Bico do Patelo". Von der Höhe haben wir eine grandiose Aussicht. Wir überschreiten einen Sattel und gelangen zu einem Schotterweg. Dort wenden wir uns nach rechts und wandern durch ein Meer aus Felsen. Nach einem guten Stück halten wir uns nach links auf einen schmaleren Weg.

Hangaufwärts gehen wir auf das Dorf **Seara** 04 zu. Bevor wir den Ort erreichen, zweigen wir nach links ab. Der schmale, felsige Weg verläuft zwischen Steinmauern. An einer Verzweigung halten wir uns hangabwärts, nach links und kurz darauf nach rechts auf einen schmalen Weg. Erneut wenden wir uns nach links und es folgt ein recht feuchter Wegeabschnitt, der z. T. von Brombeerranken überwachsen ist. Der Weg wird breiter und wir gelangen zu einer kleinen Asphaltstraße, der wir nach links folgen.

Wir queren einen Bachlauf an einer alten Steinbrücke und wandern durch den Ort **Cainheiras** 05. Nach einer Rechtskurve stoßen wir auf eine Landstraße, der wir kurz nach links folgen, um dann in einen Pfad nach rechts einzubiegen. Er führt uns unterhalb hoher Felsen in die kleine Ortschaft Varziela. Dort halten wir uns nach links und laufen durch ein Tal und über die Ponte da Vaziela. Ein steiniger Pfad bringt uns zu einer Straße, der wir nach links folgen. Wir bleiben immer auf der Straße und biegen an der folgenden Kreuzung nach links ab. Vorbei am

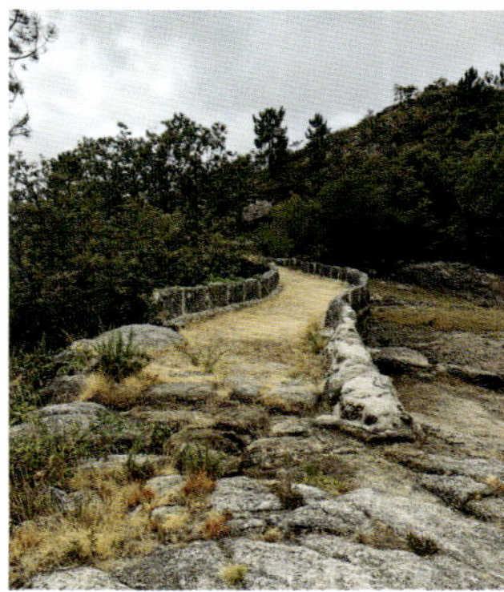

Steinbrücke vor Barreiro

Friedhof erreichen wir Castro Laboreiro. Wir verlassen die Hauptstraße in Richtung Bibliothek nach rechts und wenden uns an der Kirche nach links. Geradeaus gehen wir auf unseren **Ausgangspunkt** 01 zu.

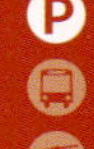

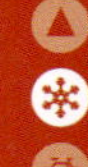

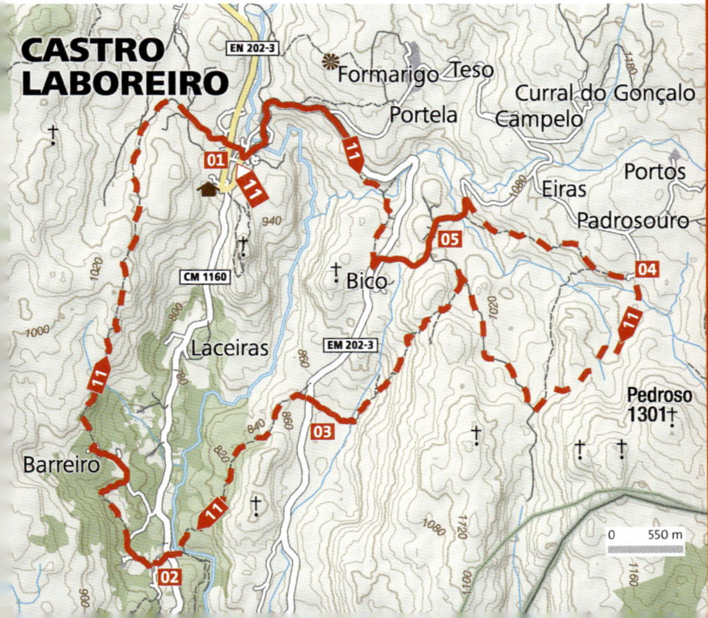

12

PORTA DO MEZIO

Cachena-Rinder, Wildpferde und eine Riesenschaukel

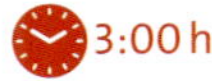

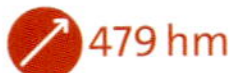

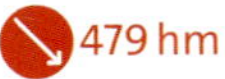

START | Nationalparkzentrum Porta do Mezio, 630 m.
[GPS: UTM Zone 29 x: 556.924 m y: 4.637.266 m]
CHARAKTER | Schöne Rundwanderung auf Pfaden und Feldwegen. In Flussnähe kann der Weg etwas matschig sein. Die Tour ist gelb-rot markiert und trägt die Bezeichnung PR 13 – Trilho da Ribeira de Vilela.
EINKEHR | Keine Einkehrmöglichkeit unterwegs.

Die Riesenschaukel auf dem Hügel nahe dem Nationalparkzentrum ist eine beliebte Touristenattraktion. Die vielen Steinmännchen rund um die Schaukel zeugen von einer gewissen Wartezeit, bis man die herrliche Aussicht in vollen Zügen genießen kann.

▶ Wir starten am Informationszentrum vom **Nationalpark** 01 in Mezio. Am Parkplatz finden wir Holzwegweiser zu diversen Wanderwegen. Wir entscheiden uns für den PR 13 und folgen der kleinen Landstraße. Schon bald führen uns die Markierungszeichen auf einen schmalen Weg nach halblinks. Es geht hangaufwärts und an einem Gatter nach links, an einem Zaun entlang. Wir treffen auf eine Sandpiste und wenden uns nach links. Vorbei am Zuweg zu der Riesenschaukel „Baloiço do Mezio“ auf einer Anhöhe, dann nach halblinks. Mit etwas Glück trifft man dort Wildpferde und die schönen Cachena-Rinder an. Der Weg gewinnt kontinuierlich an Höhe und wir

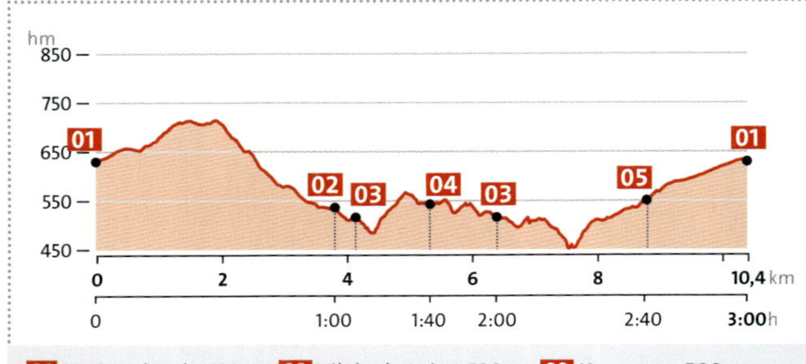

01 Nationalpark, 630 m; 02 Vilela de Lajes, 520 m; 03 Kreuzung, 500 m; 04 Brücke, 537 m; 05 Boimo, 550 m

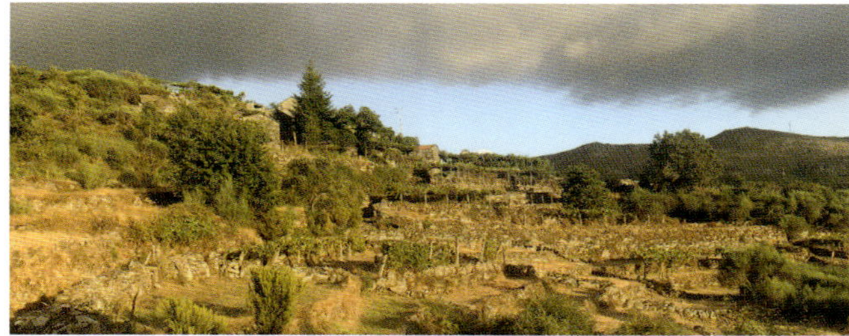

Weinanbau auf Terrassen bei Vilela de Lajes

genießen herrliche Aussichten in alle Richtungen. Auf der Höhe gabelt sich der Weg und wir fädeln nach rechts ein. Zwischen bizarren Felsformationen geht es hangabwärts. Ein alter Karrenweg bringt uns zu einer Sandpiste, wo wir uns nach links wenden.

Wir gelangen in die kleine Ortschaft **Vilela de Lajes** 02. An einem Steinkreuz wenden wir uns auf einen schmalen Weg nach links, dann scharf nach rechts in eine kleine Straße. Am Ende der Straße folgen wir einem Feldweg nach halblinks und verlassen die Ortschaft.

Der Weg geht in einen Pfad über und wir erreichen eine **Kreuzung** 03, zu der wir später zurück-

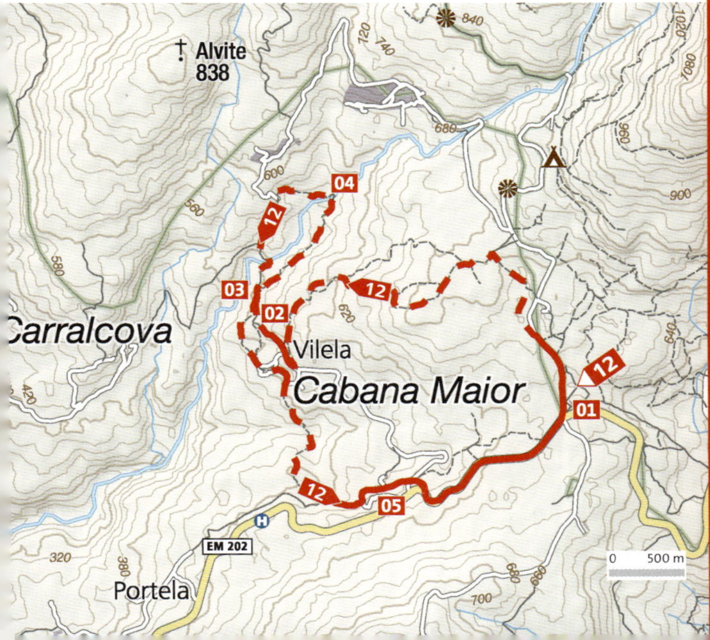

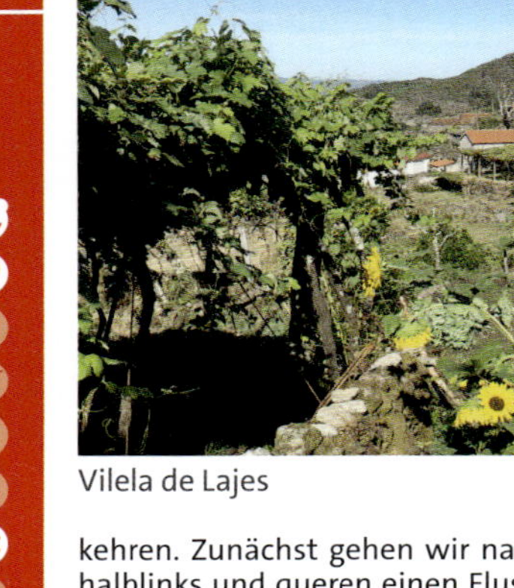

Vilela de Lajes

kehren. Zunächst gehen wir nach halblinks und queren einen Flusslauf über eine Brücke. Der Weg führt uns zwischen Weideterrassen steil bergan. An einer Verzweigung biegen wir nach rechts ab. Es folgt ein sehr überwachsener Wegeabschnitt und wir müssen gut auf die Markierungen achten. An einem Querweg wenden wir uns nach links und kurz darauf, an einem Steinhäuschen, nach rechts. Wir queren den Flusslauf, einmal über Steine, einmal über eine schmale **Brücke** 04.

Bachlauf des Vilela

Im Auf und Ab bringt uns der Weg zu der **Kreuzung** 03 zurück. Wir gehen halbrechts und erreichen wieder **Vilela de Lajes** 02. Die Markierungszeichen führen uns sicher durch den Ort. Vorbei an einem Brunnen und einer kleinen Kapelle verlassen wir den Ort auf einem gepflasterten Weg hangabwärts. Zwischen hohen Ginsterbüschen steigen wir zu einem Bachlauf hinab. Wir überqueren eine Brücke und wandern weiter auf einem Pfad.

Dann wird der Weg breiter und wir gehen auf das Dorf **Boimo** 05 zu. An einem Brunnen erreichen wir die Ortschaft und wenden uns nach links. Der Weg führt uns an der Kirche vorbei und steil bergan zu einer kleinen Straße, die wir überqueren. Ein felsiger Weg bringt uns zu einer Landstraße hinauf. Wir folgen ihr nach links, zurück zum **Nationalparkzentrum** 01.

DER BROTWEG VON SOAJO

Idyllische Kornspeicher und alte Mühlen

 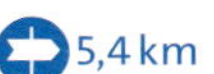 5,4 km 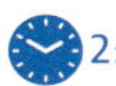 2:00 h  329 hm  329 hm

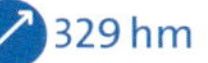

START | Soajo, 308 m.
[GPS: UTM Zone 29 x: 560.988 m y: 4.636.231]
CHARAKTER | Einfache Rundwanderung, die auf Feldwegen und gepflasterten Wegen verläuft. Die Strecke ist gelb-rot markiert und trägt die Bezeichnung PR7 – Caminhos do Pão. Zusätzlich dienen Holzwegweiser der Orientierung.
EINKEHR | Zahlreiche Cafés und Restaurants in Soajo.

Die Kleinstadt Soajo ist bekannt für ihre schönen Kornspeicher, die neben dem großen Parkplatz zu bewundern sind. In der Ortsmitte ziert ein schöner Schandpfahl die Häuserfassaden. Zahlreiche Restaurants laden zum Einkehren ein.

▶ Neben dem kleinen Parkplatz in **Soajo** 01 finden wir einen Holzwegweiser und folgen den Markierungen in eine Gasse. Nach wenigen Metern wenden wir uns nach links und direkt nach rechts. Zwischen Weinreben und hohen Steinmauern wandern wir hangaufwärts. An einem markanten Kornspeicher fädeln wir nach halblinks ein. Vorbei an, mit Weinreben bewachsenen, Terrassen und zerfallenen Mühlen gelangen wir zu einer Gabelung. Dort halten wir uns nach halbrechts. Der felsige Weg gewinnt an Höhe und wird von einem kleinen Bewässerungskanal begleitet. Von links stößt ein Weg zu unserem hinzu. Wir passieren ein Haus mit einem

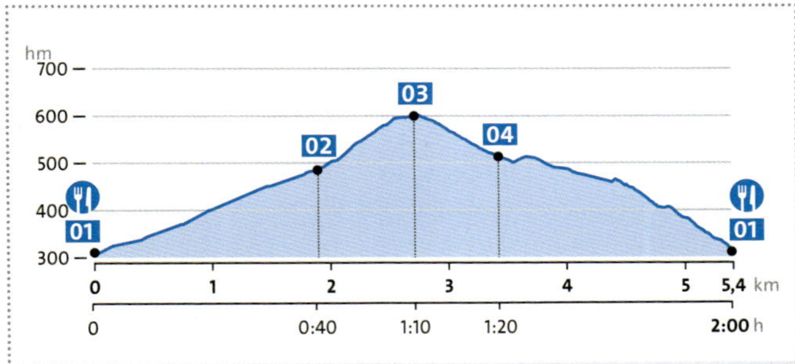

01 Soajo, 308 m; 02 Teich, 435 m; 03 Eukalyptuswald, 584 m; 04 Straße, 480 m

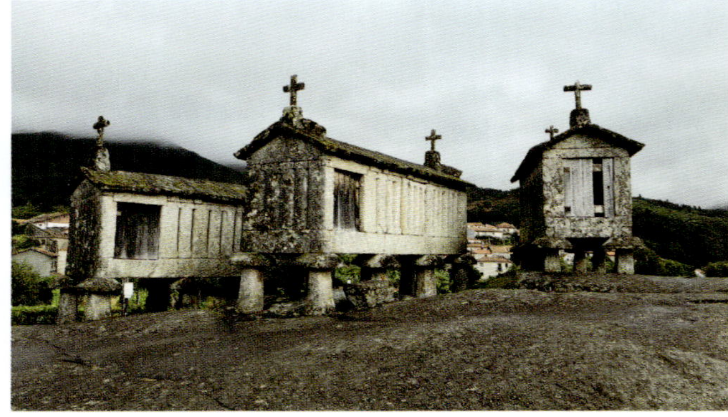

Kornspeicher in Soajo

kleinen **Teich** 02 und an einem Steinhaus geht der Feldweg in ein Asphaltsträßchen über. Der Weg gabelt sich und wir wenden uns nach halbrechts.

An einem Wegweiser biegen wir nach links auf einen sandigen Weg, kurz darauf erneut nach halblinks. Zwischen hohem Ginster und über Felsen geht es bergauf. Von einem Plateau haben wir eine herrliche Aussicht über die Gegend. Wir passieren einen **Eukalyptuswald** 03 und wenden uns nach links auf einen Pfad entlang einer Steinmauer. Ein Wegweiser zeigt uns die Richtung nach halblinks, auf einen Pfad, bergab.

Der Weg wird breiter und wir gelangen zu einer kleinen **Straße** 04, der wir nach rechts über einen Bachlauf folgen. An einer Verzweigung wählen wir den Weg hangabwärts nach halblinks. Nach einem guten Stück verlassen wir die Straße und die Markierungen führen uns nach links. Wir gehen entlang eines kleinen Kanals, dann entlang einer Steinmauer, weiter bergab. An einem Strommast ignorieren wir einen Abzweig anderer Wanderwege. Wir wandern weiter auf einem Pfad zwischen vermoosten Steinmauern und gelangen zu den ersten Häusern von Soajo. Ein Asphaltsträßchen führt uns steil bergab in den Ort hinein. Die erste Gasse nach rechts gelangen wir zurück zu unserem **Ausgangspunkt** 01. Lohnenswert ist ein Abstecher in den Ort hinein.

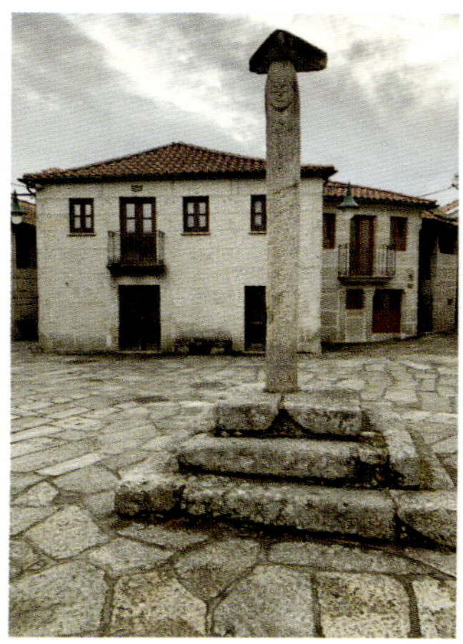

Schandpfahl in der Ortsmitte

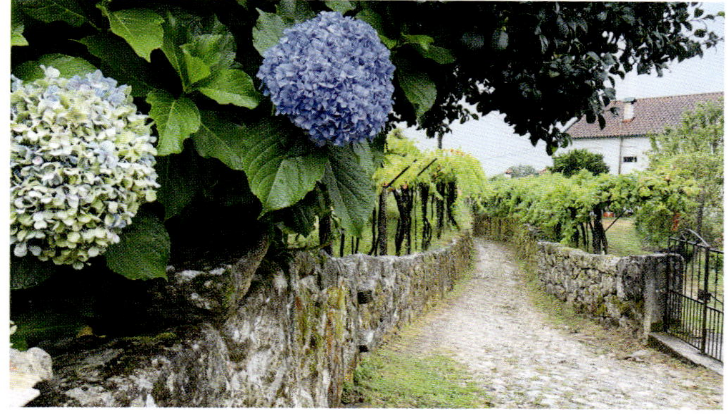

Durch Gassen zurück nach Soajo

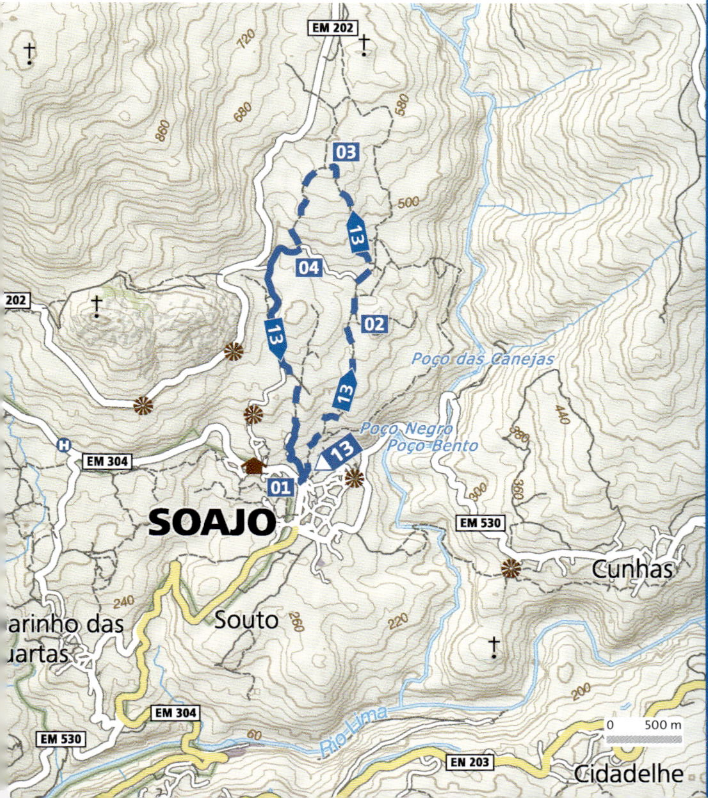

EM 202
720
680
860
580
03
500
13
04
202
13
02
Poço das Canejas
13
Poço Negro
Poço Bento
13
EM 304
01
SOAJO
440
380
300
360
EM 530
Cunhas
240
arinho das
uartas
Souto
260
220
200
EM 304
EM 530
60
Rio Lima
0 500 m
EN 203
Cidadelhe

14

COVIDE

Über den Höhenzug von Calcedónia

  6,9 km 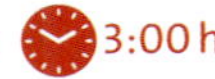 3:00 h 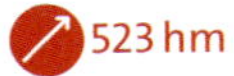 523 hm 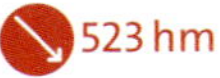 523 hm

START | Covide am Pavillon auf der Verkehrsinsel, Kreuzung nach Braga und nach Campo de Gerês, 553 m. Hinweis: Ausreichend Wasser, einen Sonnenschutz und evtl. ein Fernglas mitnehmen! [GPS: UTM Zone 29 x: 565.594 m y: 4.620.564 m]
CHARAKTER | Kurze Rundwanderung auf felsigen Pfaden mit steilen Auf- und Abstiegen. An einigen Stellen ist Trittsicherheit erforderlich. Die Tour ist gelb-rot markiert und trägt die Bezeichnung PR 1 – Trilho da Cidade da Calcedónia. Wegweiser helfen bei der Orientierung.
EINKEHR | Cafés und Restaurants in Covide.

Diese Wanderung ist geprägt von bizarren Felsformationen aus runden Granitblöcken. Auf der Hügelkette von Calcedónia fanden Archäologen Überreste aus der Eisenzeit. Man vermutet, dass der Berg eine Festung war.

▶ Vor dem Pavillon und der kleinen Kapelle auf der Verkehrsinsel in **Covide** 01 finden wir eine Wandertafel zum PR 1. Die gelb-roten Markierungen führen uns entlang der Straße, vorbei an Restaurants. Nach etwa 300 m biegen wir nach halbrechts auf eine kleine Straße. Nach einem Bachbett wenden wir uns nach links. Wir wandern zwischen Weinbergen und Maisfeldern und gelangen zu einer Gabelung. Wir orientieren uns nach halbrechts auf einen sandigen Weg. Es folgt direkt eine weitere Gabelung und wir halten uns nach

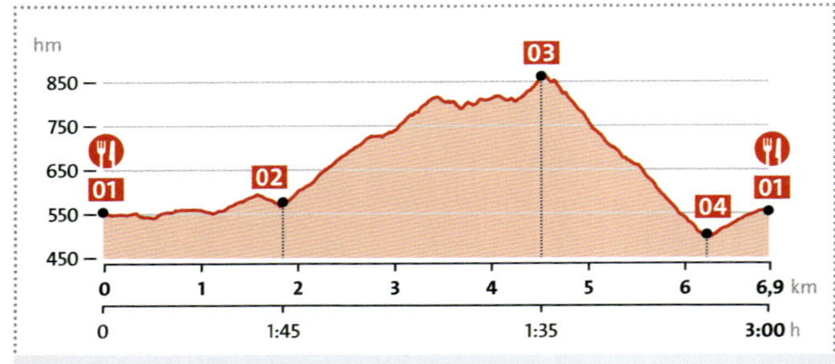

01 Covide, 553 m; 02 Brücke, 568 m; 03 Felstunnel, 838 m; 04 Gatter, 500 m

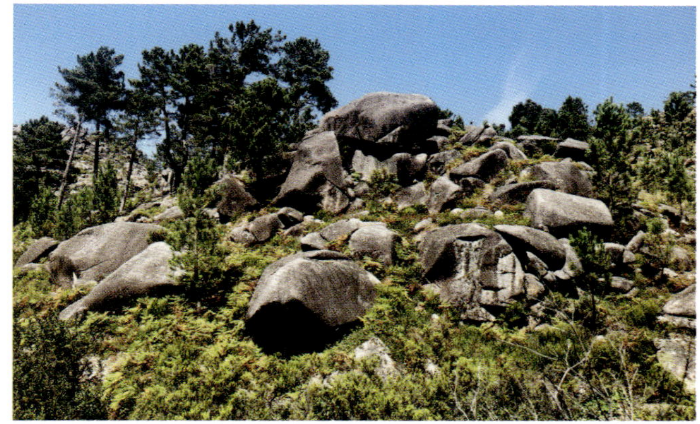

Bizarre Felsbrocken am Wegesrand

links. Erneut verzweigt der Weg und wir gehen nach halbrechts. An einem kleinen Steinhäuschen nehmen wir den unteren Weg. Wir queren erneut einen Bachlauf und zweigen in den Weg nach links ab, dann nach rechts auf einen steinigen Weg. Zunächst steigt der Weg

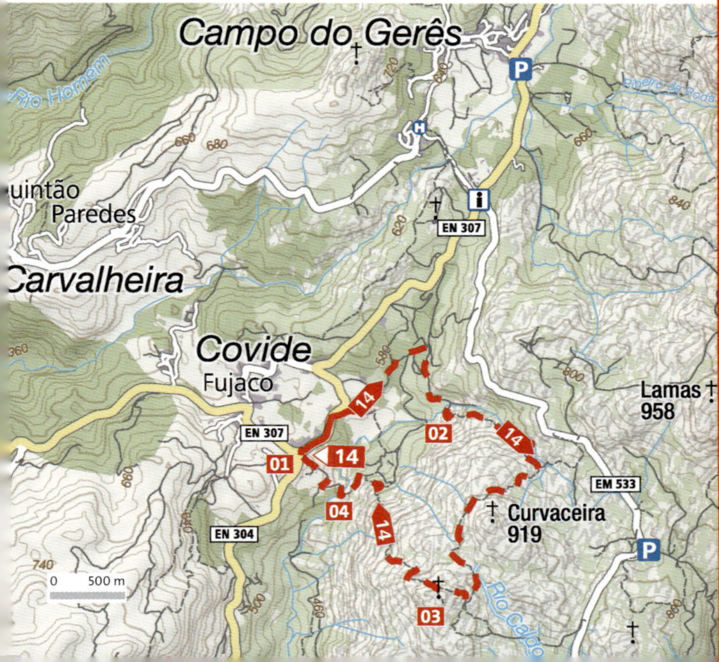

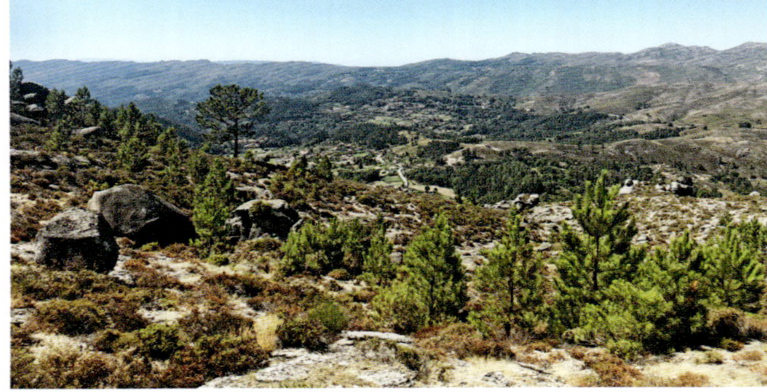

Blick auf Covide von der Höhe

noch an, dann geht es abwärts und über eine **Brücke** 02.

Es folgt ein sehr schöner Wegeabschnitt. Wir steigen neben einem Bachlauf, auf einem steinigen Pfad, steil bergan. Der Weg beschreibt eine Rechtskurve und gewinnt nur noch gemächlich an Höhe. Zwischen schönen Felsformationen wandern wir unterhalb eines hohen Felsmassivs. Nach einer Passage durch die Felsen steigt der Weg nochmals etwas an. Dann geht es im Auf und Ab zwischen den riesigen Steinbrocken zu einer Kreuzung. Dort wenden wir uns nach rechts und kraxeln kurz darauf durch einen **Felstunnel** 03.

Es folgt ein teilweise steiler Abstieg, wobei man stellenweise die Hände benutzen muss. Im Tal gehen wir durch ein **Gatter** 04 und überqueren einen kleinen Fluss.

Ein Feldweg bringt uns auf die Höhe, zurück zum Pavillon von **Covide** 01.

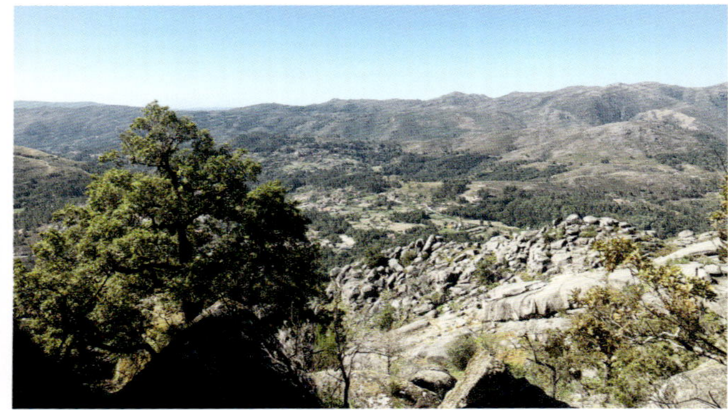

Weite Aussichten bereichern diese Tour

DER WEG DER FAULHEIT

Erfrischende Wanderung durch Eichenwälder zu einem Wasserfall

 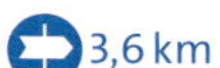 3,6 km  1:30 h 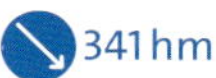 341 hm 341 hm

START | Gerês, 663 m. Anfahrt: Von Gerês auf der N308-1 nach Norden in Richtung Spanien. Nach etwa 4 km erreichen wir eine Parkbucht mit einer Wandertafel. Hinweis: Badesachen mitnehmen!
[GPS: UTM Zone 29 x: 570.383 m y: 4.622.492]
CHARAKTER | Einfache Rundwanderung, die auf Feldwegen und gepflasterten Wegen verläuft. Die Strecke ist gelb-rot markiert und trägt die Bezeichnung PR7 – Caminhos do Pão. Zusätzlich dienen Holzwegweiser der Orientierung.
EINKEHR | Keine Einkehrmöglichkeit unterwegs.

Schöne, bergige Rundwanderung im Nationalpark Peneda-Gerês. Der Aufstieg erfordert etwas Kondition. Der Weg verläuft überwiegend auf Pfaden und auf einer holprigen, alten Römerstraße. Die Strecke ist durchgängig gelb-rot markiert und trägt die Bezeichnung Trilho da Peguiça – der Weg der Faulheit.

Wir starten an dem kleinen Parkplatz neben der Straße und steigen hinauf zu dem **Aussichtspunkt** 01. Dann nehmen wir den Pfad neben der Informationstafel zum Wanderweg bergab. Vor der Straße wenden wir uns nach links. Wir überqueren einen kleinen Bach und gehen steil bergan zwischen hohem Farn und Hei-

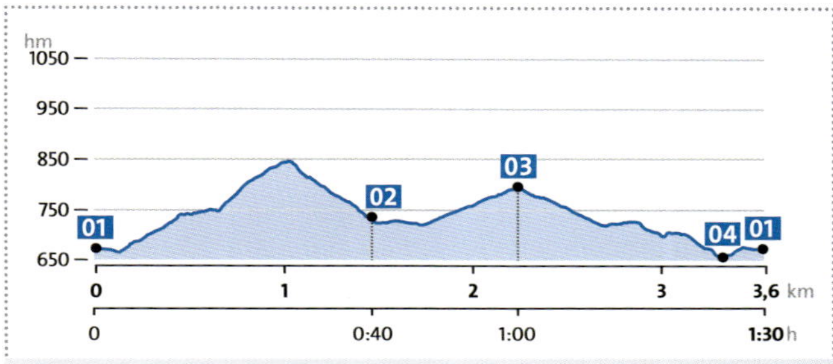

01 Aussichtspunkt, 663 m; 02 Landstraße, 739 m; 03 Wasserfall, 825 m; 04 Badestelle, 680 m

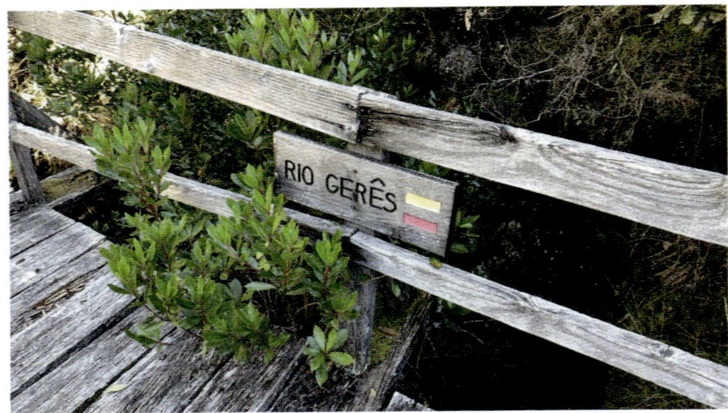

Über den Rio Gerês

dekraut. Nach einem guten Stück führen uns die Markierungszeichen bergab. An einem Querweg halten wir uns nach rechts und kurz vor der Landstraße nehmen wir einen steinigen Weg nach links.

Eine Etage tiefer überqueren wir die **Landstraße** 02. Auf einem Pfad geht es weiter abwärts, dann nach rechts. Ein Weg zweigt nach links ab. Dort werden wir später unseren Rückweg antreten. Zunächst machen wir einen Abstecher und gehen geradeaus. Zu unserer linken Seite rauscht der Rio Gerês. Wir überqueren den Zufluss „Ribeiro da Cantina". Auf

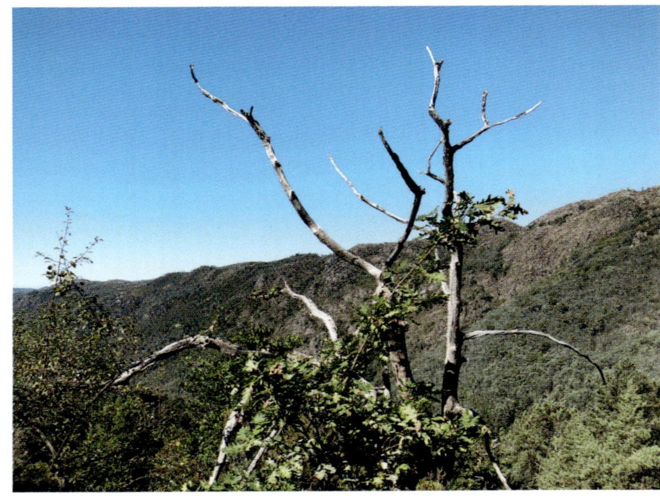
Blick aus dem Tal auf die umliegenden Höhenzüge

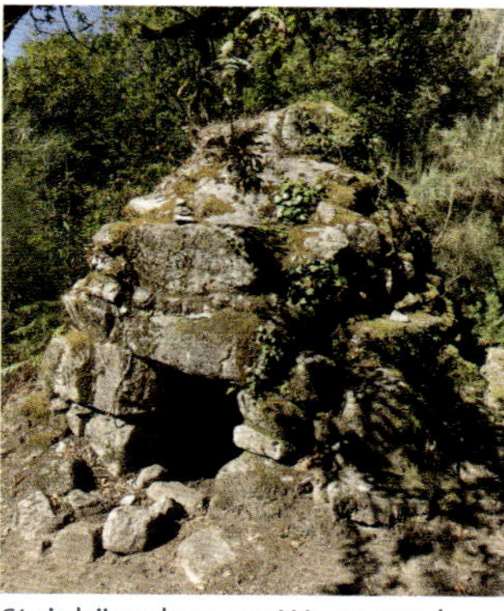

Steinhäuschen am Wegesrand

einer alten Römerstraße wandern wir bergan zum **Wasserfall** 03. Ein erfrischender Ort für eine Rast.

Wir gehen auf gleichem Weg zurück zu dem Abzweig. Dort wenden wir uns nach rechts. Der Weg führt uns hangabwärts über eine Brücke und vorbei an einem weiteren Wasserfall. Wir gelangen zu einer schönen **Badestelle** 04 am Rio Gerês.

Dann kraxeln wir hinauf zur Landstraße und erreichen unseren **Ausgangspunkt** 01.

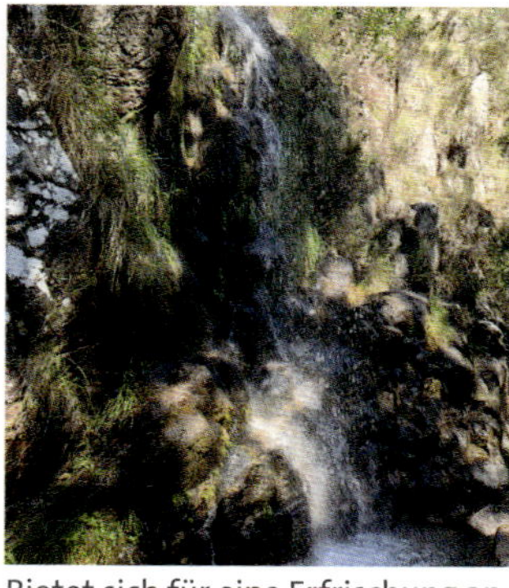

Bietet sich für eine Erfrischung an: der Wasserfall

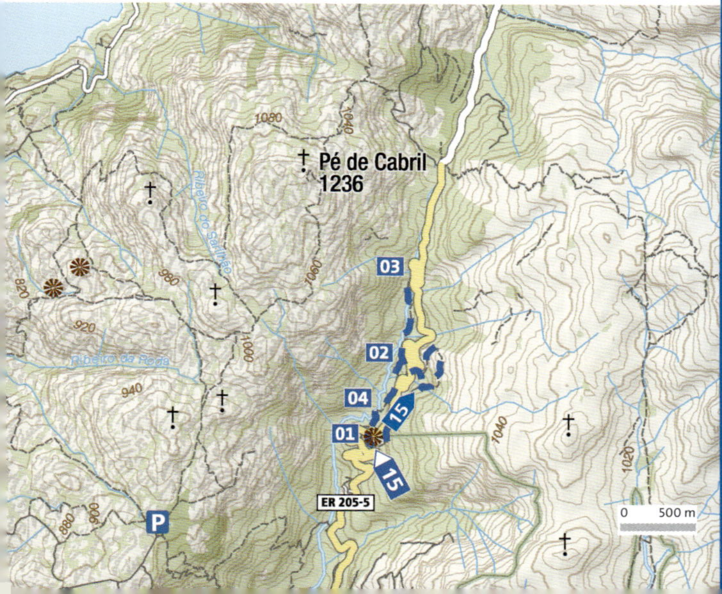

SALTO

Schöne Rundwanderung in typisch ländlicher Gegend

  13 km 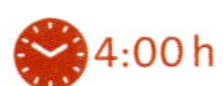 4:00 h  433 hm 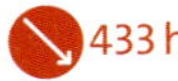 433 hm

START | Parkanlage in Salto, 803 m. Hinweis: Ausreichend Wasser und einen Sonnenschutz mitnehmen!
[GPS: UTM Zone 29 x: 587.547 m y: 4.610.271 m]
CHARAKTER | Schöne Rundwanderung auf Pfaden, Wald- und Feldwegen. Teilweise sind gelb-rote Markierungszeichen und Wegweiser vorhanden. Die Tour ist eine Abwandlung des PR8 und sie erfordert etwas Orientierungssinn.
EINKEHR | Keine.

Portugiesen lieben Picknick. An Wochenenden ist der Park am Startpunkt dieser Tour ein beliebtes Ausflugsziel. Zahlreiche Rastplätze mit Grillmöglichkeiten laden zum Ausruhen ein. Und der kleine Fluss ist ein traumhafter Spielplatz für Kinder.

▶ Wir starten vor dem Eingangstor zum **Park** 01 in Salto und gehen durch die schöne Anlage nach halbrechts. Nachdem wir den Fluss überquert haben, orientieren wir uns nach rechts entlang des Ufers. Unter hohen Bäumen folgen wir dem Pfad bis zu einer Furt. Dort wenden wir uns nach links hangaufwärts. Auf der Höhe gehen wir unter hohen Kiefern geradeaus und halten uns auf dem Hauptweg. Nach einer Kurve fädeln wir nach links ein und steigen steil bergan. An einem Querweg wenden wir uns erneut nach links und kurz darauf nach rechts auf einen breiten Forstweg. In diesem Abschnitt fehlen leider

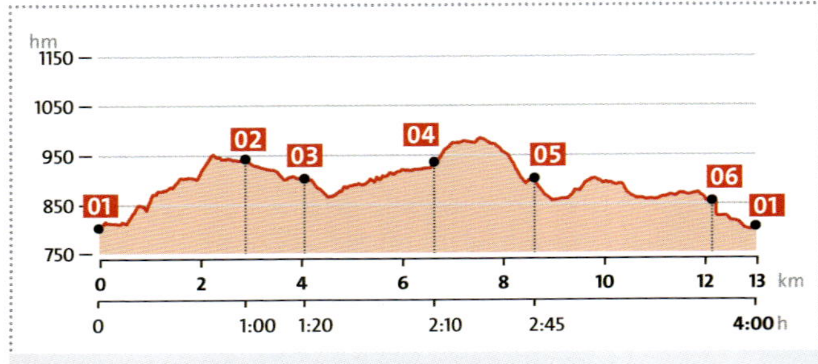

01 Park, 803 m; 02 Wegweiser, 920 m; 03 Paredes, 872 m; 04 Schotterpiste, 925 m; 05 Amial, 883 m; 06 Sportplatz, 830 m

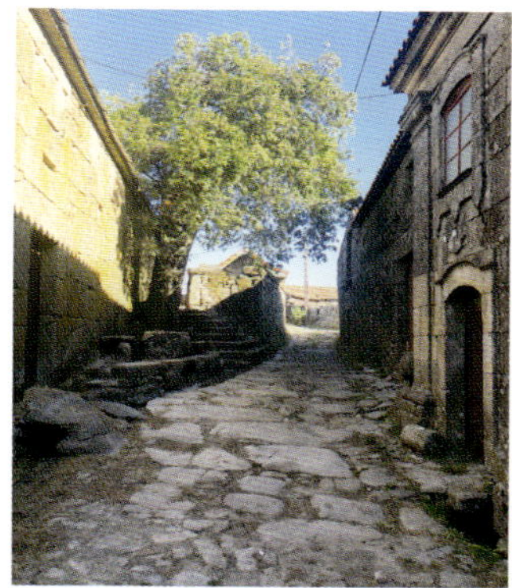
Alte Gassen in verschlafenen Ortschaften

die Markierungszeichen. An der folgenden Kreuzung gehen wir nach links bergan. Der Weg führt uns auf eine Anhöhe mit Kiefern und Farnen. Nach kurzer Strecke erreichen wir eine kleine Straße.

Ein **Wegweiser** **02** zeigt uns die Richtung nach Paredes, nach rechts. Dann zweigen wir nach links auf einen Feldweg ab. Einen Weg nach rechts ignorieren wir und halten uns geradeaus. An einem Querweg biegen wir nach rechts ab und gelangen zwischen Steinmauern in den kleinen, verlassenen Ort **Paredes** **03**. Dort halten wir uns nach links und wandern zwischen ein paar baufälligen Steinhäusern hindurch. Über einen felsigen Weg gehen wir hangabwärts nach links in ein Tal und queren einen Bachlauf.

Nach einem Gatter wenden wir uns erneut nach links und schlüpfen hinter einem Häuschen durch

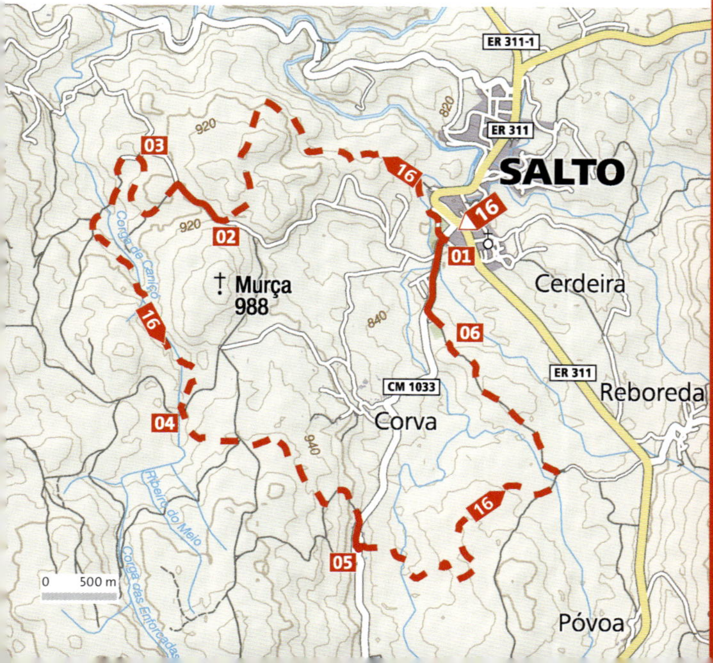

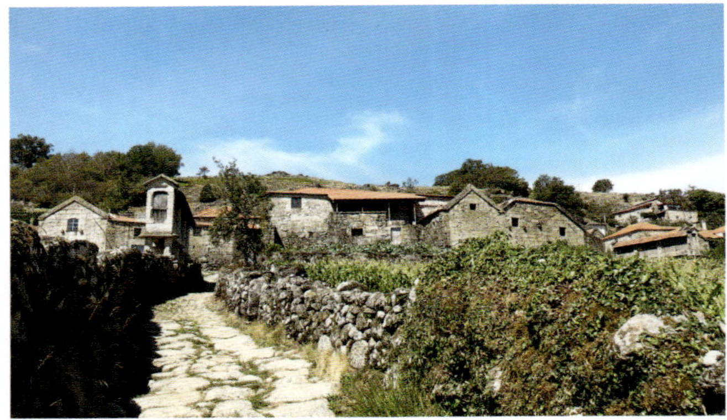

Blick auf Amial

einen Zaun. Auf einem etwas zugewachsenen Pfad schlängeln wir uns entlang einer Steinmauer und eines Baches.

Nach einem guten Stück erreichen wir eine **Schotterstraße** 04. Wir gehen geradeaus auf einem Pfad bergan. Nachdem wir einen kleinen Wasserkanal überschritten haben, gelangen wir auf eine felsige Anhöhe, von der wir eine herrliche Aussicht genießen können. An der folgenden Kreuzung orientieren wir uns geradeaus, dann nach links auf eine Sandpiste. In einer Kurve wenden wir uns nach rechts auf einen kleinen sandigen Weg. Dann verlassen wir den Feldweg auf einen schmalen Weg nach rechts. An einer Steinmauer treffen wir wieder auf eine gelb-rote Markierung und zweigen nach links ab.

Nach kurzer Strecke erreichen wir die Ortschaft **Amial** 05 und folgen der Straße hangaufwärts. An der Bushaltestelle geht es über Treppen zu einer Kapelle. Wir biegen nach links und direkt am Brunnen nach rechts. Neben einem Getreidespeicher verlassen wir das Dorf in ein weites Tal. Nach einer Bachquerung wenden wir uns an der folgenden Kreuzung nach links. Der Weg führt uns hangaufwärts und an einer Gabelung gehen wir nach halbrechts. Wir queren ein Feld, steigen über eine kleine Mauer und nehmen den schmalen Weg nach links. Es geht etwas weglos über die karge Hochfläche. Als Orientierungshilfe dienen zwei hohe Eichen. Ab dort ist der Wegeverlauf wieder klar erkennbar. Dann führt uns der Weg hangabwärts und an einer Gabelung halten wir uns nach rechts. Unter hohen Eichen überqueren wir erst ein Bachbett, dann eine Brücke. Danach wandern wir nach links (nicht scharf links). Nach einem Eukalyptuswald verzweigt der Weg zwischen Ginstersträuchern. Wir wählen den Pfad zwischen den beiden Wegen.

Entlang von Steinmauern passieren wir ein Waldstück und gelangen zu einem **Sportplatz** 06. Wir nehmen die Zufahrtsstraße und gehen geradeaus zurück zum **Park** 01.

IM NATURPARK DO ALVÃO

Abwechslungsreiche Rundwanderung mit herrlichen Aussichten

  13,1 km 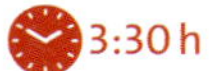 3:30 h 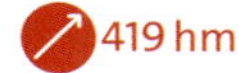 419 hm 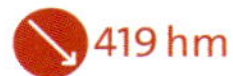 419 hm

START | Stausee „Barragem Cimeira" bei Lamas de Olo, 1075 m. Hinweis: Ausreichend Wasser, einen Sonnenschutz und evtl. ein Fernglas mitnehmen!
[GPS: UTM Zone 29 x: 600.738 m y: 4.579.094 m]
CHARAKTER | Technisch einfache Rundwanderung ohne nennenswerte Steigungen, die meist auf Forstwegen und kleinen Straßen verläuft. Die Tour ist gelb-rot markiert und trägt die Bezeichnung Percurso Circular Barragens-Barreiro".
EINKEHR | Keine.

In den Dörfern des Naturparks Alvão verstreichen die Tage noch gemächlich. Das Leben besteht aus ländlichen Tätigkeiten wie dem Eintreiben der Rinder, der Arbeit auf dem Feld und dem Brot backen. Neugierig und freundlich werden Besucher begrüßt.

Wir starten am **Parkplatz** 01 vom Stausee „Barragem Cimeira" bei Lamas de Olo. Auf einer sandigen Piste gehen wir entlang des Zaunes zum Gewässer. Die Landschaft ist von Kiefern, Heidekraut und schönen Felsformationen geprägt. Der Weg gewinnt etwas an Höhe und wir gehen auf ein Windrad zu.

An einer Kreuzung mit einem **Holzwegweiser** 02 wenden wir

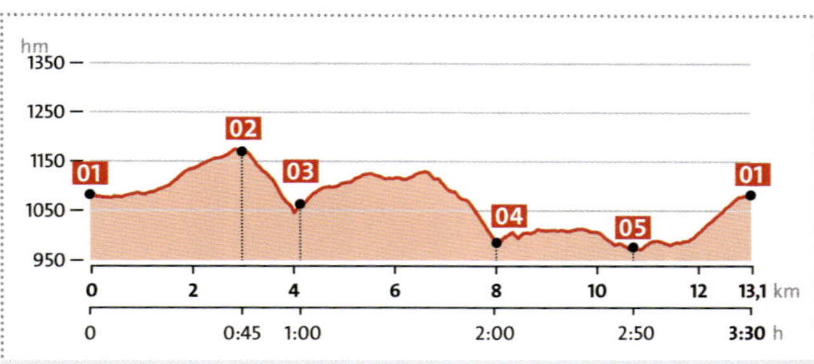

01 Parkplatz, 1075 m; 02 Wegweiser, 1072 m; 03 Bach, 1038 m; 04 Barreiro, 950 m; 05 Brücke, 962 m

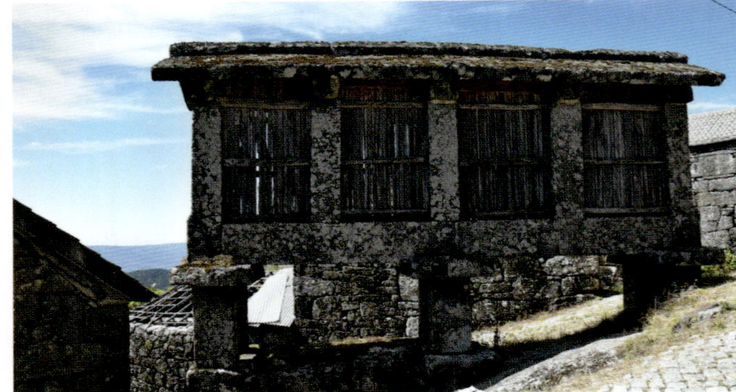
Kornspeicher in Barreiro

uns nach rechts. Es geht abschüssig und wir können eine herrliche, weite Aussicht bis zum Nationalpark, im Norden, genießen. Wir halten uns immer auf dem Hauptweg und ignorieren kleinere, abzweigende Wege. Dann tauchen wir in einen hohen Kiefernwald ein und ein weiteres Holzschild weist uns den Weg nach rechts. Neben uns plätschert ein **Bach** 03, den wir kurz darauf überqueren.

Der Weg steigt ein kurzes Stück bergan und wir wandern durch eine schöne, mit Birken bewachsene Heidelandschaft. Von der Hochebene haben wir einen phantastischen Fernblick auf die kleine Ortschaft Lamas de Olo. Nach einer scharfen Linkskurve ist es nicht mehr weit bis zu dem Dorf **Barreiro** 04. Wir gehen vor einer Steinmauer nach links in den Ort hinein. Die alten Kornspeicher bieten ein schönes Fotomotiv.

Im Dorf halten wir uns nach rechts und folgen dann einer kleinen Straße erneut nach rechts. Wir wandern auf einer wenig befahrenen Landstraße, vorbei an einer

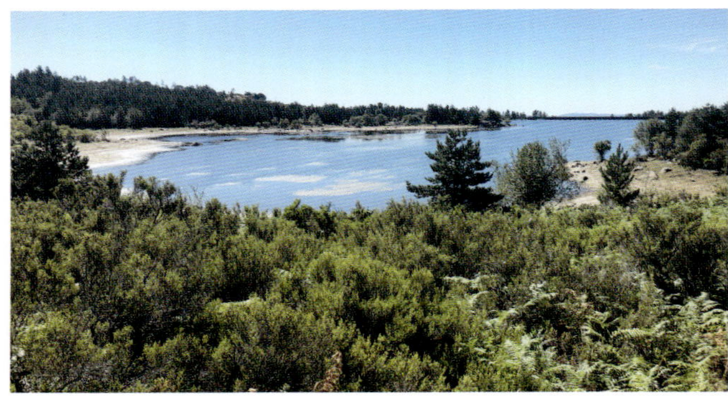
Der Stausee Barragem Cimeira

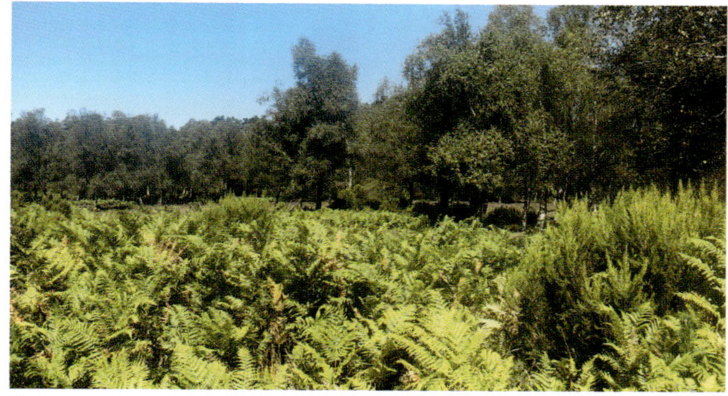

Birken umzingelt von Farn auf der Hochebene

Quelle und einem Gedenkstein bis zu der **Brücke 05** über den Rio Olo. Neben der Brücke ist eine schöne Badestelle, an der man sich herrlich erfrischen kann. Wir setzen unseren Weg fort und erreichen nach wenigen Metern eine Straße, der wir nach rechts folgen. Nach etwa 2 km gelangen wir zurück zum **Parkplatz 01**.

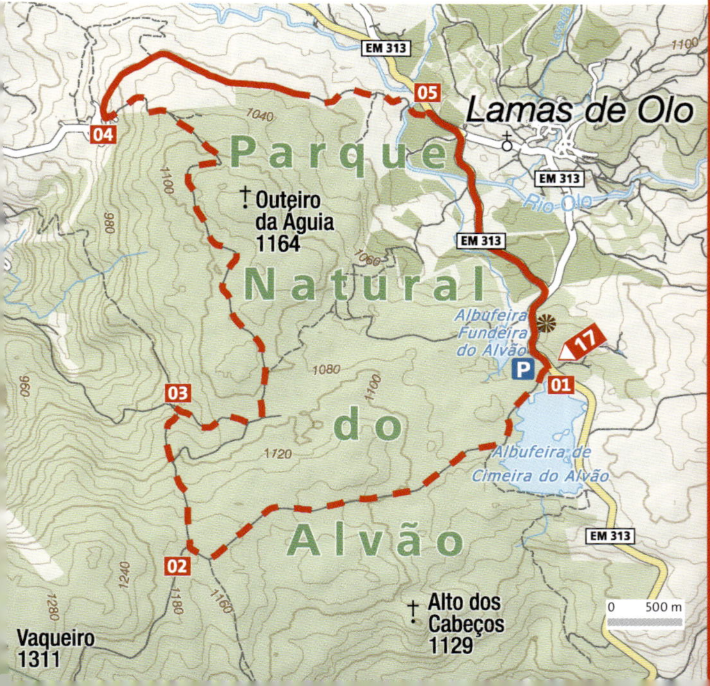

EM 313
05
Lamas de Olo
04
Parque Natural do Alvão
Outeiro da Águia 1164
Rio Olo
Albufeira Fundeira do Alvão
17
P
01
03
Albufeira de Cimeira do Alvão
02
Alto dos Cabeços 1129
Vaqueiro 1311
0 500 m

GALEGOS DA SERRA

Aussichtsreiche Rundwanderung am Rande des Naturparks Alvão

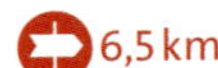

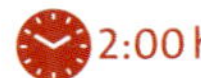

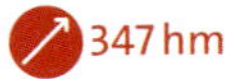

START | Agarez, 704 m. Hinweis: Ausreichend Wasser, Badesachen und einen Sonnenschutz mitnehmen!
[GPS: UTM Zone 29 x: 601.077 m y: 4.575.256 m]
CHARAKTER | Der Aufstieg zu Beginn dieser Rundwanderung erfordert etwas Kondition. Die Tour verläuft zumeist auf Feldwegen und kleinen Straßen. Sie ist durchgängig gelb-rot markiert und trägt die Bezeichnung Percurso Circular Agarez Arnal.
EINKEHR | Keine.

▶ Wir starten am Ortsrand von **Agarez** 01. Eine Wandertafel zeigt uns den Einstieg in den Rundweg. Über einen mit Felsbrocken gepflasterten Weg steigen wir zwischen hohen Kiefern und Ginsterbüschen hangaufwärts. Bizarre Felsformationen säumen den Wegesrand. Schon bald bietet sich uns eine phantastische Aussicht auf Vila Real. Über eine alte Brücke queren wir einen Bachlauf und wandern auf einem felsigen Weg weiter bergan.

Zwischen Terrassen mit Maisanbau gelangen wir in die Ortschaft **Galegos da Serra** 02. An der Hauptstraße weist uns ein Holzschild die Richtung nach links und am Waschplatz wenden wir uns nach rechts auf einen gepflas-

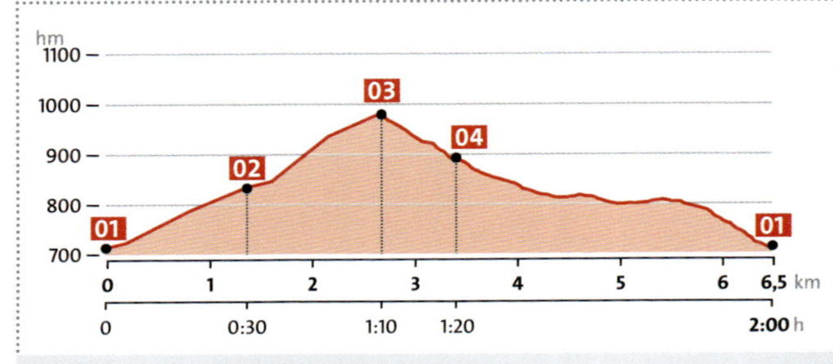

01 Agarez, 704 m; 02 Galegos da Serra, 834 m;
03 Naturfreundehaus, 996 m; 04 Landstraße, 893 m

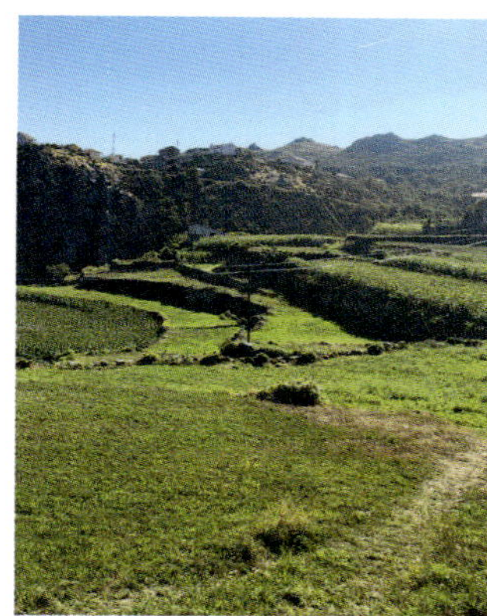

Terrassiertes Gelände bei Agarez

terten Weg. Die Markierungszeichen führen uns bergan durch den Ort. Vor dem letzten Haus biegen wir nach links auf einen sandigen Weg ab. Der Weg bringt uns bergan, bis wir das **Naturfreundehaus** 03 erreichen. Von dort bietet sich uns ein herrlicher Ausblick in die Ferne.

Über ein gepflastertes Sträßchen gelangen wir zu einer **Landstraße** 04. Nach links geht es nach Arnal. Wir halten uns nach rechts in Richtung Galegos da Serra auf einer wenig befahrenen Straße. Am Abzweig nach Galegos gehen wir geradeaus weiter. Die Straße verläuft jetzt entlang eines Flusslaufes. Der Wasserfall „Cascata de Galegos" bietet ein schönes Fotomotiv und mehrere Stellen laden zu einer Badepause ein. Vorbei an einem Picknickplatz erreichen wir die ersten Häuser von Agarez und gelangen zurück zu unserem **Ausgangspunkt** 01.

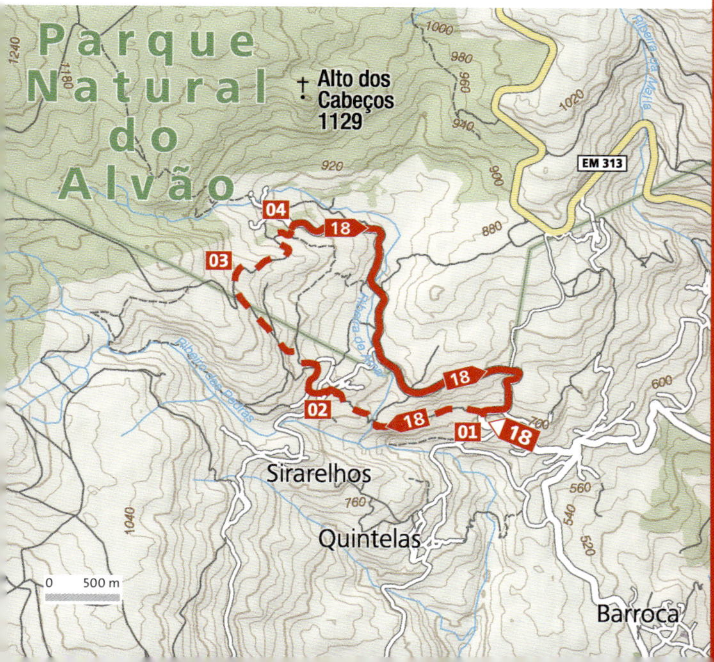

Parque Natural do Alvão
Alto dos Cabeços 1129
EM 313
Ribeira da Maria
Ribeira de Agar
Ribeira das Pedras
04
03
02
01
18
Sirarelhos
Quintelas
Barroca
0 500 m

DAS TAL DES RIO CORGO

Rundwanderung durch eine fantastische Felslandschaft

 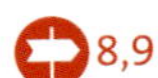 8,9 km  3:00 h 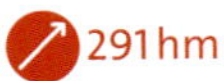 291 hm 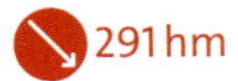 291 hm

START | Zimão, 675 m. Hinweis: Ausreichend Wasser und einen Sonnenschutz mitnehmen!
[GPS: UTM Zone 29 x: 611.729 m y: 4.589.301 m]
CHARAKTER | Abwechslungsreiche Rundwanderung auf Pfaden, Feldwegen und kleinen Straßen mit einem steilen Aufstieg, der etwas Kondition erfordert. Die Tour ist gelb-rot markiert und trägt die Bezeichnung PR8 – Trilho do Vale do Corgo.
EINKEHR | Keine.

Diese Rundwanderung liegt außerhalb eines Naturparkes und bietet dennoch attraktive Felsformationen und Natur pur. Die kleinen Dörfer Zimão, Gralheira und Tourencinho geben Einblick in typisches Landleben.

▶ Am Ortseingang von **Zimão** 01 finden wir eine Informationstafel zum Wanderweg PR8. Wir folgen der Wegweisung und wandern zwischen Feldern und Viehweiden auf einem Fuß- und Radweg immer geradeaus. Wir passieren die Ortschaft **Gralheira** 02 und halten uns weiter im Tal.

In **Tourencinho** 03 wenden wir uns hinter dem Altersheim nach links, dann direkt wieder nach links, an einem Brunnen. Die Markierungszeichen führen uns auf einer gepflasterten Straße hangaufwärts. Eine Hinweistafel des Wanderweges informiert über Flora und Fauna der Region. Wir verlassen den Ort auf einem

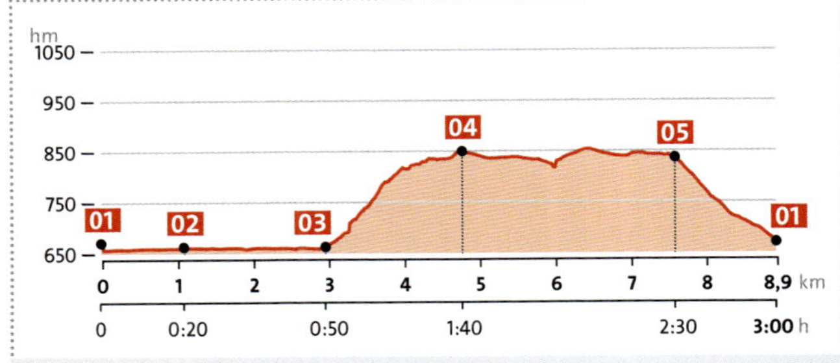

01 Zimão, 675 m; 02 Gralheira, 680 m; 03 Tourencinho, 670 m; 04 Sandpiste, 852 m; 05 Landstraße, 833 m

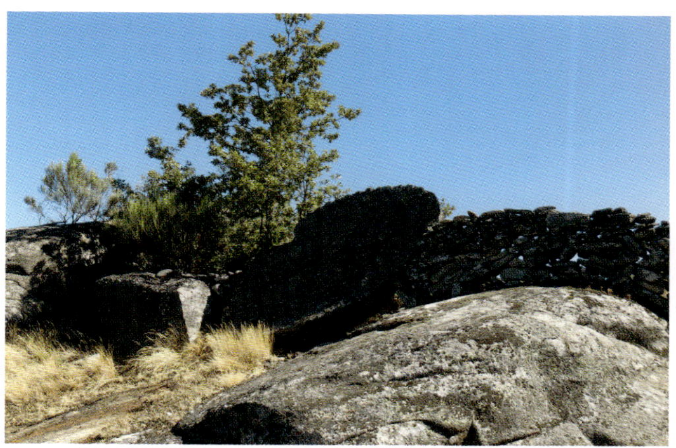

Aus jeder Perspektive fotogen

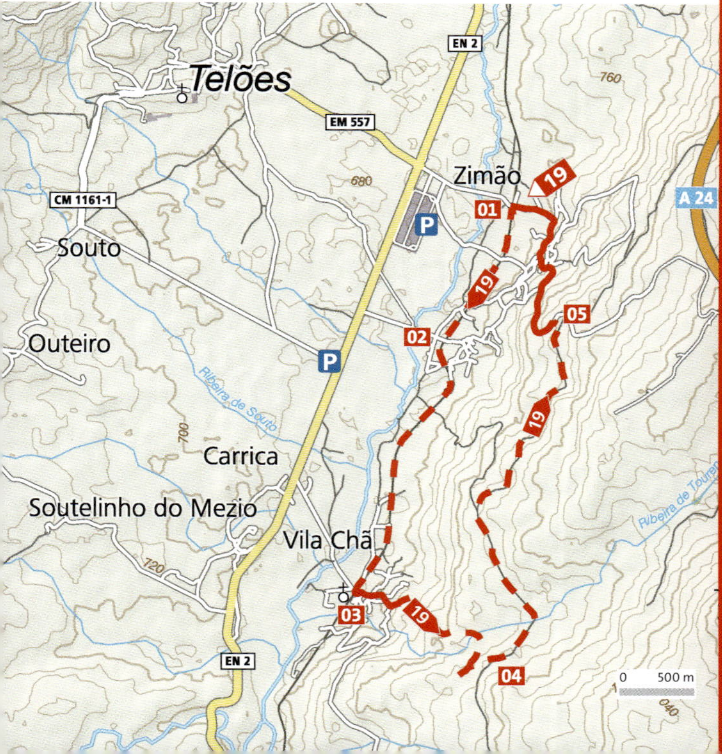

EN 2
Telões
EM 557
760
680
Zimão
19
01
A 24
CM 1161-1
Souto
P
19
05
02
Outeiro
P
Ribeira de Souto
700
19
Carrica
Ribeira de Touren
Soutelinho do Mezio
Vila Chã
720
03
19
EN 2
04
0 500 m

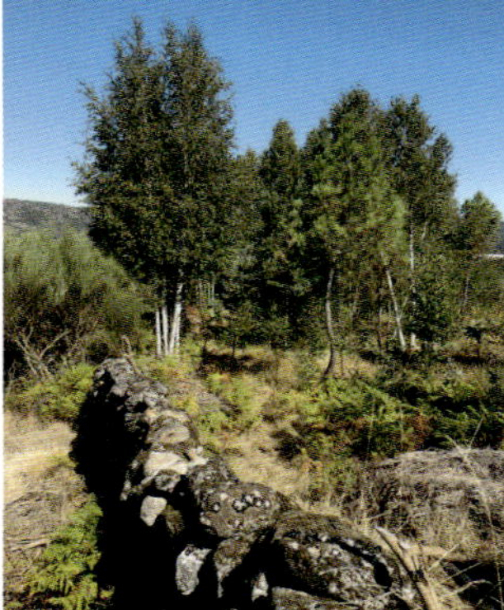
Birken, Farne ...

schmalen Feldweg. An einem Ziegenstall biegen wir nach rechts ab. Zwischen gewaltigen Felsbrocken geht es steil bergan. Wir queren einen Bachlauf und wandern entlang einer Steinmauer.

Dann halten wir uns nach links und treffen an einer markanten Kiefer auf eine breitere **Sandpiste** **04**, der wir geradeaus folgen. In einem kleinen Birkenwald finden wir eine weitere Hinweistafel zur Tierwelt der Region. Der Weg führt uns auf der Höhe durch schöne Felsformationen und hohe Ginsterbüsche. Von links stößt ein Weg zu unserem hinzu und wir gehen geradeaus weiter auf eine Gruppe von Windrädern zu.

Nach einem guten Stück nehmen wir einen schmaleren Weg nach links, der uns zu einer **Landstraße** **05** bringt. Dort wenden wir uns erneut nach links und folgen der Straße steil bergab. In einer Linkskurve gehen wir geradeaus auf Zimão zu. Zwischen Kleingärten erreichen wir den Ort. Wir biegen nach links in eine Gasse und steigen, unter Weinreben hindurch, steil bergab. Eine kleine Kirche passieren wir an ihrer linken Seite. Die Zeichen führen uns entlang schöner Steinhäuser und unterhalb des Dorfplatzes entlang. Wir nehmen die nächste Straße nach links und gelangen nach kurzer Strecke zurück zu unserem **Ausgangspunkt** **01**.

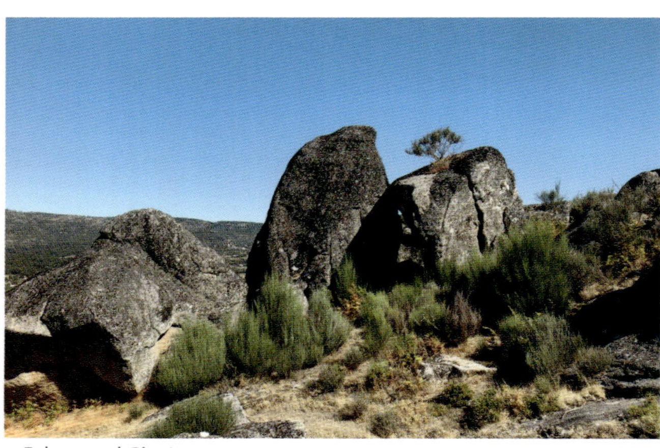
... Felsen und Ginster

BARRAGEM DA FALPERRA

Schöner Themenweg rund um den Stausee

  6,1 km  1:30 h 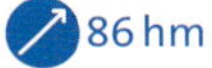  86 hm 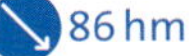 86 hm

START | Parkplatz am Stausee „Barragem da Falperra“ bei Vila Pouca de Aguiar, 928 m. Hinweis: Ausreichend Wasser, einen Sonnenschutz und Badesachen mitnehmen!
[GPS: UTM Zone 29 x: 611.274 m y: 4.595.446]
CHARAKTER | Einfache Rundwanderung auf Feldwegen und entlang des Seeufers. Die Strecke ist gelb-rot markiert und trägt die Bezeichnung „Trilho Interpretativo dos Mamíferos Aquáticos“.
EINKEHR | Café neben dem Parkplatz am Start-/Endpunkt der Tour.

Neben dem Stausee stehen Picknickplätze mit Grill zur Verfügung. Der See selbst bietet herrliche Badestellen, sodass man dort gut einen ganzen Tag verbringen kann.

▶ Wir starten an dem **Parkplatz 01** neben dem Stausee. Eine Wandertafel informiert zum Wanderweg. Wir wenden uns an der Landstraße nach links und folgen den gelb-roten Markierungen auf einen Schotterweg in Richtung einer Gruppe von Windrädern. Der Weg gabelt sich und wir fädeln nach halbrechts ein. Wir wandern parallel zur Autobahn und gelangen zu einer kleinen **Kapelle 02**. Ein gutes Stück verläuft der Weg neben der Autobahn, bevor wir in einen hohen Kiefernwald eintauchen.

Wir halten uns immer auf dem Hauptweg und ignorieren kleinere, abzweigende Wege. Eine **Land-**

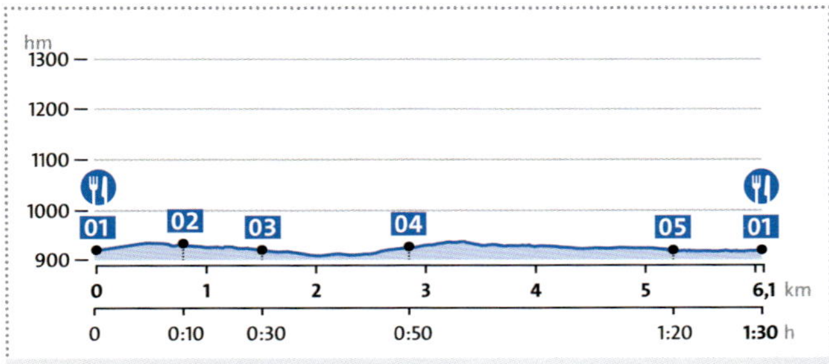

01 Parkplatz, 928 m; 02 Kapelle, 918 m; 03 Landstraße, 900 m; 04 Gabelung, 912 m; 05 Stausee, 910 m

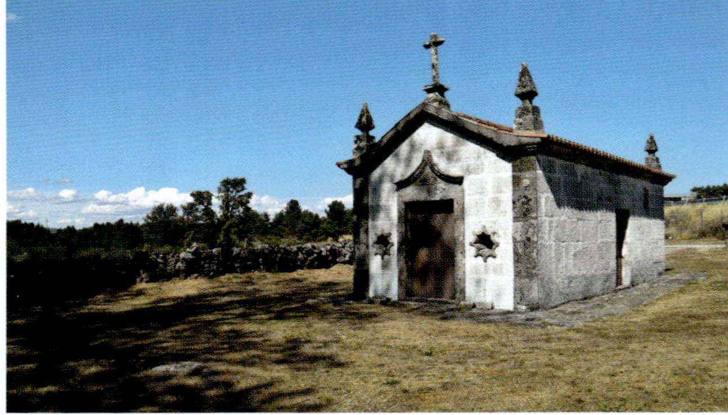

Einsam gelegene Kapelle zu Beginn der Tour

straße 03 überqueren wir nach halbrechts. Ein Feldweg führt uns zwischen schönen Weideflächen und hohe Ginsterbüsche säumen den Weg.

Wir queren eine Brücke und an einer Infotafel können wir Näheres über Flora und Fauna der Region entnehmen. Der Weg verläuft leicht hangaufwärts. Dann wenden wir uns vor einer Steinmauer nach rechts. Bevor wir einen Bauernhof erreichen, schlagen wir an einer **Gabelung** 04 den Weg nach rechts ein.

Zunächst halten wir uns immer geradeaus, bis uns die Markierungen erneut nach rechts führen. Nachdem wir eine Brücke überschritten haben, gelangen wir neben einer Wasserstelle zu einer Landstraße. Dort wenden wir uns wiederum nach rechts. Wir passieren ein paar Häuser und biegen

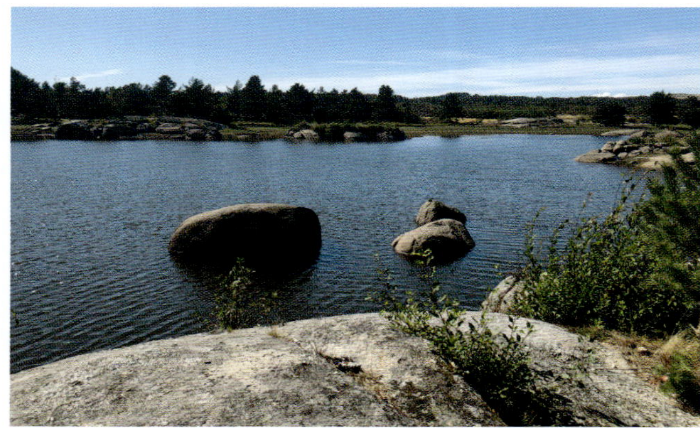

Badesachen nicht vergessen!

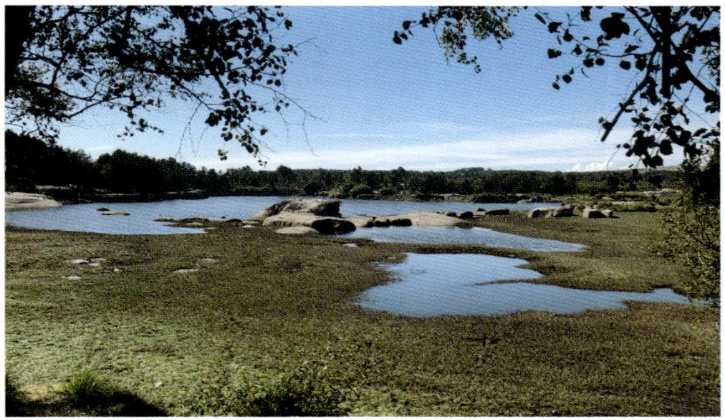

Der Stausee da Falperra

dann auf einen Pfad zum **Stausee** 05 ab. Am Ufer orientieren wir uns nach links. Mehrere Sitzbänke laden zum Verweilen ein. Die Felsformationen, die aus dem Wasser ragen, bieten schöne Fotomotive und bei passendem Wetter lädt der See zu einer Badepause ein.

Wir bleiben auf dem kleinen, geschotterten Weg entlang des Sees. Nach links zweigt ein Weg zu einem Campingplatz ab. Nachdem wir einen kleinen, danach einen langen Holzsteg hinter uns gelassen haben, gelangen wir zurück zum **Parkplatz** 01.

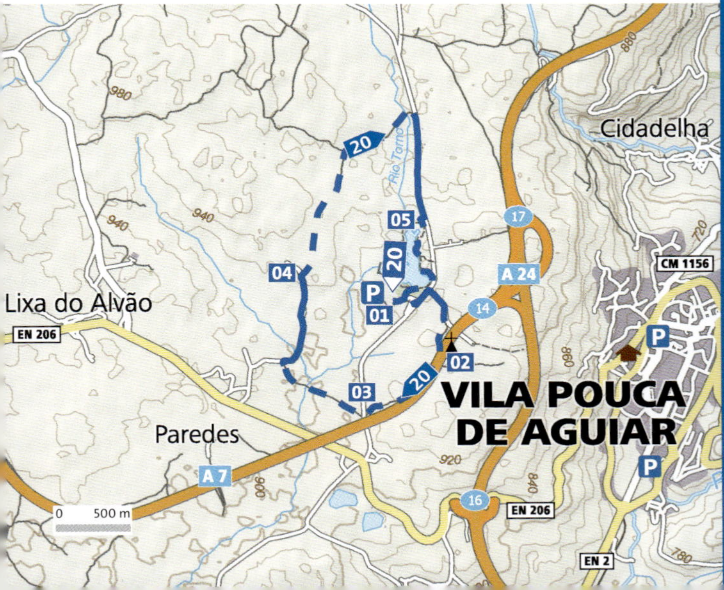

BOTICAS PARQUE

Facettenreiche Rundwanderung am Rio Beça

 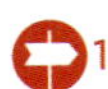 13,8 km  4:00 h 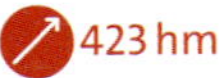 423 hm 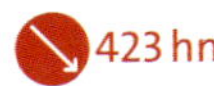 423 hm

START | Boticas, 724 m. Hinweis: Ausreichend Wasser und einen Sonnenschutz mitnehmen!
[GPS: UTM Zone 29 x: 607.155 m y: 4.615.156 m]
CHARAKTER | Abwechslungsreiche Rundwanderung zumeist auf Feldwegen. Die Tour ist gelb-rot markiert und trägt die Bezeichnung PR4 – Rota das Levadas. Wegweiser dienen zusätzlich der Orientierung.
EINKEHR | Café in Carvalhelhos.

Boticas liegt im Barroso, einer gebirgigen, landwirtschaftlich genutzten Gegend, in der eine nach der Region „Barrosã“ genannte Rinderrasse gezüchtet wird. Seit Jahrhunderten schätzt man ihr Fleisch, das einst den Königen vorbehalten war. Aus Boticas stammt auch der „Vinho dos Mortos“ (Wein der Toten), dessen Name darauf zurückzuführen ist, dass er nach der Abfüllung in Flaschen für ungefähr ein Jahr im Boden vergraben wird, wo er in der Dunkelheit gärt und zu einer ausgezeichneten Qualität heranreift. Diese Technik wurde durch puren Zufall entwickelt, und zwar im 14. Jahrhundert während der französischen Invasionen, als die örtliche Bevölkerung ihre Güter und die Ernte an den ungewöhnlichsten Orten versteckte, um zu vermeiden, dass sie ausgeplündert wurde. Nachdem die Gefahr vorüber war und man den Wein wieder ausgegraben hatte, stellte man fest, dass dieser sich in der

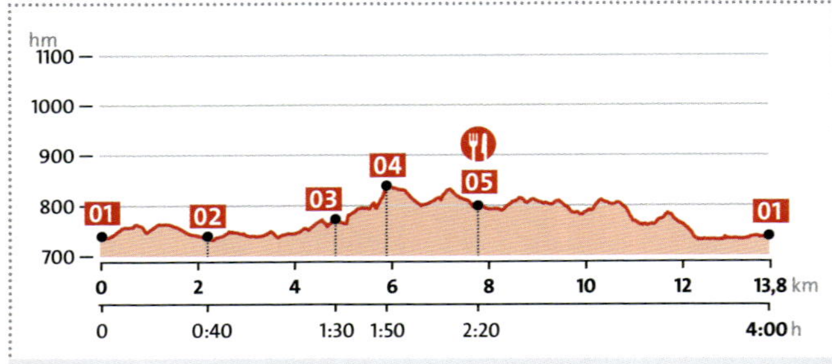

01 Boticas Parque, 724 m; 02 Rio Beça, 720 m; 03 Carvalhelhos, 780 m; 04 Kastell, 822 m; 05 Café, 790 m

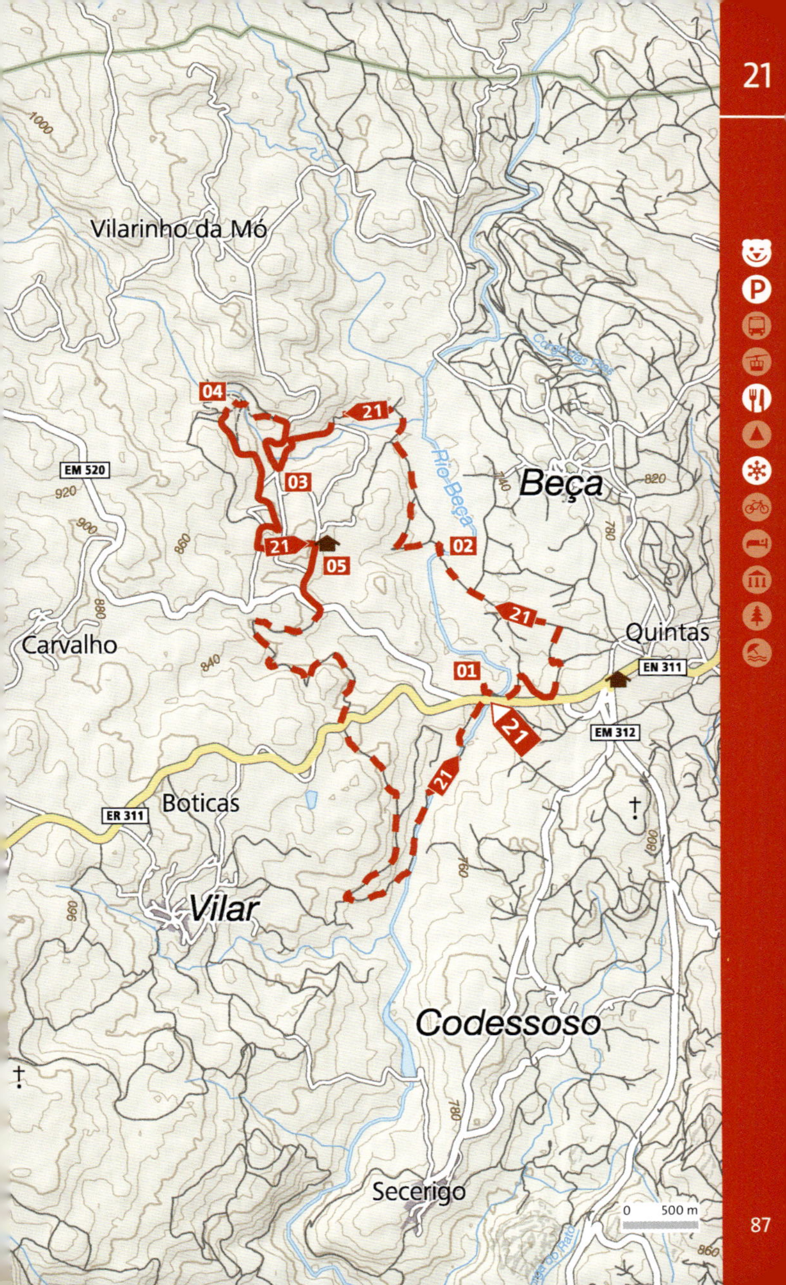

Vilarinho da Mó
Beça
Rio Beça
Quintas
Carvalho
Boticas
Vilar
Codessoso
Secerigo
EM 520
EN 311
EM 312
ER 311
01
02
03
04
05
21
0 500 m

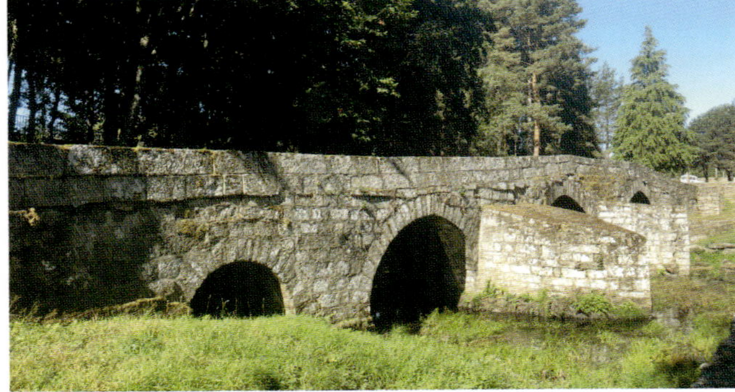

Brücke am Boticas Park

Zwischenzeit zu einem ganz besonders guten Tropfen entwickelt hatte. Auch das Wasser der Region ist ausgezeichnet, besonders die „águas santas“ (heiligen Wasser) aus den Thermalquellen von Carvalhelhos.

Neben dem Parkplatz zum **Boticas Parque** 01 stehen Informationstafeln zu Wandertouren der Region. Wir entscheiden uns für den PR4 und orientieren uns an der Wegweisung über eine alte Steinbrücke. Ein Feldweg bringt uns zu einer Straße, der wir ein kurzes Stück hangaufwärts folgen. Die Markierungen führen uns nach links und der Weg verzweigt. Wir fädeln nach halbrechts in einen hohen Kiefernwald ein. Dann biegen wir nach links auf einen schmalen Weg ab und verlassen den Wald. Zwischen Feldern treffen wir auf einen Querweg und ein Wegweiser zeigt uns die Richtung nach Castro de Carvalhelhos nach links an. An einer Gabelung halten wir uns nach halbrechts. Es folgt ein sehr schöner Wegeabschnitt zwischen Feldern.

Quelle am Wegesrand

Über einen Steg queren wir den **Rio Beça** 02. An der folgenden Verzweigung wenden wir uns nach links. Wir erreichen eine Kreuzung, an der sich zwei lokale Wanderwege kreuzen, und wir schlagen den Weg scharf nach rechts ein. An einem Feldweg biegen wir nach links ab. Ein Hinweisschild informiert über die Landwirtschaft und den Ackerbau im Tal. Wir gelangen zu einem breiten Forstweg und gehen nach rechts. Nachdem wir einen Bachlauf überquert haben, erreichen wir einen Wegweiser. Dort setzen wir unseren Weg nach

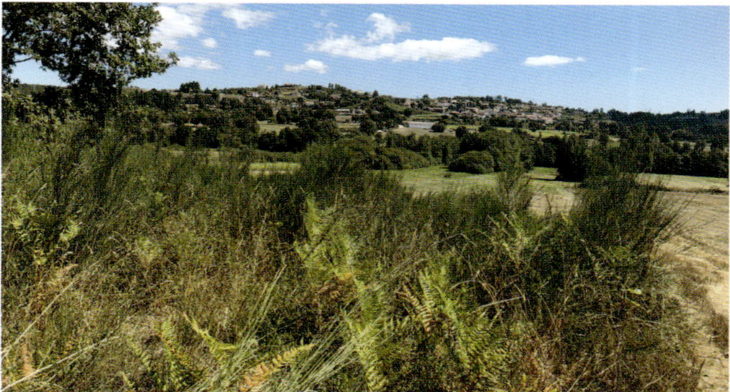

Aussicht auf Beça

links fort. Wir gelangen zu einer Asphaltstraße, der wir hangaufwärts folgen.

Dann führen uns die Markierungszeichen nach links auf einen Feldweg und wir wandern unterhalb der Therme von **Carvalhelhos** 03. An einem weiteren Wegweiser wenden wir uns nach rechts und folgen der kleinen Straße über eine Brücke hangaufwärts und nach links in einen kleinen Weg in Richtung „Fonte dos Amores". An einer Gabelung halten wir uns nach halblinks. Ein Pfad bringt uns zu einer schönen Quelle mit einem Wasserfall. Über Stege queren wir die Quelle und wenden uns nach links. Die Zeichen führen uns sicher auf einem Pfad durch eine schöne Ginsterlandschaft.

Nach einer Linkskurve geht es nach rechts bergan entlang einer Steinmauer vom **Kastell** 04. Am Hinweisschild zum „Castelo Caveleros" gehen wir hangabwärts auf einem Asphaltsträßchen. Nachdem wir ein paar Häuser passiert haben, wenden wir uns nach rechts. Wir steigen steil bergan zu einer Asphaltstraße und biegen nach links ab. Am Dorfplatz nehmen wir die Straße erneut nach links. Wir halten uns immer geradeaus, bis wir die Hauptstraße erreichen. Dort gehen wir nach rechts, vorbei an einem **Café** 05 verlassen wir die Ortschaft.

An einem Kreisel zweigen wir in den zweiten Weg nach rechts. An einer Gabelung halten wir uns halblinks hangabwärts auf einem Feldweg, dann nach links hangaufwärts. Wir gehen erneut nach links in einen schmalen Weg und an der nächsten Verzweigung nach rechts bergan. Dann erneut nach rechts neben einer Straße entlang. An einer Gabelung fädeln wir nach halblinks ein. Wir erreichen einen Wegweiser, der uns anzeigt, dass es noch zwei Kilometer zurück bis zum Park sind. Im Tal des Rio Beça folgen wir dem Flusslauf auf einem Pfad. Vorbei an einer alten Mühle gelangen wir zu einem Holzsteg und queren den Fluss. Wir bleiben in Wassernähe auf Holzplanken und überqueren den Fluss erneut über eine Brücke. Nach rechts erreichen wir nach kurzer Strecke den **Boticas Parque** 01.

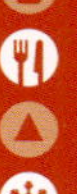

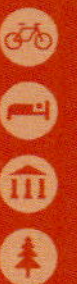

22

MONFORTE

Einfache Rundwanderung zu einer alten Burg

  10 km  3:00 h 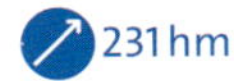 231 hm 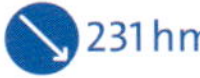 231 hm

START | Avelelas bei Chaves, 758 m. Hinweis: Neben der Burg stehen Rastplätze zur Verfügung. Alles für ein Picknick mitnehmen!
[GPS: UTM Zone 29 x: 635.895 m y: 4.622.011 m]
CHARAKTER | Technisch einfache Rundwanderung, die zumeist auf Feldwegen verläuft. Die Tour ist gelb-rot markiert und trägt die Bezeichnung PR9 – Trilho de Castelo de Monforte. Wegweiser erleichtern zusätzlich die Orientierung.
EINKEHR | Keine.

Die 875 m hoch gelegene Burg Monforte kennt man auch unter dem Namen „Burg des Heiligen Antonius“. Vom ursprünglichen Bau sind ein, von einer Befestigungsmauer umgebener Bereich und ein imposanter Bergfried erhalten.

▶ Wir beginnen unsere Tour in **Avelelas** 01 am Dorfplatz. Eine Hinweistafel informiert über den Wanderweg und wir folgen der Wegweisung in Richtung der nahe gelegenen Capela de Santa Bárbara. Durch eine schmale Gasse gelangen wir zu der kleinen Kapelle. An einer Gabelung halten wir uns nach halbrechts. Am Brunnen überqueren wir eine Landstraße und verlassen die Ortschaft auf einem gepflasterten Weg. Die Markierungen führen uns auf einem Feldweg hangaufwärts. An einer Verzweigung wählen wir den linken Weg. Wir treffen auf einen breiteren Schotterweg, dem wir nach halblinks folgen. Bei der

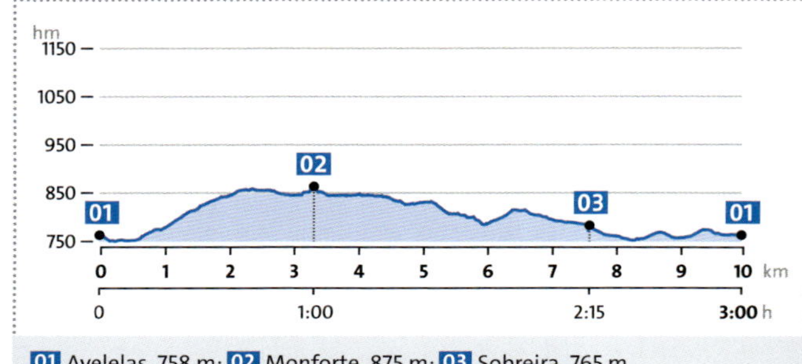

01 Avelelas, 758 m; 02 Monforte, 875 m; 03 Sobreira, 765 m

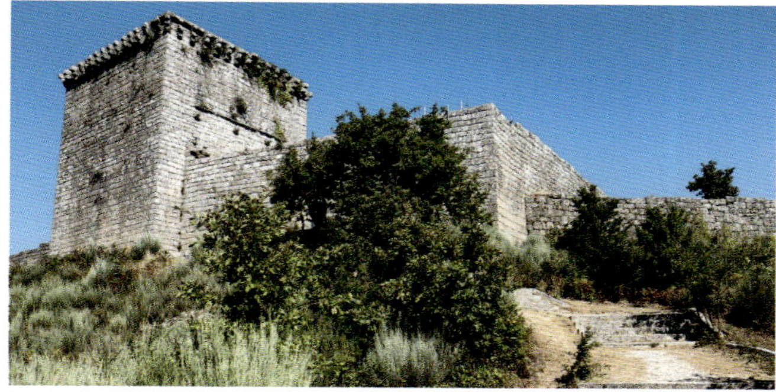

Die Burg Montforte

nächsten Kreuzung bleiben wir auf dem Hauptweg und gehen auf die Burg zu. Wir nehmen den nächsten Weg nach links und erreichen einen Wegweiser. Dort werden wir später unseren Weg

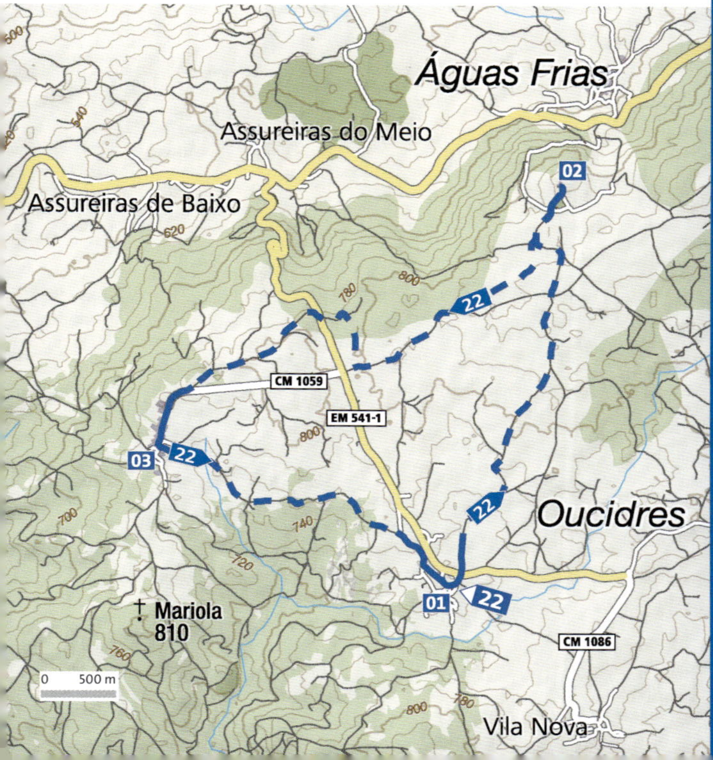

Águas Frias
Assureiras do Meio
Assureiras de Baixo
02
22
CM 1059
EM 541-1
03
22
22
Oucidres
01
22
Mariola 810
CM 1086
0 500 m
Vila Nova

Chaves

Während der Römerherrschaft hieß Chaves noch „Aquae Flaviae". Diesen Namen verlieh Kaiser Flavius Vespasian dem Ort, nachdem er die Qualität der Thermalquellen erkannt hatte, die hier entspringen. Die Heilkräfte dieser Quellen, die mit einer Temperatur von ca. 73° C aus dem Boden sprudeln und damit die heißesten Europas sind, werden auch heute noch gerne genutzt; der Kurpark ist sehr beliebt. Durch seine Lage am Tâmega und nahe der Grenze kam Chaves seit jeher eine große strategische Bedeutung zu. Im 16. Jahrhundert leistete es heldenhaften Widerstand gegen den Anschluss an Kastilien, und später, im 19. Jahrhundert, mussten die napoleonischen Truppen hier ihre erste Niederlage auf portugiesischem Boden hinnehmen. Aus dieser Zeit als Grenzfestung stammen die Burg und der Bergfried sowie das mittelalterliche Viertel innerhalb der Festungsmauern. Auch für seine gastronomische Vielfalt, vor allem die Würste und den Schinken, ist Chaves berühmt.

in Richtung Sobreira fortsetzen. Zunächst machen wir einen Abstecher zur Burg, nach halbrechts.

Vorbei an Picknickplätzen gelangen wir zum **Castelo de Monforte 02**. Von der Höhe können wir eine phantastische Aussicht genießen und die alten Gemäuer bewundern. Zurück am Wegweiser schlagen wir den Weg nach rechts ein, um direkt nach links auf einen schmalen Weg abzubiegen. Es beginnt ein sehr schöner Wegeabschnitt entlang von Ginsterbüschen, bis wir auf eine Piste stoßen. Wir folgen ihr hangabwärts und halten uns an einer Gabelung nach halbrechts. Kurz bevor wir eine Landstraße erreichen, wenden wir uns nach rechts auf einen schmalen Weg. Nach kurzer Strecke überqueren wir die Landstraße. Von der Anhöhe haben wir eine schöne Aussicht auf Chaves.

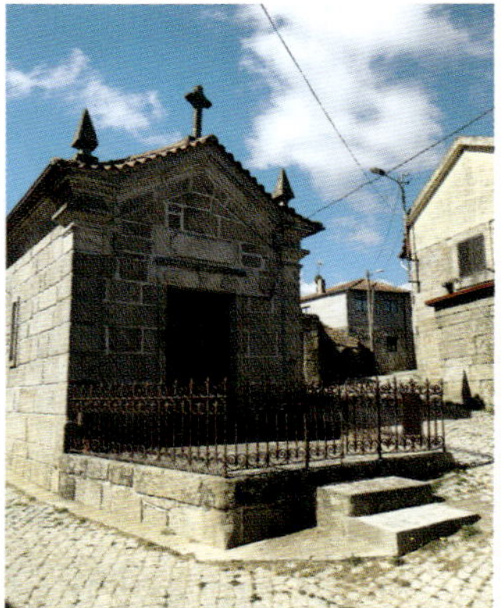
Kapelle in Avelelas

Wir passieren ein kleines Häuschen und gelangen zu den ersten Häusern von **Sobreira 03**. Im Ort orientieren wir uns vor der Capela de São Miguel nach links. Auf einem gepflasterten Weg verlassen wir den Ort: Dieser geht schon bald in eine Sandpiste über. Wir halten uns immer auf dem Hauptweg, der uns im leichten Auf und Ab zurück nach Avelelas bringt. Immer geradeaus erreichen wir unseren **Ausgangspunkt 01**.

ZUM AUSSICHTSPUNKT QUEIMADAS

Hoch über dem Fluss Rabaçal

  9,1 km 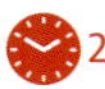 2:30 h 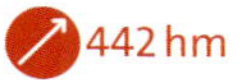 442 hm 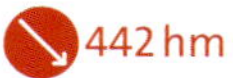 442 hm

START | Gestosa, 703 m. Hinweis: Ausreichend Wasser und einen Sonnenschutz mitnehmen!
[GPS: UTM Zone 29 x: 653.475 m y: 4.638.455 m]
CHARAKTER | Abwechslungsreiche Rundwanderung zumeist auf Feldwegen. Der Abstieg in das Flusstal des Rio Rabaçal ist recht steil. Die Tour ist gelb-rot markiert und trägt die Bezeichnung Percurso de Tresmonte.
EINKEHR | Keine.

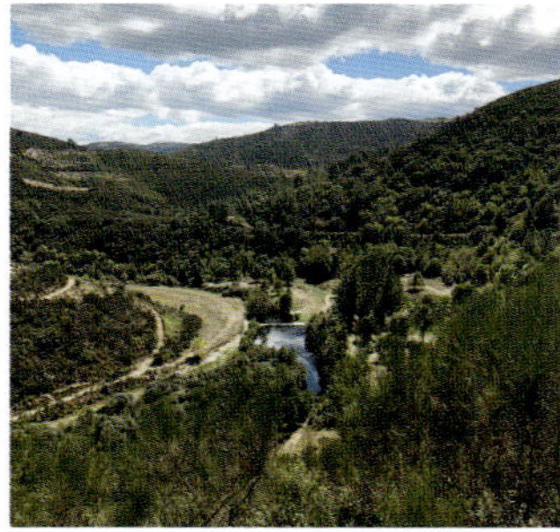

Blick in das Tal des Rio Rabaçal

Die kleine Ortschaft Gestosa liegt im äußersten Westen des Naturparks Montesinho. Wir wandern zu einem verlassenen Bauernhof und zu einer herrlichen Aussichtsstelle. Nach einem steilen Abstieg zum Rio Rabaçal folgen wir dem Flusslauf ein gutes Stück, bevor es zurück nach Gestosa geht.

▶ In **Gestosa** 01, am Dorfplatz, finden wir an einer Hauswand ein Hinweisschild zum Wanderweg. Wir gehen an der Bar in eine ge-

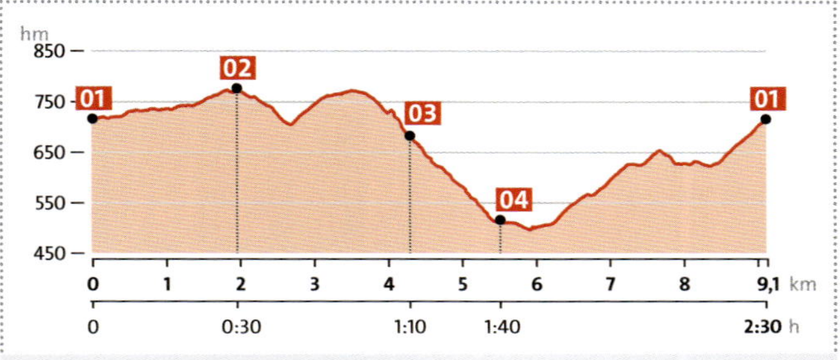

01 Gestosa, 703 m; 02 Bauernhof, 760 m; 03 Aussichtspunkt, 672 m; 04 Brücke, 500 m

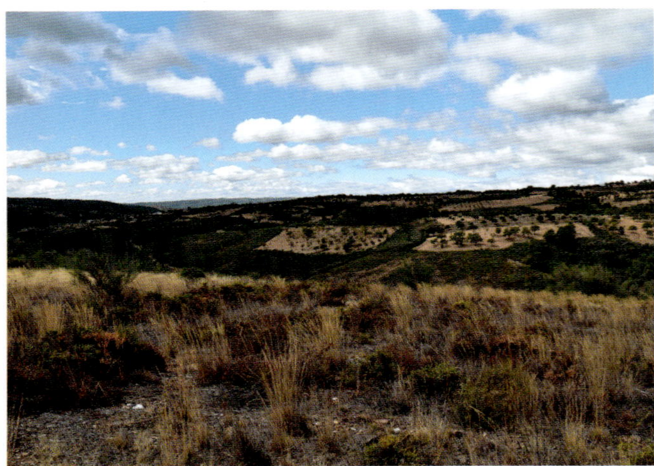
Oberhalb des Flusstals, am Aussichtspunkt

pflasterte Gasse und folgen den Markierungen zunächst geradeaus, dann nach links, auf einen Feldweg aus dem Dorf heraus.

Zwischen Weinreben und Maronenbäumen halten wir uns immer geradeaus, bis wir zu dem verlassenen **Bauernhof** 02 gelangen. Nach den Häusern gehen wir nach halblinks, kurz darauf nach rechts bergab. Wir durchschreiten ein kleines, bewaldetes Tal. Danach gewinnt der Weg an Höhe und wir wenden uns nach links. An der folgenden Verzweigung wählen wir den Weg nach rechts. Wir laufen auf einem Höhenzug entlang und biegen auf einen schmalen Weg nach links ab.

Steil bergab erreichen wir den **Aussichtspunkt** 03 Queimadas. Von dort können wir phantastische Aussichten in das Tal des Rio Rabaçal genießen. In Serpentinen steigen wir weiter bergab in das Tal, wo wir auf eine Sandpiste stoßen. Links von uns befindet sich die alte **Brücke** 04 „Ponte da Gestosa“, die ein lohnendes Fotomotiv bietet.

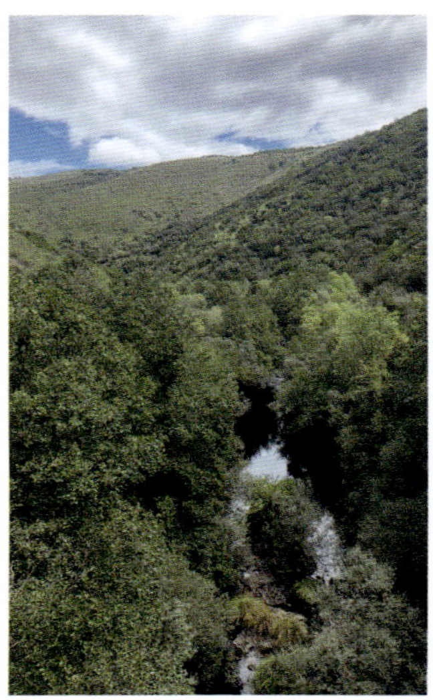
Der Rio Rabaçal

Wir setzen unseren Weg, entlang des Flusslaufes, nach rechts fort. Der Weg gewinnt etwas an Höhe und bietet uns herrliche Ausblicke auf den Rabaçal. Wir verlassen das Tal und gehen auf Gestosa zu. An der folgenden Gabelung fädeln wir nach links ein. Zunächst führt uns der Weg leicht abschüssig, dann auf der Höhe entlang. Wir bleiben immer auf dem Hauptweg, der uns bergan zu einem Querweg bringt. Dort wenden wir uns scharf nach rechts. In einigen Kurven geht es weiter bergan, dann gehen wir auf die Ortschaft zu und erreichen das Dorf an unserem **Ausgangspunkt** **01**.

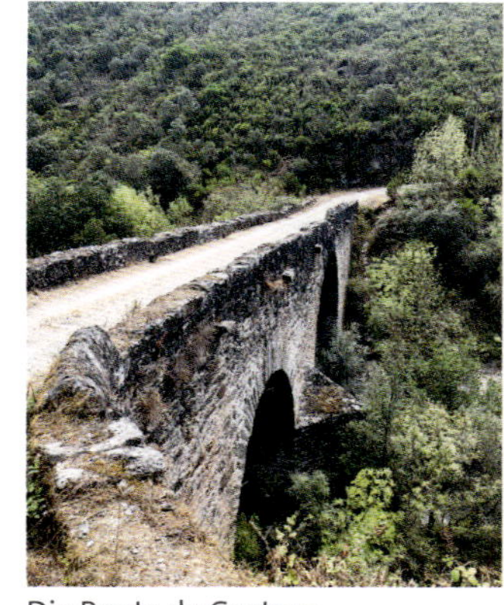

Die Ponte da Gestosa

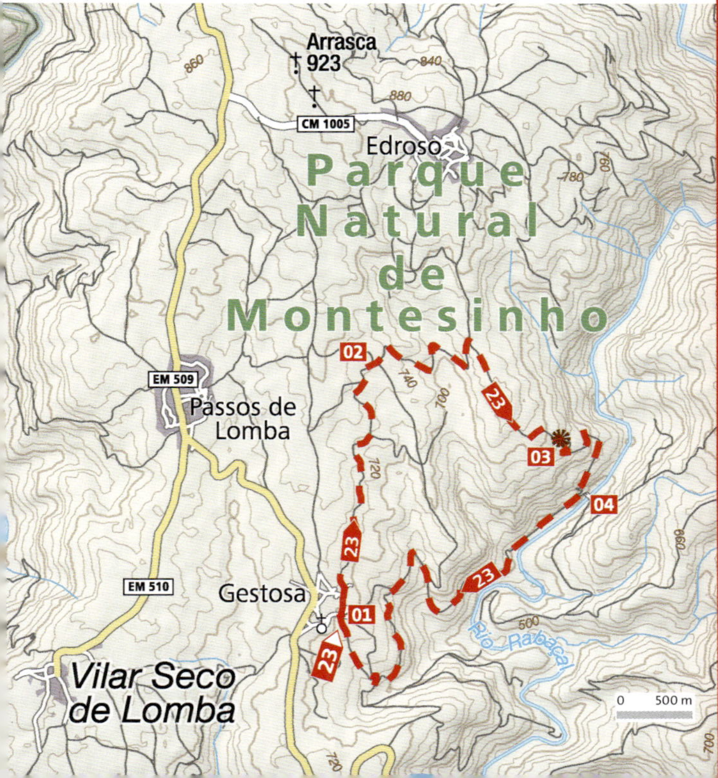

VON PINHEIRO NOVO NACH SPANIEN

Grenzgang zwischen bizarren Felsformationen

  11,3 km  3:00 h 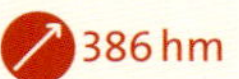 386 hm  386 hm

START | Pinheiro Novo, 844 m. Hinweis: Ausreichend Wasser, einen Sonnenschutz und evtl. ein Fernglas mitnehmen!
[GPS: UTM Zone 29 x: 654.309 m y: 4.647.580 m]
CHARAKTER | Landschaftlich reizvolle Rundwanderung, überwiegend auf Pfaden, was etwas Trittsicherheit und Orientierungssinn erfordert. Die Tour ist gelb-rot markiert und trägt die Bezeichnung PR 1 – Fragas do Pinheiro.
EINKEHR | Keine, Trinkwasserquelle unterwegs nach 4 km.

Die Serra do Coelho, im Grenzgebiet von Portugal und Spanien, ist eine Hochfläche, die von bizarren Felsformationen und vereinzelt stehenden Kiefern geprägt ist. Der Boden ist mit Erika bedeckt und ergibt einen weichen Untergrund zum Wandern. Die karge Landschaft bietet grandiose Aussichten und die alten Grenzsteine erzählen Geschichte.

▶ Am Ortseingang von **Pinheiro Novo** 01, an einem kleinen Platz mit einer Waschstelle, finden wir eine Informationstafel zum Wanderweg PR1. Wir gehen links an der Tafel vorbei und auf einem gepflasterten Weg hangaufwärts. Auf einem geschotterten Weg verlassen wir die Ortschaft und umrunden einen Swimmingpool (der öffentlich genutzt werden darf). Ein steiniger Weg führt uns bergan, zunächst entlang einer Steinmauer, dann zwischen Farnen und Ginsterbüschen. Wir gelangen zu einer Verzweigung mit einem Holzwegweiser und fädeln in den Weg nach links ein. Auf

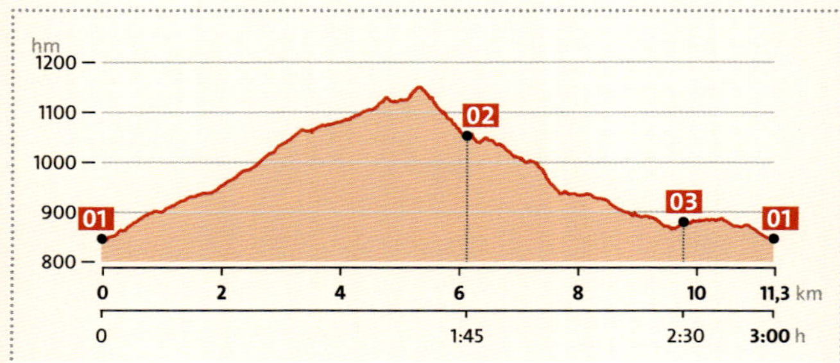

01 Pinheiro Novo, 844 m; 02 Kapelle, 1043 m; 03 Dolmen, 878 m

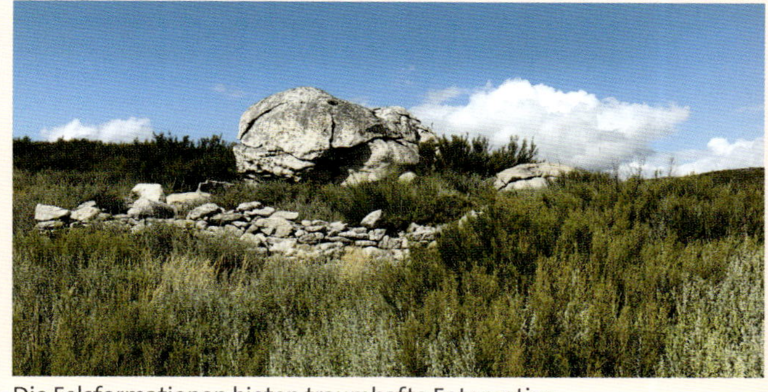

Die Felsformationen bieten traumhafte Fotomotive

einem Feldweg geht es, begleitet mit herrlichen Aussichten, immer weiter bergan. Dann führen uns die Markierungen auf einen schmalen Weg nach links. Wir passieren die schöne Felsformation Curral da Marta. Danach folgt ein recht zugewachsener Wegeab-

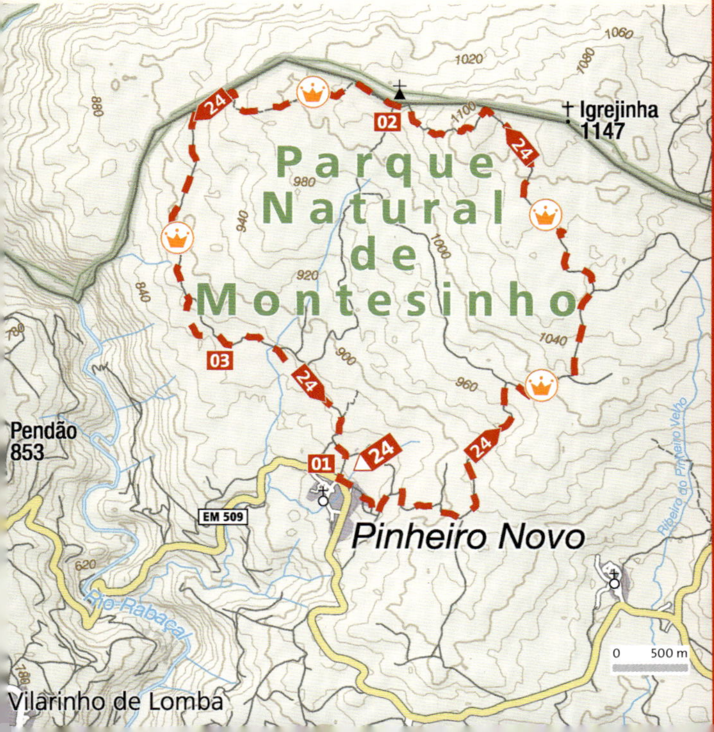

Parque Natural de Montesinho
Igrejinha 1147
Pendão 853
Pinheiro Novo
EM 509
Rio Rabaçal
Ribeira do Pinheiro Velho
Vilarinho de Lomba
01
02
03
24
0 500 m

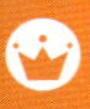

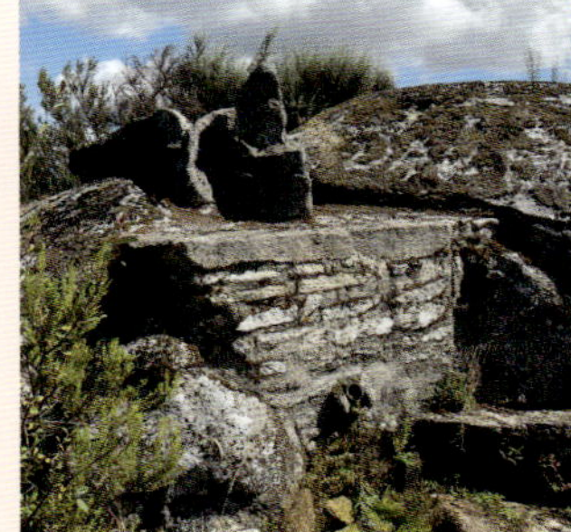
Trinkwasserquelle

schnitt, bevor wir zu einer Quelle gelangen. Dort können wir uns mit frischem Trinkwasser versorgen. Von einer Anhöhe haben wir einen phantastischen Rundumblick, bevor uns der Weg hangabwärts führt. Nicht immer ist der Pfad zwischen den Felsblöcken klar erkennbar und man muss etwas nach den gelb-roten Zeichen suchen. Stellenweise erleichtern Steinmännchen die Orientierung.

Wir erreichen einen großen Granitfelsen, der auch als **Kapelle** 02 genutzt wird. Er liegt exakt auf der portugiesisch/spanischen Grenze und bietet ein originelles Fotomotiv. Wir folgen ein gutes Stück weiter dem Grenzverlauf durch eine schöne Fels- und Kiefernlandschaft. Einige der Felsformationen haben Namen, wie Fraga que Toca, Fraga do Sarilho, Fraga das Cruzes. Der **Dolmen** 03 „Anta da Abesada" ist im Vergleich zu den großen Felsbrocken eher etwas unscheinbar.

Kurz darauf gabelt sich der Weg und wir orientieren uns nach halbrechts. Wir wandern entlang einer Steinmauer bis zu einem breiteren Weg. Dort wenden wir uns nach rechts. Auf einem Feldweg geht es hangabwärts. Wir bleiben immer auf dem Hauptweg und ignorieren Abzweige nach rechts. Nach kurzer Strecke gelangen wir zurück zu unserem **Ausgangspunkt** 01.

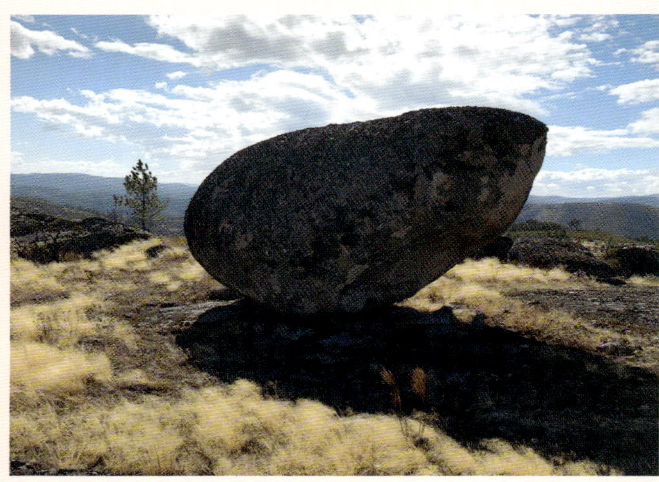
Ein Fall für Obelix

VINHAIS PARQUE

Kinderfreundliche Rundwanderung zu einem Stausee

  6,4 km  1:45 h 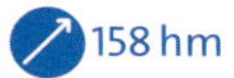 158 hm  158 hm

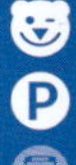
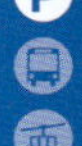

START | Vinhais, Parque Biologico, 940 m. Hinweis: Ausreichend Wasser, einen Sonnenschutz und evtl. ein Fernglas zur Tierbeobachtung mitnehmen!
[GPS: UTM Zone 29 x: 667.063 m y: 4.635.949]
CHARAKTER | Einfache Rundwanderung auf Schotterwegen. Die Tour ist gelb-rot markiert und trägt die Bezeichnung PR8 – Trilho da Barragem de Prada. Wegweiser dienen der Orientierung. Außerdem erfährt man auf Informationstafeln Näheres zur Flora und Fauna der Region.
EINKEHR | Keine.

Der Biologische Park von Vinhais ist eine öffentliche Einrichtung, die von der Stadtverwaltung von Vinhais mitten im Naturpark von Montesinho eingerichtet wurde. Er dient zur Interpretation der Landschaft der Region mit seinen natürlichen (Fauna, Flora und Geologie), kulturellen und geschichtlichen Komponenten und zur Erhaltung der Natur, zur Förderung der Biodiversität und des Ökotourismus.

Wir starten vor dem Eingang zum **Vinhais Parque** 01. Eine Hinweistafel informiert zum Wanderweg. Die kleine Straße, die uns hangaufwärts führt, geht schon bald in einen Schotterweg über. Wir bleiben immer auf dem Hauptweg, bis wir auf einen

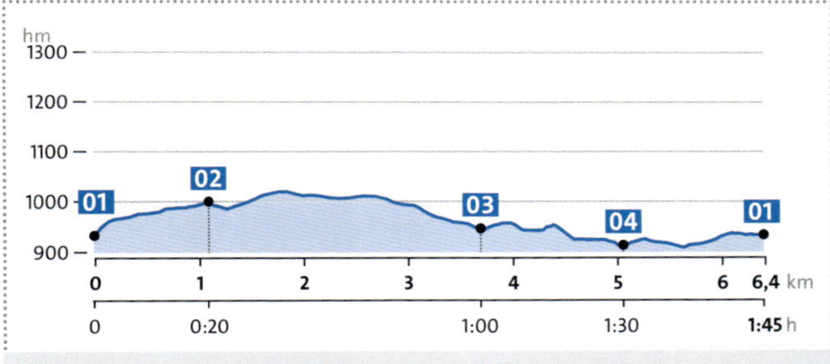

01 Vinhais Parque, 940 m; 02 Teich, 980 m; 03 Stausee, 942 m;
04 Mühle, 910 m

Vinhais

König Sancho gründete Vinhais im 13. Jahrhundert an einer hochgelegenen Stelle, die schon den Römern als Beobachtungsstelle gedient hatte, und König Dinis ließ den Ort im 14. Jahrhundert zu einer Festung ausbauen. Nicht nur für seine hochinteressanten Baudenkmäler, wie die Kirche São Fecundo, die auf eine gotische Gründung zurückgeht, und das Franziskanerkloster, ist Vinhais berühmt, sondern auch und vor allem für die schmackhafte Küche. Die leckeren Würste beispielsweise kauft man am besten auf der alljährlich im Februar stattfindenden Räucherwarenmesse.

Wegweiser stoßen. Dort machen wir einen Abstecher in Richtung „Charca da Vidoeira", zu einem kleinen **Teich** **02** mit einer Hütte. Wir setzen unsere Tour am Wegweiser fort. Das Gebiet ist von einem Waldbrand geprägt, bevor wir durch kleinwüchsigen Eichenwald wandern. An einer Hinweistafel halten wir uns nach rechts in Richtung „Barragem de Prada".

Entlang von Feldern erreichen wir den **Stausee** **03**. Eine Hütte und Sitzgelegenheiten laden zu einer Rast ein. Der Weg führt uns über die Staumauer, dann nach rechts, vorbei an einer Bauruine. Wir gelangen zu einem kleinen Kanal, dem wir nach links folgen. Nach kurzer Strecke wenden wir uns scharf nach rechts.

Wir überqueren einen Bach und erreichen eine alte **Mühle** **04**. Die Markierungszeichen führen uns auf einem Feldweg immer geradeaus in einen hohen Kiefernwald. An einer kleinen Straße biegen wir nach rechts ab und gehen noch 300 Meter zurück zu unserem **Ausgangspunkt** **01**.

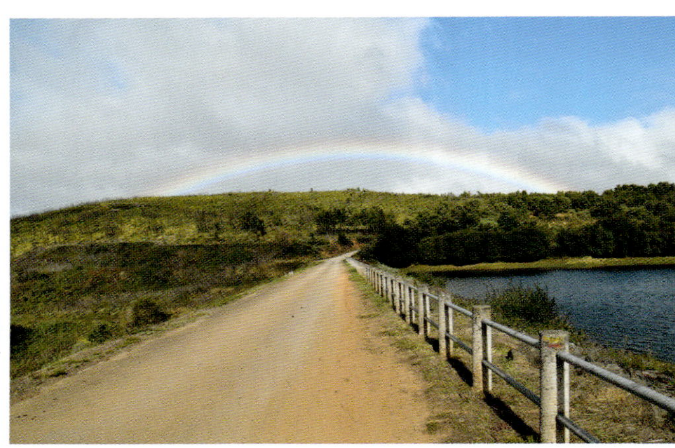

Weg über die Staumauer

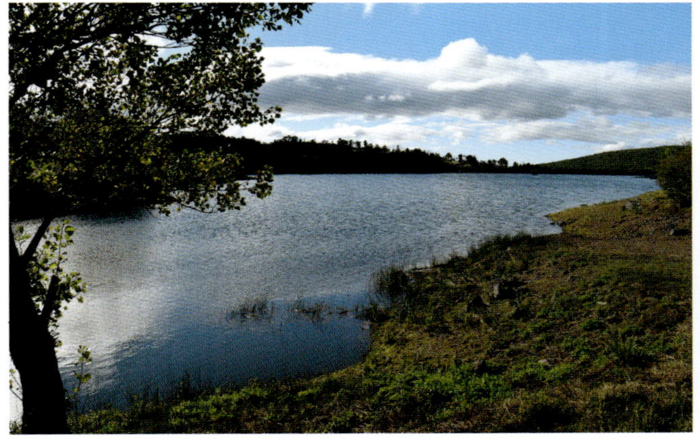

Stausee de Prada

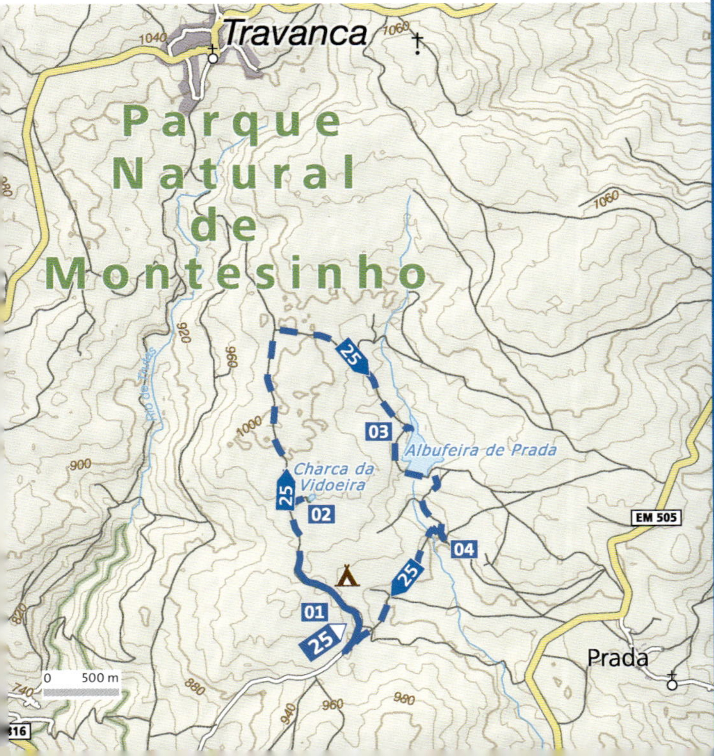

Travanca
1040
1060
Parque Natural de Montesinho
1060
920
960
1000
900
25
03
Albufeira de Prada
Charca da Vidoeira
25
02
EM 505
04
25
01
25
820
Prada
740
0 500 m
880
960
980
940

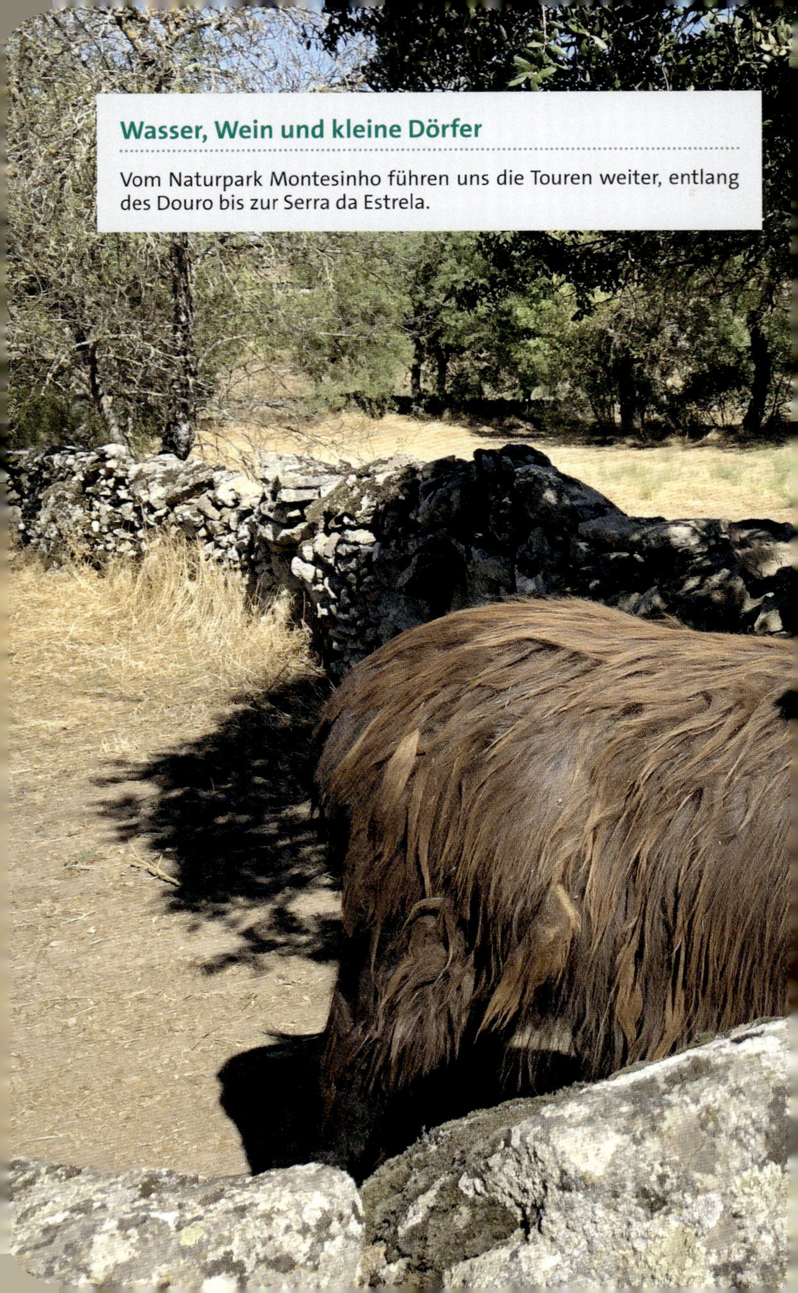

Wasser, Wein und kleine Dörfer

Vom Naturpark Montesinho führen uns die Touren weiter, entlang des Douro bis zur Serra da Estrela.

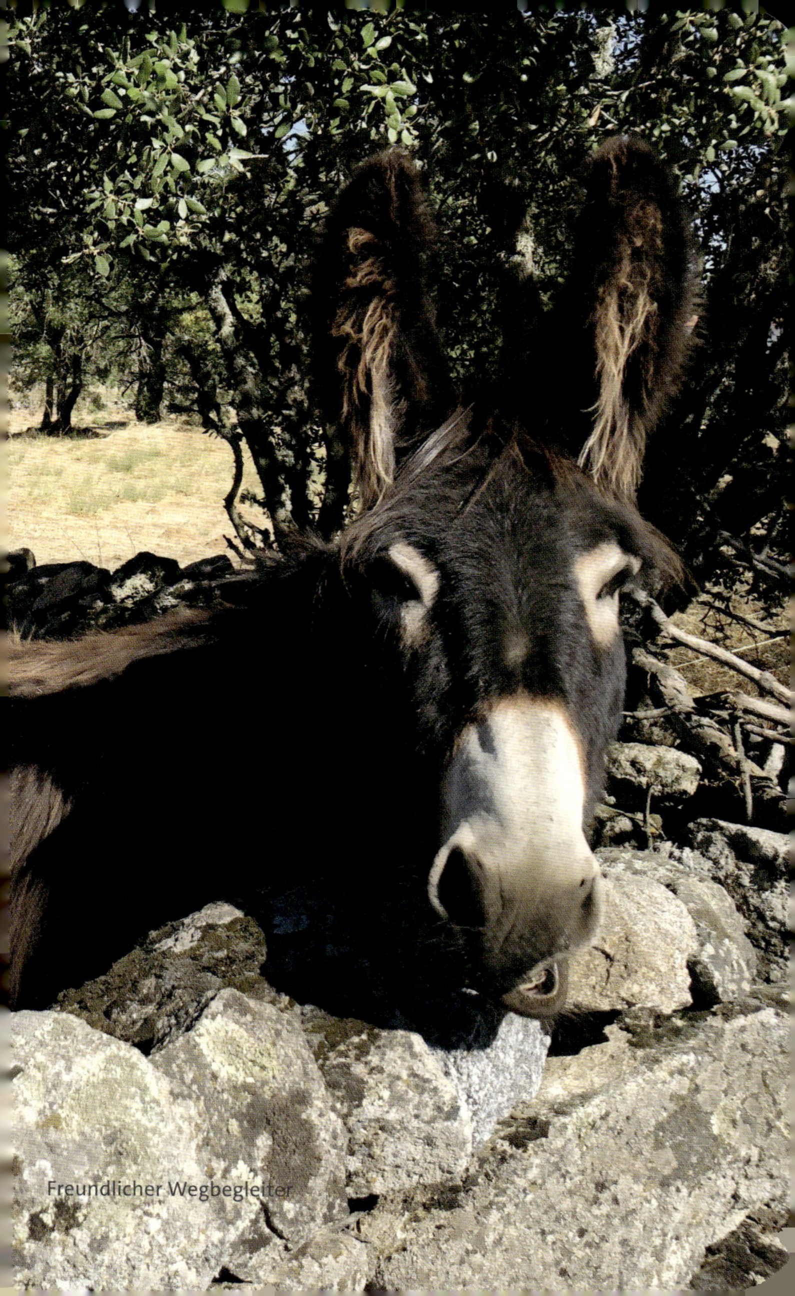

Freundlicher Wegbegleiter

26

MOIMENTA

Abwechslungsreiche Tour rund um den Rio Tuela

 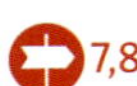 7,8 km  2:30 h 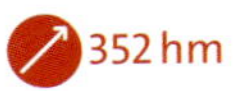 352 hm 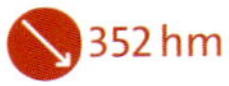 352 hm

START | Moimenta, 893 m. Hinweis: Ausreichend Wasser und einen Sonnenschutz mitnehmen!
[GPS: UTM Zone 29 x: 667.897 m y: 4.646.281 m]
CHARAKTER | Abwechslungsreiche Rundwanderung auf kleinen Straßen, Feldwegen und Pfaden. Der Abstieg in das Tal des Rio Tuela erfordert etwas Trittsicherheit. Die Tour ist gelb-rot markiert.
EINKEHR | Café und Restaurant am Start-/Endpunkt in Moimenta.

Das quirlige Dorf Moimenta liegt hoch über dem Tuela Fluss. Unsere Wanderung führt zunächst zu einem wunderschönen Aussichtspunkt, dann in das tief eingeschnittene Tal und parallel zum Flusslauf. Über eine alte Steinbrücke gelangen wir nach Moimenta zurück.

▶ Wir starten an den Parkplätzen an der Hauptstraße von **Moimenta** 01 und gehen neben einem großen Gebäude in Richtung „Miradouro". Schnell verlassen wir die Ortschaft und wandern auf einer kleinen Landstraße zwischen hohen Felsformationen hangaufwärts.

Nach einem Kilometer zweigen wir nach rechts auf einen Feldweg zum **Aussichtspunkt** 02 ab. Schon von Weitem können wir die Plattform des Miradouro erkennen. Von dort bietet sich uns ein traumhafter Rundumblick. Wir orientieren uns an den Markierun-

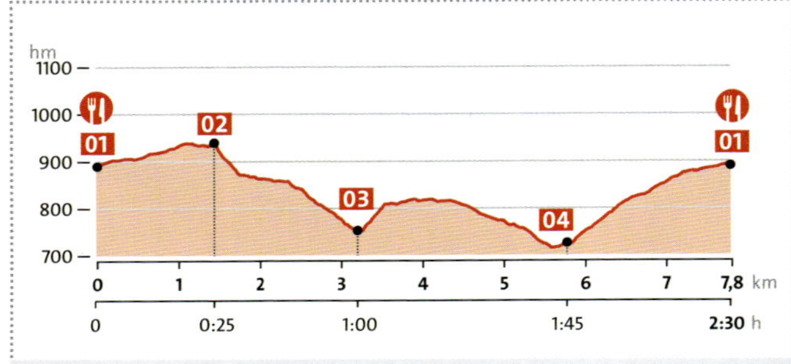

01 Moimenta, 893 m; 02 Aussichtspunkt, 913 m; 03 Rio Tuela, 755 m; 04 Steinbrücke, 730 m

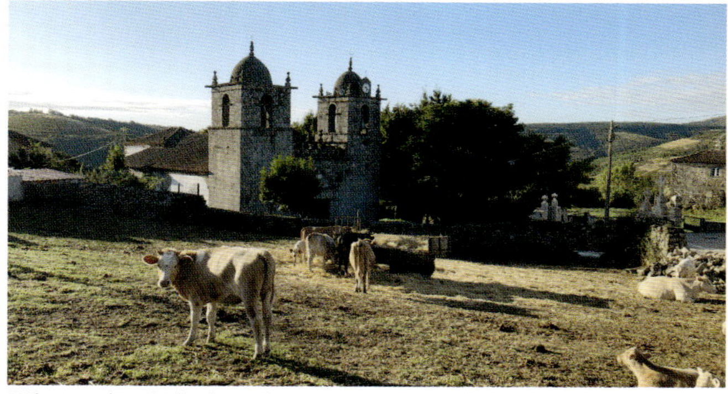
Kühe vor der Kirche in Moimenta

gen hangabwärts auf einem Pfad und gelangen nach einem guten Stück in einen kleinen Eichenwald. Dort wenden wir uns nach rechts und erreichen eine Landstraße, der wir nach links über den **Rio Tuela** 03 folgen.

Nach der Brücke halten wir uns, auf einen Waldweg, nach links. Der Weg führt uns durch einen Eichenwald teilweise steil bergan, wieder zu der Landstraße. Wir überqueren die Straße und folgen dem Feldweg hangabwärts. Von

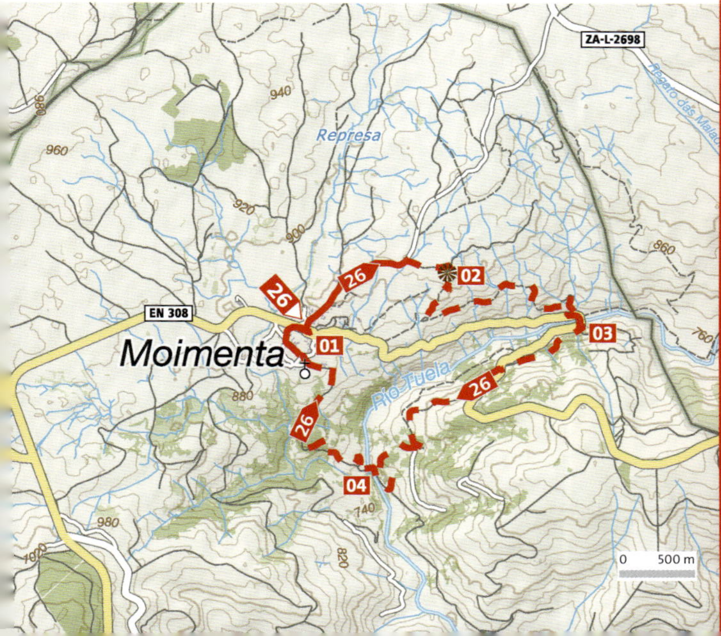

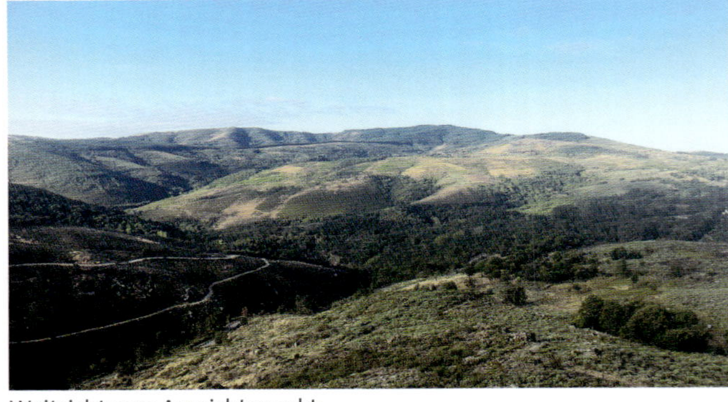

Weitsicht vom Aussichtspunkt

rechts stößt ein Weg zu unserem hinzu. Wir tauchen wieder in bewaldetes Gebiet ein und biegen an einer Kreuzung scharf nach rechts ab. Es beginnt ein sehr schöner Wegeabschnitt durch einen dichten Eichenwald. Im Tal treffen wir auf einen Querweg und zweigen nach rechts ab. Wir gelangen zu der schönen, mittelalterlichen **Steinbrücke** **04** „Ponte d'Às Vinhas", die wir überqueren. Auf einem alten Eselsweg steigen wir, zwischen hohen Esskastanienbäumen und Eichen, bergan.

Wir passieren einen markanten Felsbrocken mit einem Kreuz und erreichen die ersten Häuser von Moimenta. An der Kirche biegen wir nach rechts ab, dann direkt in die Straße nach links. Vorbei an einem Café halten wir uns immer geradeaus, bis wir auf die Hauptstraße stoßen. Nach rechts geht's zurück zum **Ausgangspunkt** **01**.

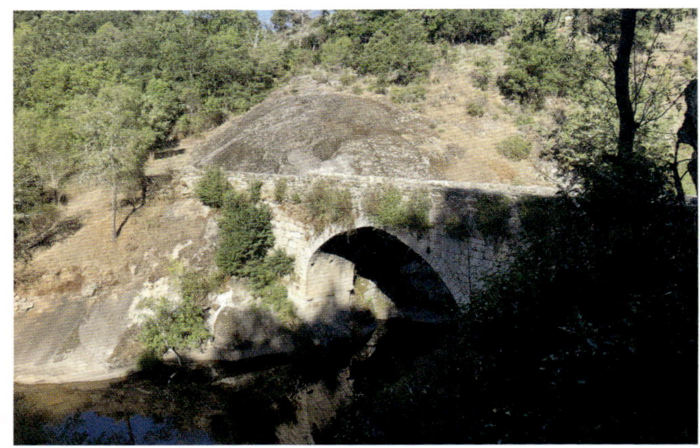

Alte Steinbrücke über den Tuela

IM FLUSSTAL DES RIO ORNAL

Zwei Kapellen und eine Mühle

 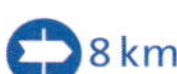 8 km 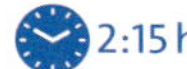 2:15 h 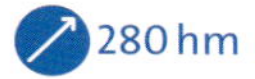 280 hm 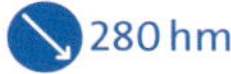 280 hm

START | Vilarinho, 828 m. Hinweis: Ausreichend Wasser, einen Sonnenschutz und einen Eimer Honig mitnehmen!
[GPS: UTM Zone 29 x: 679.093 m y: 4.640.833 m]
CHARAKTER | Landschaftlich reizvolle Rundwanderung auf Feldwegen und Pfaden. Der Streckenverlauf ist gelb-rot markiert und trägt die Bezeichnung PR4 – Percurso do Ornal.
EINKEHR | Keine.

Der Montesinho Naturpark hat einen neuen Einwohner: Es ist ein junger, männlicher Erwachsener – ein Dieb. Gesichtet wurde er nahe Vilarinho. Es ist die Rückkehr des Braunbären nach Portugal nach 176 Jahren. Da wurde der letzte existierende Braunbär 1843 in Gerês getötet. Die Anzeichen der Anwesenheit des Bären wurden im Frühjahr 2019 in zwei Bienenhäusern gefunden, wo der Bär etwa 50 Kilogramm Honig konsumierte. Also, Augen auf!

▶ Wir starten an dem steinernen Kreuz in der Ortsmitte von **Vilarinho** 01 und gehen nach rechts auf einer gepflasterten Straße hangaufwärts. Der Weg geht in einen geschotterten Weg über und wir verlassen die Ortschaft. Die Markierungszeichen führen uns nach halbrechts, hangabwärts. Wir bleiben immer auf dem Hauptweg.

An einer Gabelung wenden wir uns nach rechts und gelangen zu

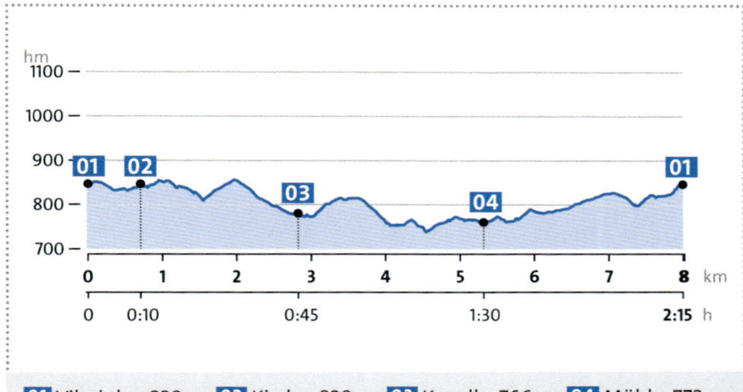

01 Vilarinho, 828 m; 02 Kirche, 820 m; 03 Kapelle, 766 m; 04 Mühle, 772 m

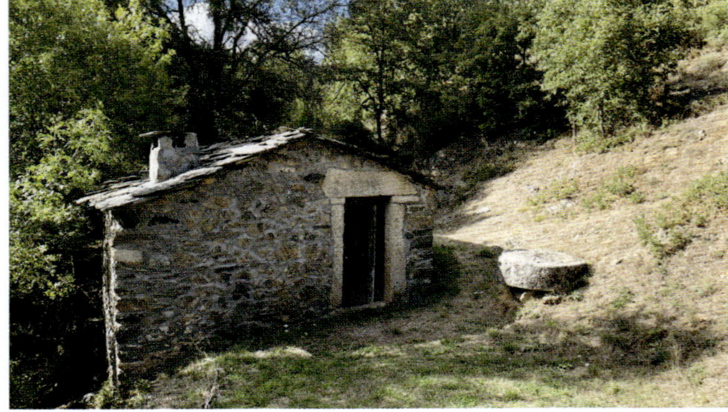

Alte Mühle

der kleinen, schön gelegenen **Kirche** **02** „Ermida S. Amaro“. Weiter geht es auf einem Pfad bergan. An einer Kreuzung biegen wir nach rechts ab und erreichen ein großes, weißes Steinkreuz. Der Pfad führt uns zu einem Feldweg, dem wir weiter hangabwärts folgen. An einer Gabelung halten wir uns halbrechts. Im Tal queren wir über ein paar Steinbrocken einen Bach. Danach steigen wir steil bergan. Wir wandern an der folgenden Kreuzung geradeaus weiter. Danach führt der Weg leicht abschüssig und die weiß-roten und gelb-roten Markierungen trennen sich. Wir orientieren uns nach rechts und direkt nach halblinks, weiter bergab. Nachdem wir ein paar Kleingärten passiert haben, stoßen wir auf eine Landstraße, der wir nach rechts folgen.

Weißes Kreuz auf der Höhe

Wir überqueren den Rio Ornal auf einer Straßenbrücke und treffen auf die hübsche **Kapelle** **03** Stº Amaro. Am Ufer laden Picknickplätze zu einer Pause ein. Anschließend queren wir den Flusslauf und wandern auf einem Waldweg hangaufwärts. An einer Wandertafel gehen wir geradeaus weiter auf dem PR4. Im Auf und Ab spazieren wir durch einen Eichenwald. Wir halten uns immer auf dem Hauptweg, bis wir den Rio Baceiro erreichen. Wir wenden uns nach links und laufen zunächst auf einem Pfad, später auf einem steinigen Weg neben dem Flusslauf.

Vorbei an einer alten **Mühle** **04** gelangen wir zu einer Landstraße.

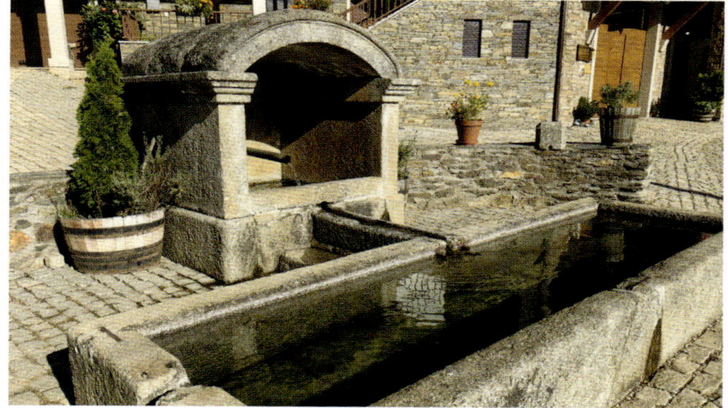

Brunnen in Vilarinho

Wir folgen dem Feldweg geradeaus, bergan unter hohen Kiefern. An einer Gabelung halten wir uns nach halblinks und bald darauf scharf nach rechts. Auf der Höhe, an einer Kreuzung, gehen wir geradeaus weiter. Wir gelangen zu einem Querweg und gehen auf einen schmalen Weg nach links, über einen Bach. Ein kurzes Stück geht es nochmal bergan und wir erreichen die ersten Häuser von Vilarinho. Wir wenden uns nach links und kommen an der Kirche vorbei, dann nach rechts. Vom schönen Dorfbrunnen sind es nur noch wenige Meter bis zu unserem **Ausgangspunkt** 01.

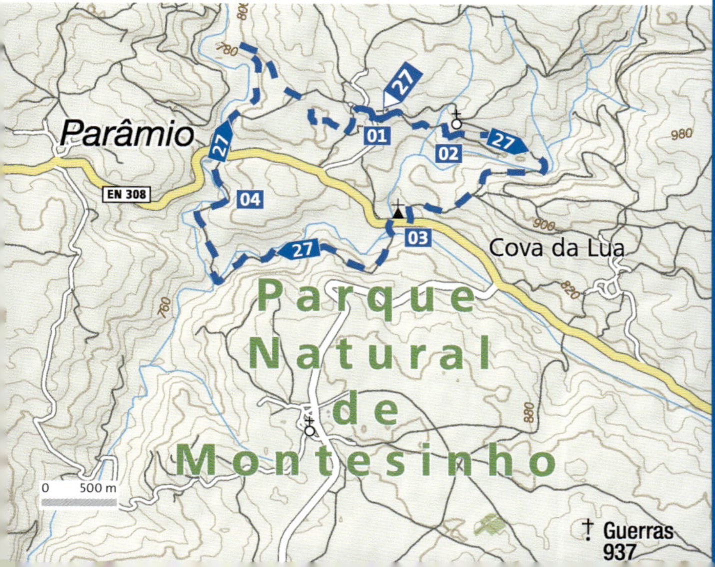

Parâmio
EN 308
01
02
03
04
27
Cova da Lua
Parque Natural de Montesinho
0 500 m
Guerras 937

28

HOCH ÜBER MONTESINHO

Durch bizarre Felslandschaften zum Stausee

  7,8 km  2:15 h 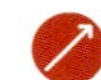 295 hm  295 hm

START | Montesinho, 1012 m. Hinweis: Ausreichend Wasser und einen Sonnenschutz mitnehmen!
[GPS: UTM Zone 29 x: 685.282 m y: 4.645.453 m]
CHARAKTER | Eindrucksvolle Rundwanderung, überwiegend auf Pfaden und Feldwegen. Der Anstieg zu Beginn ist recht steil und erfordert etwas Kondition. Der Abstieg über Felsen verlangt Trittsicherheit. Die Tour ist gelb-rot markiert und trägt die Bezeichnung PR3 – Percurso do Porto Furado.
EINKEHR | Cafés am Start-/Endpunkt in Montesinho.

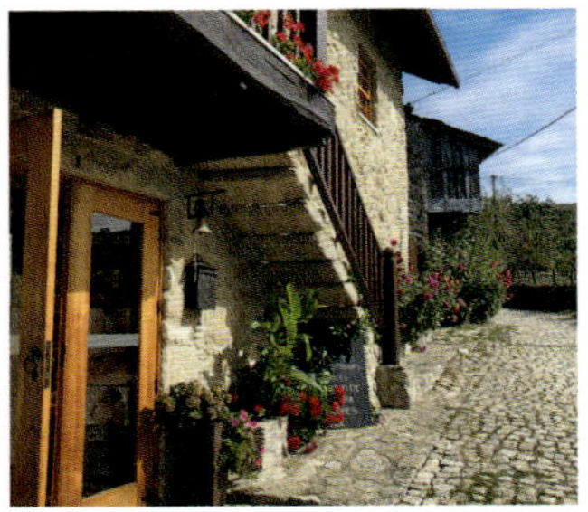

In den Gassen von Montesinho

Montesinho gilt als das schönste Dorf im Naturpark. Kleine Cafés und ein Souvenirladen zieren die hübschen Steinhäuser. Der Wanderweg führt hoch hinauf zu einem Stausee, der nur wenige Meter von der spanischen Grenze entfernt liegt. Bizarre Felsformationen bieten imposante Fotomotive.

Wir starten am Dorfplatz in **Montesinho** 01. Eine Hinweistafel

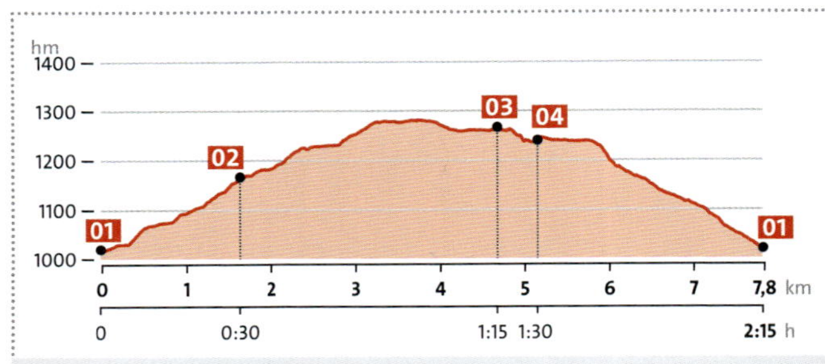

01 Montesinho, 1012 m; 02 Aussichtspunkt, 1155 m; 03 Stausee, 1250 m; 04 Felstor, 1215 m

gibt Informationen zum Wanderweg sowie über Flora und Fauna der Region. Wir gehen in die Rua do Cimo und halten uns geradeaus auf einem gepflasterten Sträßchen. Nach den letzten Häusern wenden wir uns nach rechts auf einen Feldweg. Der Weg führt uns steil bergan und an einer Gabelung fädeln wir nach halbrechts ein. Zwischen hohen Eichen und Farn gewinnt der Weg kontinuierlich an Höhe. Wir gelangen zu einem schönen **Aussichtspunkt** 02, der uns einen phantastischen Ausblick auf die umliegende Felslandschaft und in die Ferne bietet.

Der Weg steigt nun gemächlich an und wir stoßen auf eine Sandpiste, der wir nach links folgen. Nach einer Linkskurve verlassen wir die

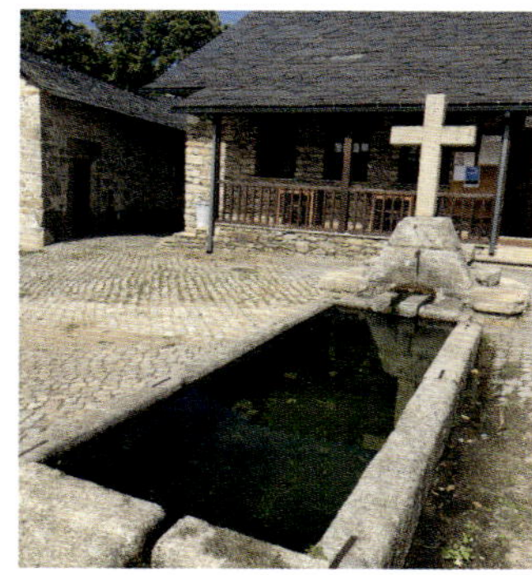

Bunnen in Montesinho

Piste und gehen nach rechts auf einen Pfad. Nach einem guten Stück macht der Weg einen Knick nach links und kurz darauf erblicken wir den Stausee. Wir wandern durch

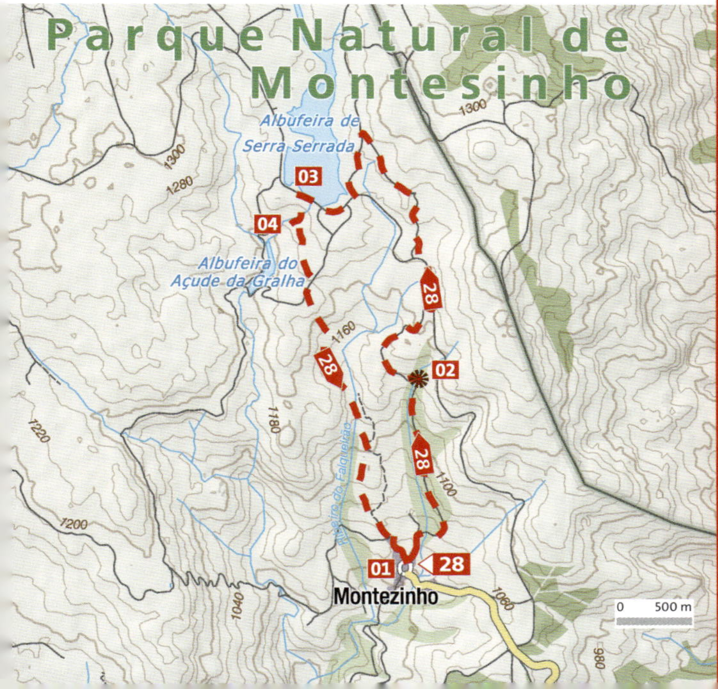

Parque Natural de Montesinho

Albufeira de Serra Serrada

Albufeira do Açude da Gralha

Ribeiro do Falqueirão

01 02 03 04 28

Montezinho

0 500 m

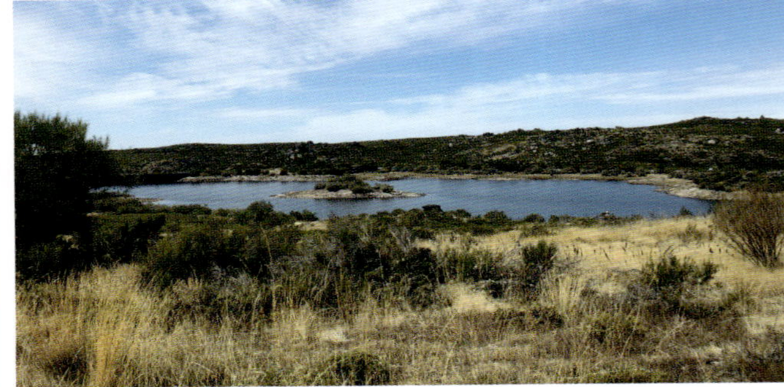
Stausee auf der Höhe

eine schöne Heidelandschaft und treffen auf einen Feldweg. Dort wenden wir uns scharf nach links und wir gelangen wieder zu der breiten Sandpiste. Nachdem wir die Staumauer überschritten haben, sind rechter Hand die besten Möglichkeiten, an das Ufer des **Stausees** 03 heranzukommen.

Wir setzen unseren Weg nach links auf einem Pfad fort. Es folgt ein sehr schöner Wegeabschnitt. Unter einer Wasserleitung hindurch, über eine alte Steinbrücke und durch ein **Felstor** 04 wird der Weg etwas abenteuerlich. Dann erreichen wir eine Sandpiste und wir folgen ihr ein kurzes Stück nach rechts, um dann nach links in einen Pfad einzubiegen. Der Wegeverlauf führt über felsiges Terrain und Steinmännchen helfen bei der Orientierung. Wir gelangen in ein bewaldetes Tal und queren einen Bachlauf. Schon bald erblicken wir die ersten Häuser von Montesinho. Ein sandiger Weg bringt uns zurück ins Dorf. Vor einem Steinhaus wenden wir uns nach links. Vorbei an einem imposanten Esskastanienbaum erreichen wir unseren **Ausgangspunkt** 01.

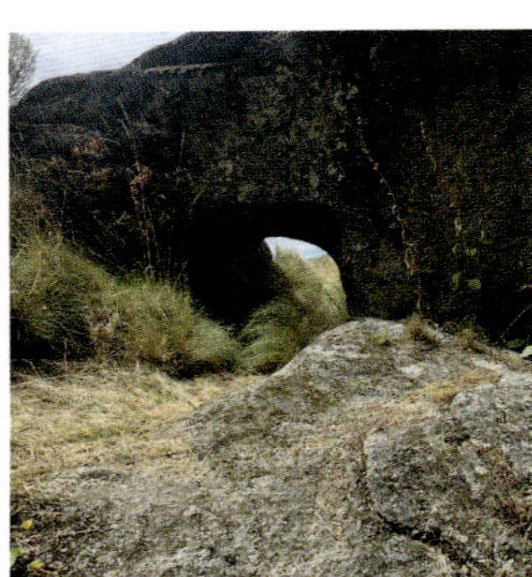

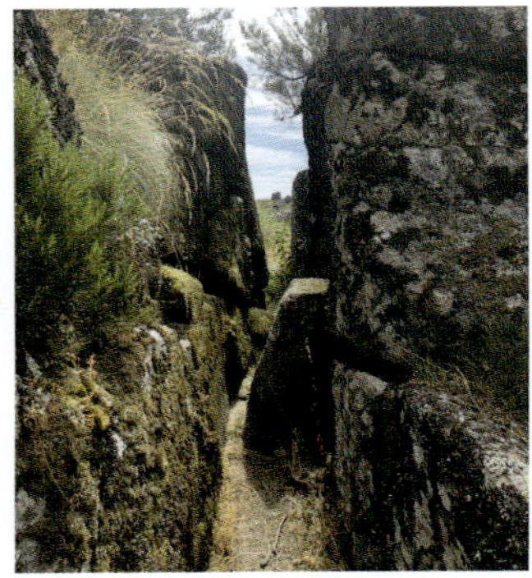
Durch Felstunnel und Spalten führt uns der Weg bergab

GIMONDE

Aussichtsreiche Rundwanderung hoch über dem Rio Onor

 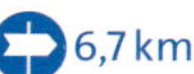 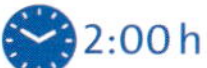 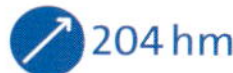 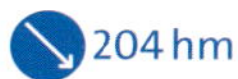

START | Am Flussufer in Gimonde, 515 m.
[GPS: UTM Zone 29 x: 691.338 m y: 4.630.491 m]
CHARAKTER | Einfache Rundwanderung auf Feldwegen.
Der Wegeverlauf ist gelb-rot markiert und trägt die Bezeichnung PR8 – Percurso do Malara.
EINKEHR | Cafés und Restaurants am Start-/Endpunkt in Gimonde.

Gimonde ist ein Dorf mit wenigen Einwohnern, aber einer guten Infrastruktur. Es existiert ein Informationsbüro mit originellen Souvenirs ansässiger Künstler, mehrere Restaurants und Cafés sowie eine traditionelle Metzgerei, die Köstlichkeiten vom Bisaro-Schwein anbietet: www.bisaro.pt.

Wir starten am Flussufer in **Gimonde** 01 zwischen den beiden Steinbrücken. An einem Häuschen finden wir eine Informationstafel zum Wanderweg. Wir folgen dem Flusslauf, vorbei an Trittsteinen und der Steinbrücke, bis wir vor einem Waschhaus nach links in den Ort gehen. Die Markierungszeichen führen uns nach rechts in eine schmale Gasse. Wir überqueren einen Seitenfluss des Rio Onor über eine Brücke und wenden uns nach links. Kurz darauf biegen wir nach rechts auf einen Feldweg ab. An einer Gabelung fädeln wir nach halbrechts ein.

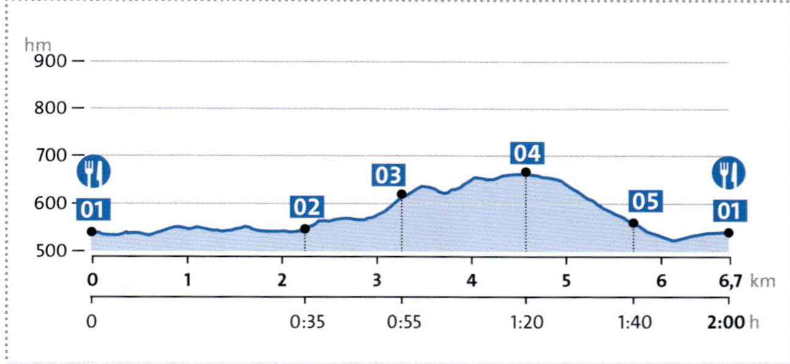

01 Gimonde, 515 m; 02 Steinhäuschen, 533 m; 03 Kreuzung, 605 m; 04 Anhöhe, 657 m; 05 Taubenhaus, 550 m

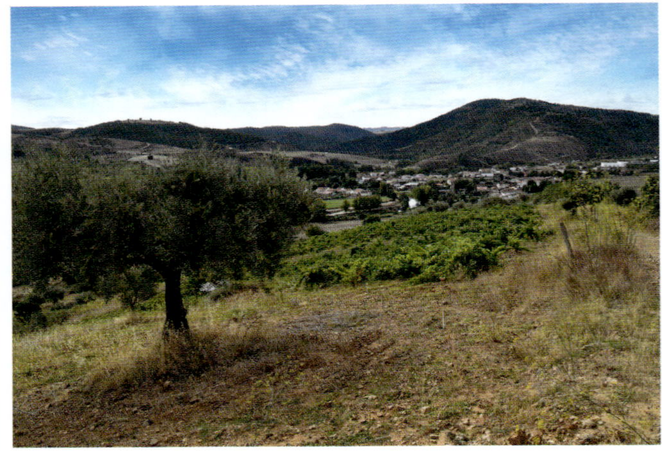

Aussicht auf Gimonde

Der Weg führt uns durch ein schönes, ruhiges Flusstal. An einem **Steinhäuschen** 02 halten wir uns nach links hangaufwärts. Wir bleiben auf dem Hauptweg, bis wir auf eine **Kreuzung** 03 stoßen. Dort schlagen wir den Feldweg nach links ein.

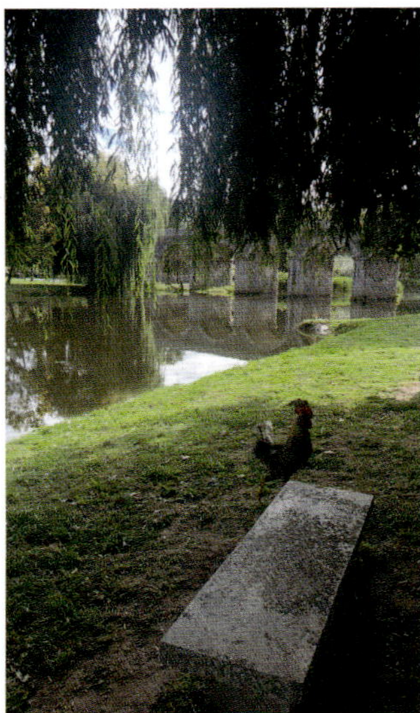

Am Flussufer in Gimonde

Der Weg steigt weiter an und wir können eine herrliche Aussicht auf Bregança genießen. Schöne Esskastanienplantagen zieren den Wegesrand. Dann geht es hangabwärts und an der folgenden Gabelung nach halblinks. Nach einem weiteren Anstieg gelangen wir auf eine **Anhöhe** 04. Ein riesiger Maronenbaum ziert die Bergkuppe. Wir wandern zwischen Olivenbäumen und Weinreben bergab. An einem Querweg halten wir uns nach links. Von dort haben wir eine schöne Aussicht auf Gimonde.

Auf einem steinigen Weg passieren wir ein **Taubenhaus** 05 und treffen auf den Feldweg, den wir von unserem Hinweg kennen. Wir wenden uns nach rechts und gehen auf gleicher Strecke zurück zu unserem **Ausgangspunkt** 01.

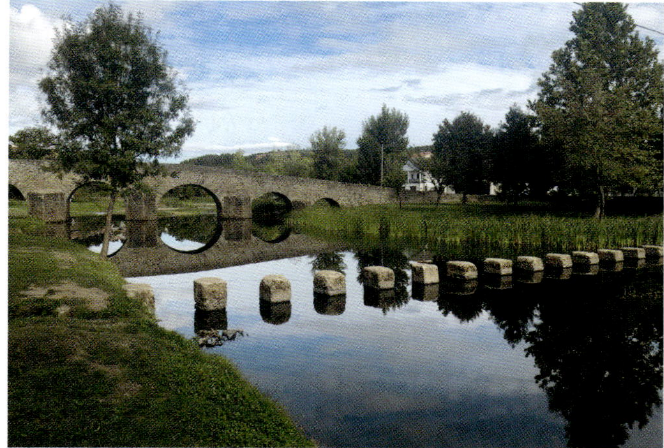

Brücke über den Onor

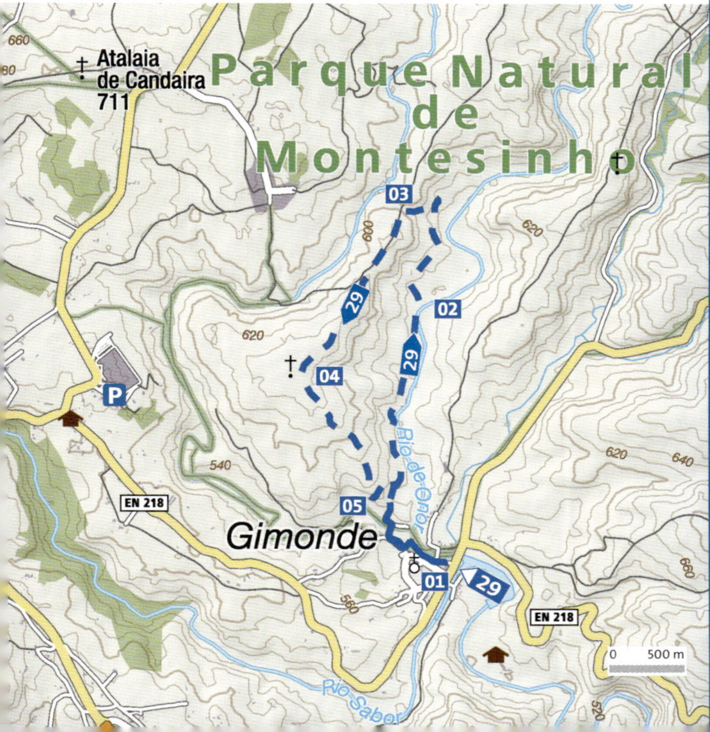

VON OUTEIRO ZUM RIO SABOR

Abwechslungsreiche Rundwanderung zu einer mittelalterlichen Brücke

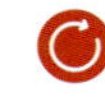 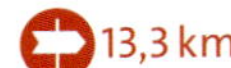 13,3 km 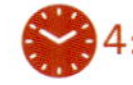 4:00 h 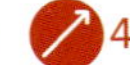 460 hm 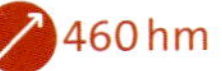 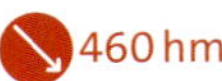 460 hm

START | Outeiro, 695 m. Hinweis: Ausreichend Wasser und einen Sonnenschutz mitnehmen!
[GPS: UTM Zone 29 x: 699.757 m y: 4.617.363 m]
CHARAKTER | Anspruchsvolle Rundwanderung mit langen Ab- und Aufstiegen. Der Weg (PR10) verläuft auf Feldwegen und Pfaden und ist im gesamten Verlauf gelb-rot markiert. Wegweiser dienen zusätzlich der Orientierung.
EINKEHR | Café in Outeiro, unterwegs keine.

Der Bau der Basilika Santo Cristo wurde 1698 aufgrund eines Wunders, das in einer kleinen Kapelle stattfand, begonnen und in der ersten Hälfte des 18. Jh. beendet. Im reinen Barockstil ist es eine grandiose Kirche mit einer von zwei Türmen eingerahmten Fassade und einem Kreuzgewölbe im Innenraum. In Portugal existieren acht Basiliken, alle in Städten, wobei die Basilika in Outeiro die einzige in einem Dorf ist.

▶ Neben der Basilika in **Outeiro** 01 steht eine Informationstafel zum Wanderweg. Von dort gehen wir an der Hauptstraße nach rechts und an der kleinen Kapelle nach links auf einen gepflasterten Weg. Dann biegen wir nach rechts ab und verlassen den Ort über felsiges Terrain. Nach der Überquerung einer Brücke erreichen wir die schön gelegene Kapelle „Capela de S. Roque“. Die Markierungszeichen führen

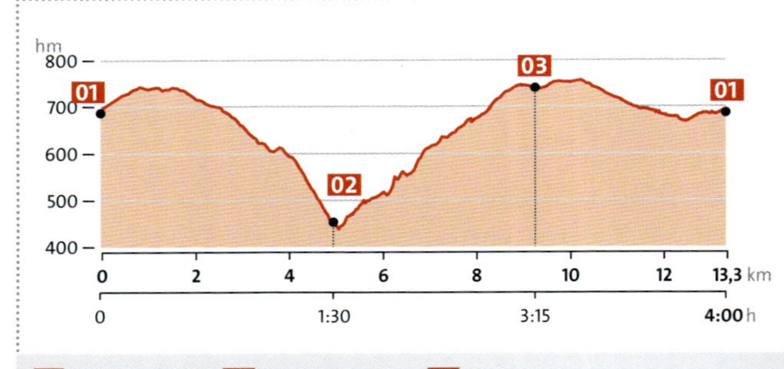

01 Outeiro, 695 m; 02 Rio Sabor, 435 m; 03 Paçó, 743 m

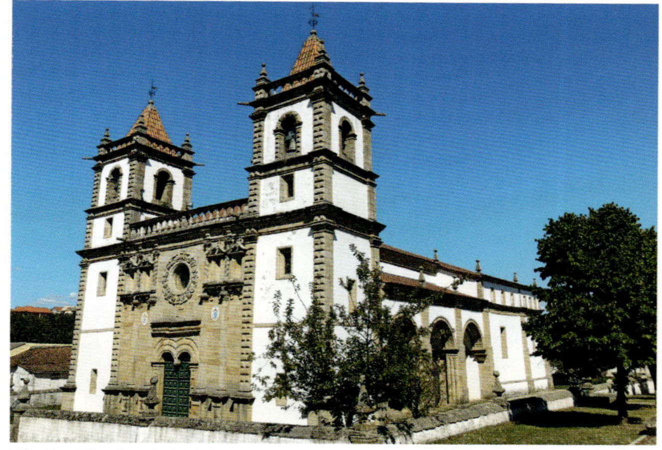

Die Basilika Santo Cristo

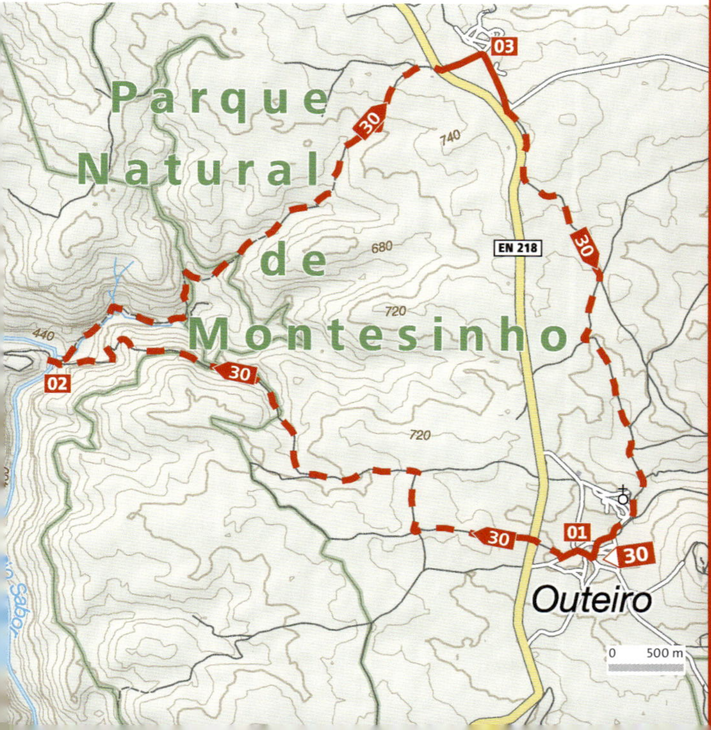

Parque Natural de Montesinho

03

30

740

680

EN 218

720

440

02

01

Outeiro

0 500 m

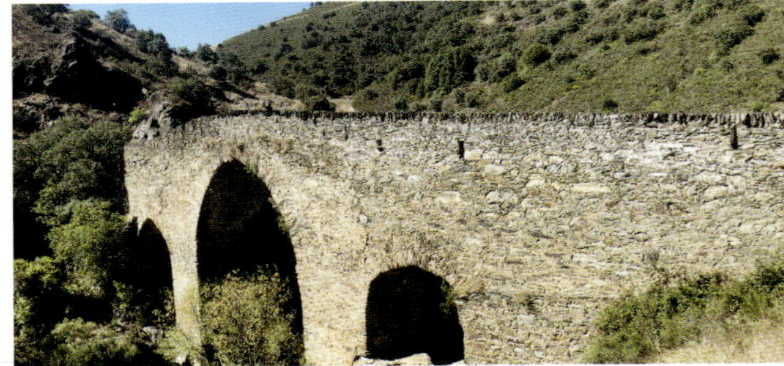
Brücke über den Rio Sabor

uns zwischen Esskastanienplantagen erst nach rechts auf einen Feldweg, dann nach links. An der folgenden Gabelung fädeln wir nach halbrechts ein. Wir wandern bergab, durch ein Tal mit hohen Ginsterbüschen, und halten uns immer auf dem Hauptweg.

Schließlich gelangen wir zum **Rio Sabor** 02, der dort von einer mittelalterlichen Brücke überspannt wird. Wir wenden uns vor der Brücke nach rechts auf einen Pfad. Es folgt ein schweißtreibender Aufstieg. An einer Gabelung halten wir uns nach links und wir durchlaufen ein Seitental. Wir folgen ein Stück einem breiteren Weg und gehen an einer Kreuzung geradeaus weiter im Tal. Es beginnt beackertes Gebiet und wir steigen entlang einer Steinmauer zwischen Feldern weiter bergan. Teilweise ist der Weg etwas zugewachsen. An einer Kreuzung führen uns die Markierungen nach halblinks.

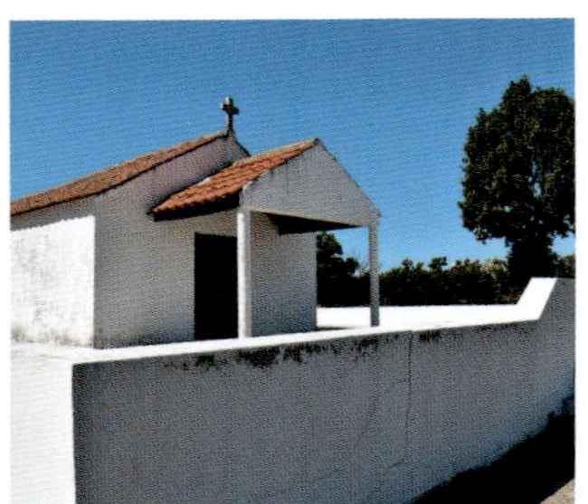
Kapelle am Wegesrand

Wir erreichen die Ortschaft **Paçó** 03 und gehen geradeaus in das Dorf hinein. An einem Steinkreuz wenden wir uns nach rechts. Neben einer Kapelle stehen Rastplätze für eine Pause zur Verfügung. Wir passieren eine weitere Kapelle und wandern geradeaus auf einen Feldweg. Wir halten uns immer auf dem Hauptweg, zwischen Esskastanienbäumen und vorbei an einem Eukalyptuswald. Dann macht der Weg einen scharfen Knick nach links und nach wenigen Metern wenden wir uns nach rechts auf einen Wiesenweg. Es beginnt ein recht zugewachsener Wegeabschnitt bis wir auf einen Feldweg treffen, dem wir geradeaus folgen. An einer Gabelung nehmen wir den Weg nach halbrechts.

Die große Basilika gerät in unser Sichtfeld und wir steuern immer geradeaus auf unseren **Ausgangspunkt** 01 zu.

MIRANDA DO DOURO

Parallel zum Grenzverlauf hoch über dem Douro

 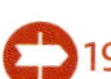 19,6 km 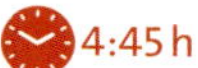 4:45 h 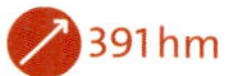 391 hm  391 hm

START | Miranda do Douro, 670 m.
[GPS: UTM Zone 29 x: 727.679 m y: 4.597.655 m]
CHARAKTER | Technisch einfache, aber lange Rundwanderung auf kleinen Straßen und Feldwegen. Die Tour ist gelb-rot markiert, allerdings nicht durchgängig und an einer Stelle sogar falsch und irreführend. Streckenweise können wir uns an den weiß-roten Markierungen des GR 36 orientieren.
EINKEHR | Zahlreiche Cafés und Restaurants in Miranda do Douro, unterwegs ein Café in Aldeia Nova.

Die Ursprünge des Ortes Miranda do Douro reichen bis weit in die Vergangenheit zurück. Zuerst wurde es von den Römern besetzt und dann, im 8. Jahrhundert, von den Mauren, die ihm den Namen „Mir Andul" gaben, aus dem der heutige Name Miranda entstanden ist. Aufgrund seiner grenznahen Lage erfüllte der Ort von Anfang an eine wichtige strategische Aufgabe bei der Verteidigung des Landes. Unser Weg führt entlang des Grenzflusses Douro durch typische Dörfer der Region.

▶ Wir starten am **Tourismusbüro** in **Miranda do Douro** 01 und gehen in eine Fußgängerzone. Wir folgen dort den weiß-roten Markierungen des GR 36. Zunächst wandern wir durch die Altstadt,

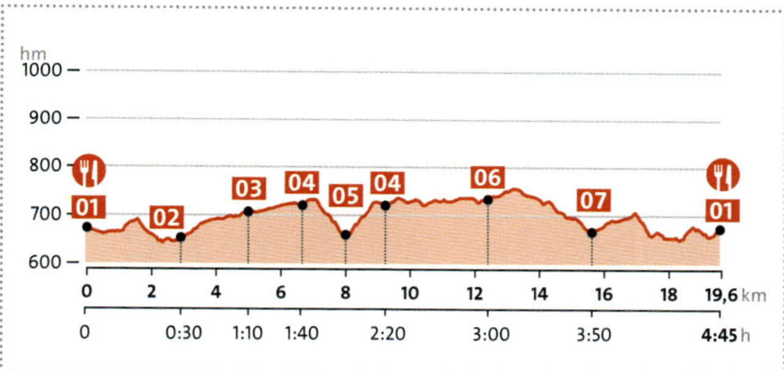

01 Miranda do Douro, 670 m; 02 Rastplatz, 645 m; 03 Vale de Aguia, 704 m; 04 Aldeia Nova, 719 m; 05 São João, 630 m; 06 Pena Branca, 737 m; 07 Rio Fresno, 661 m

dann durch die Neustadt, immer in Nähe des Douro. Wir biegen nach rechts in die Rua da Terronha und treffen auf eine Wandertafel. Wir verlassen die Ortschaft und der Weg geht in einen Schotterweg über. Zwischen vereinzelt stehenden Häusern halten wir uns immer auf dem Hauptweg entlang von Steinmauern.

Wir stoßen auf eine Steinhütte mit **Rastplätzen** 02, von denen wir einen herrlichen Blick in das Tal des Douro haben. Weiter auf der Sandpiste, zwischen Steineichen, gewinnt der Weg leicht an Höhe. Wir erreichen die kleine Ortschaft **Vale de Aguia** 03.

Im Ort gehen wir am Hauptplatz in Richtung **Aldeia Nova** 04, das wir über eine kleine Straße nach etwa anderthalb Kilometern erreichen. Ab dort machen wir einen Abstecher zu einem Aussichtspunkt hoch über dem Douro. An der kleinen Bar wenden wir uns nach rechts. Wir passieren einen alten Brunnen und verlassen das Dorf auf einem gepflasterten Weg nach halblinks. Hangabwärts gelangen wir nach **São João** 05, einem wunderschönen Platz mit Sitzbänken, einem Brunnen und einer kleinen Kapelle. Ein Ort zum Picknicken und wir genießen die herrliche Aussicht in den Canyon des Douro und auf die bizarre Felslandschaft.

Wir gehen auf gleichem Weg wieder nach **Aldeia Nova** 04 zurück und wandern nach halbrechts und hinter der Kirche nach links. Dann zweigen wir auf einen schmalen Weg nach links ab. Wir kommen an einem Taubenhaus vorbei und fädeln bei der nächsten Gabelung nach halbrechts ein. Der Weg führt uns zwischen Feldern entlang von Steinmauern und wir halten uns immer auf dem Hauptweg geradeaus.

Wir passieren ein Steinkreuz und gelangen, vorbei an einer Kapelle, in die Ortschaft **Pena Branca** 06. Die Hauptstraße überqueren wir nach halblinks. Vorbei an einem Hotel nehmen wir die Straße erneut nach links und vor einem kleinen, weißen Haus biegen wir

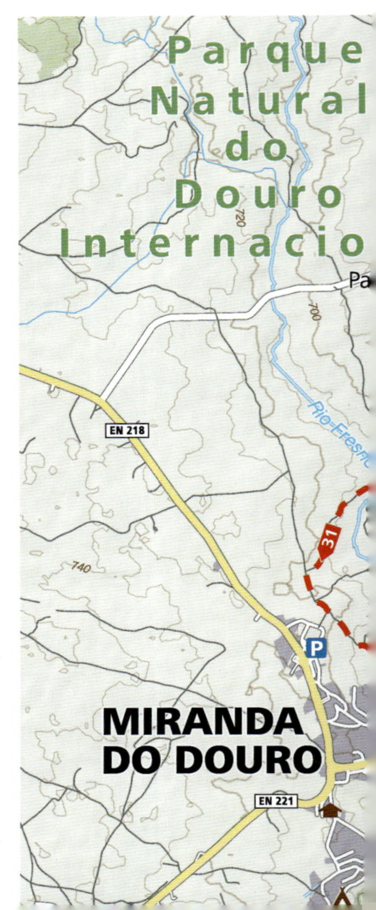

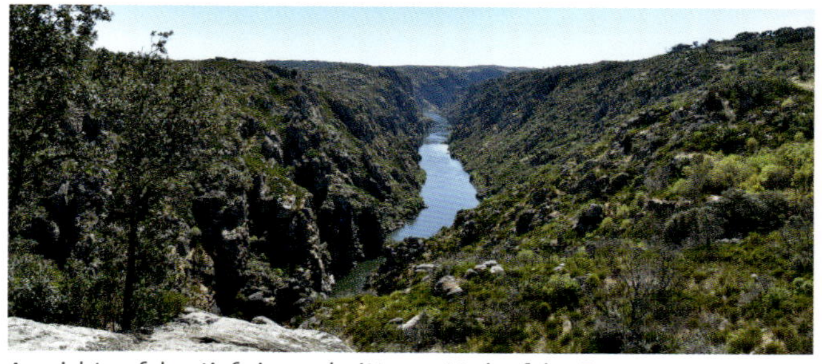

Aussicht auf den tief eingeschnittenen Verlauf des Douro

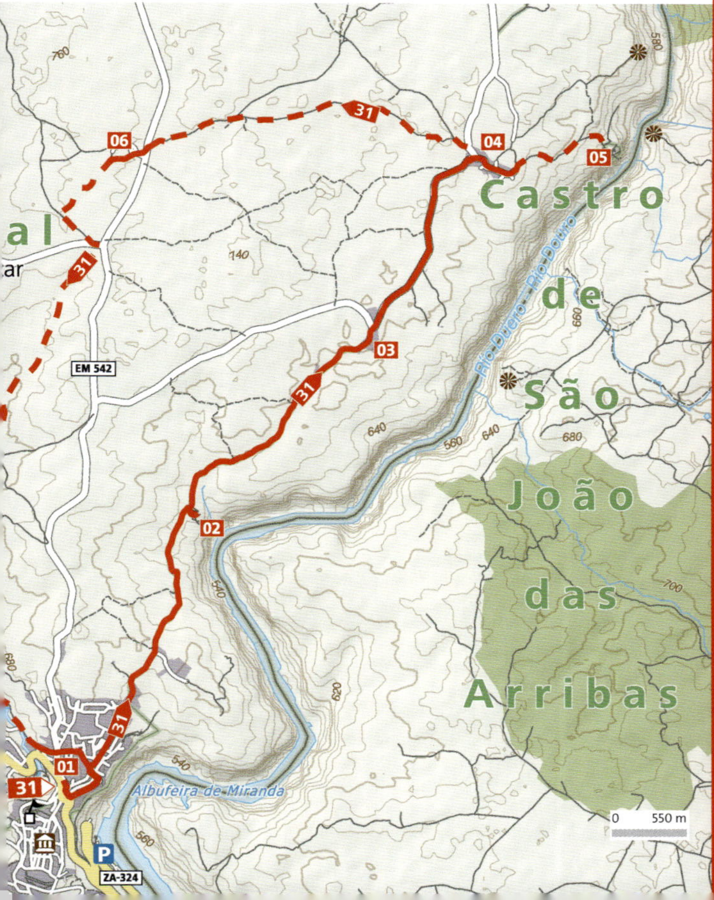

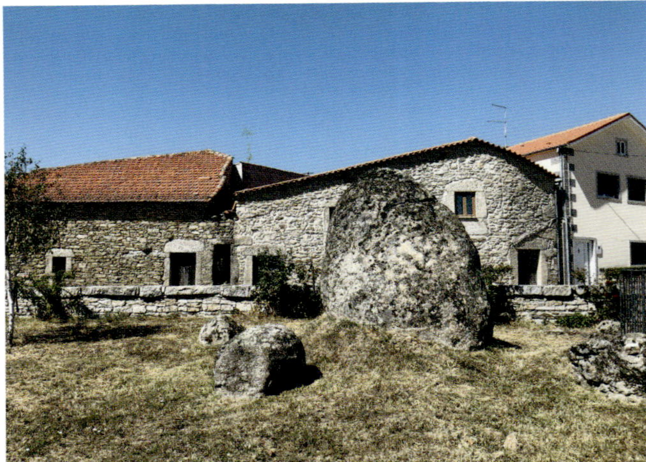
Alte Steinhäuser in Aldeia Nova

(entgegen den Markierungen) wiederum nach links in einen Weg zwischen Steinmauern ab. Wir orientieren uns entlang einer Stromleitung auf einem Feldweg und gelangen zu einem breiteren Weg. Dort wenden wir uns nach links. Vor einer Werkstatt biegen wir nach rechts auf einen Feldweg. Zwischen Viehweiden, Eichen und Ginster geht es leicht hangabwärts. An einer Kreuzung gehen wir geradeaus weiter.

Wir queren den **Rio Fresno** 07 und halten uns hinter der Brücke nach halblinks. Dann geht es hangaufwärts zwischen Kleingärten und Weinreben. Wir nehmen den nächsten Weg nach links. Dann gabelt sich der Weg und wir wandern nach halblinks. Nochmals überqueren wir den Rio Fresno und wir halten uns im Tal neben dem Flusslauf. Wir gehen geradeaus an einer Brücke vorbei auf einer kleinen Straße. Immer geradeaus erreichen wir die Straße in Douro-Nähe, die wir von unserem Hinweg kennen. Wir wenden uns nach rechts, zurück zur **Tourist-Information** 01.

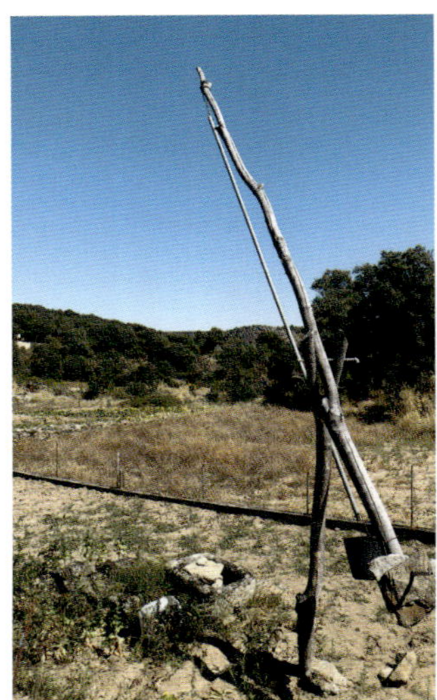
Brunnen in einem Garten

BEMPOSTA

Zur Ribeira da Bemposta – einem Nebenfluss des Douro

 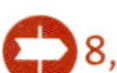 8,5 km 2:30 h 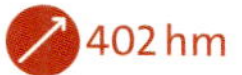 402 hm 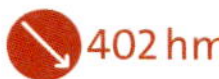 402 hm

START | Bemposta, 714 m. Hinweis: Ausreichend Wasser und einen Sonnenschutz mitnehmen!
[GPS: UTM Zone 29 x: 709.102 m y: 4.576.411 m]
CHARAKTER | Landschaftlich reizvolle Rundwanderung auf Feldwegen und Pfaden. Im Mittelteil muss ein steiler Anstieg von der Ribeira da Bemposta nach Lamoso bewältigt werden. Die Tour ist gelb-rot markiert und trägt die Bezeichnung PR4 – Thilho da Faia da Água Alta. Zusätzlich dienen Wegweiser der Orientierung.
EINKEHR | keine

Diese Tour führt uns tief in das Tal des Bemposta-Flusses und durch ein kleines Dorf ohne großartige Infrastruktur. Unterwegs haben wir immer wieder Einblicke in das typische, von Landwirtschaft geprägte, Leben der Portugiesen in dieser Region. Freundlich und neugierig werden wir gegrüßt.

▶ Wir starten an der Hinweistafel zum Wanderweg, neben der Bushaltestelle, in **Bemposta** 01 und gehen geradeaus in den Ort hinein. Die Markierungszeichen führen uns scharf nach rechts und wir gelangen auf einen großen Platz mit der Post. Dort wenden wir uns nach halblinks, dann nach rechts, bergan zur Kirche. Ein Wegweiser zeigt uns die Stelle einer schönen Aussicht. Vor dem Friedhof wenden wir uns nach links und verlassen die Ortschaft.

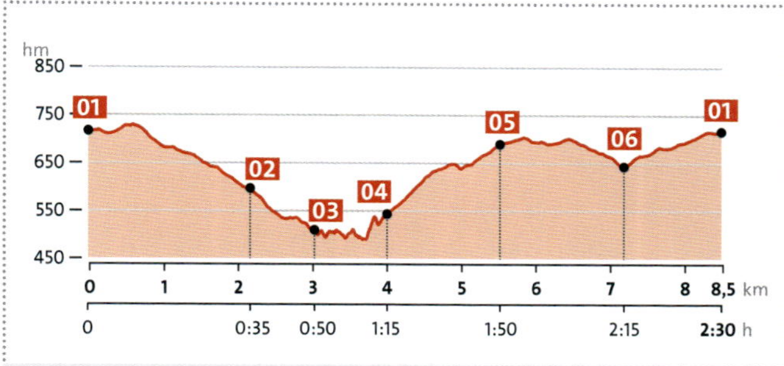

01 Bemposta, 714 m; 02 Aussichtspunkt, 572 m; 03 Ribeira da Bemposta, 501 m; 04 Hütte, 538 m; 05 Lamoso, 683 m; 06 Ponte de Bemposta, 647 m

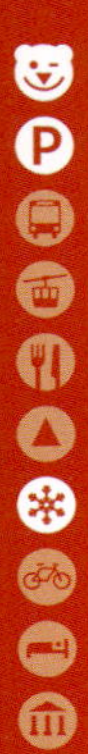

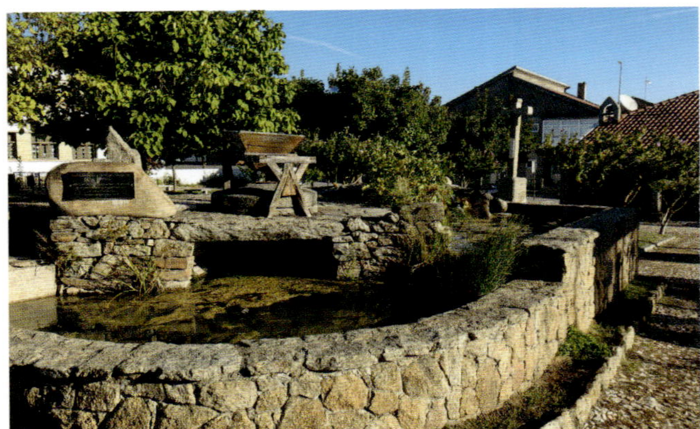

Dorfplatz in Bemposta

Wir erreichen ein Kruzifix und orientieren uns auf einen Feldweg nach links. Kurz darauf zweigen wir in einen Weg nach halbrechts ab.

Der Weg schlängelt sich zwischen Weinbergen und Olivenbäumen bergab zu einem **Aussichtspunkt** 02. Wir wandern nach rechts weiter hangabwärts und gelangen in das Tal der **Ribeira da Bemposta** 03, in den Wintermonaten ein reißender Fluss mit Wasserfällen. Nach der Querung des Flusslaufes, auf einer neu gebauten Holzbrücke, beginnt ein sehr schöner Wegeabschnitt. Wir wenden uns nach links auf einen Pfad. Teilweise sichern Geländer den recht steilen Aufstieg. An einer Gabelung fädeln wir nach rechts ein.

Auf schönem Pfad bergan

Über einen Holzsteg gelangen wir zu einer **Holzhütte** 04. Von dort können wir eine phantastische Aussicht in das Tal genießen. Weiter geht's steil bergan auf einem Schotterweg, bis wir auf der Höhe auf einen Wegweiser stoßen.

Nach rechts erreichen wir nach wenigen Metern die Ortschaft **Lamoso** 05. Wir passieren eine kleine Kapelle und gehen nach halbrechts auf einen schmalen Weg. An einer Verzweigung orientieren wir uns geradeaus auf einen kleinen Weg zwischen Steinmauern.

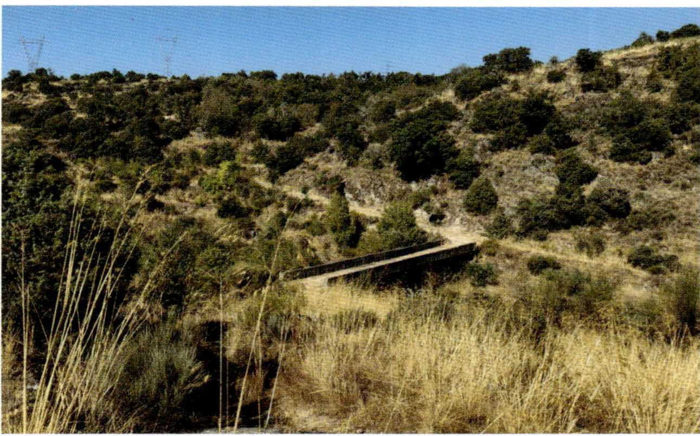

Die Ponte de Bemposta

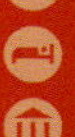

Ein alter Eselsweg bringt uns hangabwärts und über die mittelalterliche Brücke **Ponte de Bemposta** 06. An einem Kreuz wenden wir uns nach links auf einen Feldweg. Vorbei an Ziegenställen und Kleingärten erreichen wir Bemposta. Wir gehen geradeaus zurück zu unserem **Ausgangspunkt** 01.

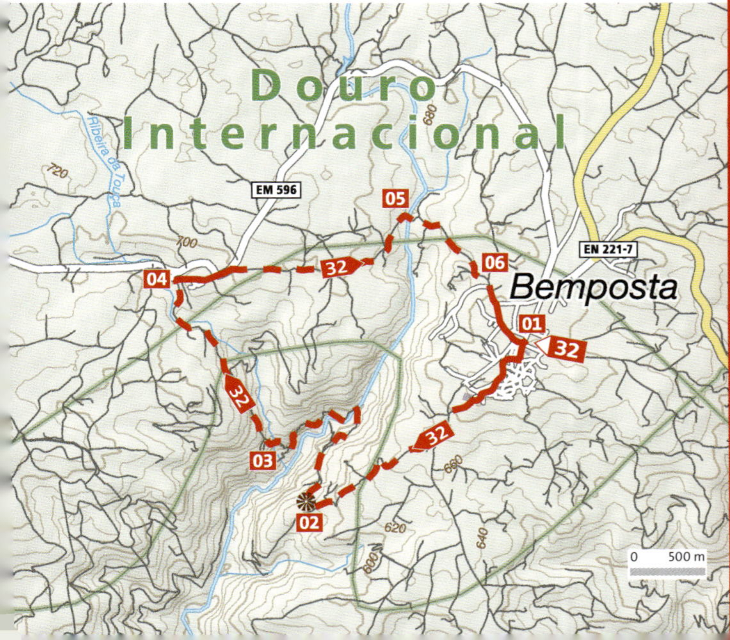

33

BRUÇÓ

Zwischen bizarren Felsen zu einer alten Burg hoch über dem Douro

 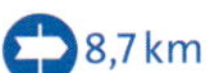 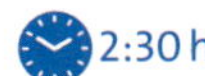 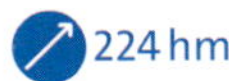 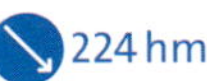

START | Bruçó, 676 m. Hinweis: Ausreichend Wasser, einen Sonnenschutz und ein Fernglas zur Adlerbeobachtung mitnehmen!
[GPS: UTM Zone 29 x: 694.444 m y: 4.568.054 m]
CHARAKTER | Reizvolle Rundwanderung auf Feldwegen und Pfaden. Die Tour ist gelb-rot markiert und trägt die Bezeichnung PR8 – Trilho do Quartel. Wegweiser dienen zusätzlich der Orientierung.
EINKEHR | Keine.

Weit abseits von Touristenströmen entführt uns diese Wanderung zu schönen Aussichtsplätzen hoch über dem Douro. Mit Fördergeldern der EU hat der Naturpark Douro mehrere neue Wanderwege ausgeschildert. Dieser ist einer davon.

Wir beginnen unsere Rundtour in **Bruçó** 01 in der Ortsmitte. Eine Stele macht uns auf den Wanderweg PR8 aufmerksam und wir halten uns nach halbrechts in eine Gasse, die Rua da Igreja. Nach wenigen Metern finden wir auch eine Hinweistafel über den Wanderweg. Die Markierungen führen uns links an der Kirche vorbei und ein Wegweiser schickt uns in Richtung Antigo Quartel. Wir verlassen die Ortschaft nach halblinks auf einem Feldweg. Dann verzweigt der Weg und wir

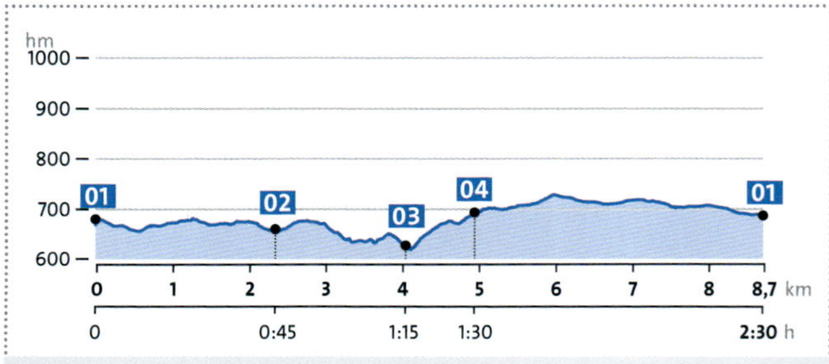

01 Bruçó, 676 m; 02 Castelo dos Mouros, 638 m;
03 Antigo Quartel, 610 m; 04 Haus, 687 m

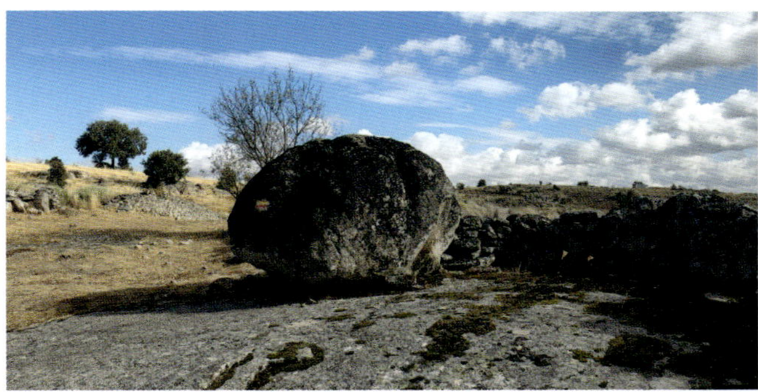

Auf dem Weg zum Castelo dos Mouros

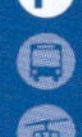

fädeln erneut nach links ein. Ein gutes Stück wandern wir zwischen Steinmauern. Die bizarren Felsformationen bieten ein schönes Fotomotiv. Nachdem wir ein Felsplateau mit einem markanten

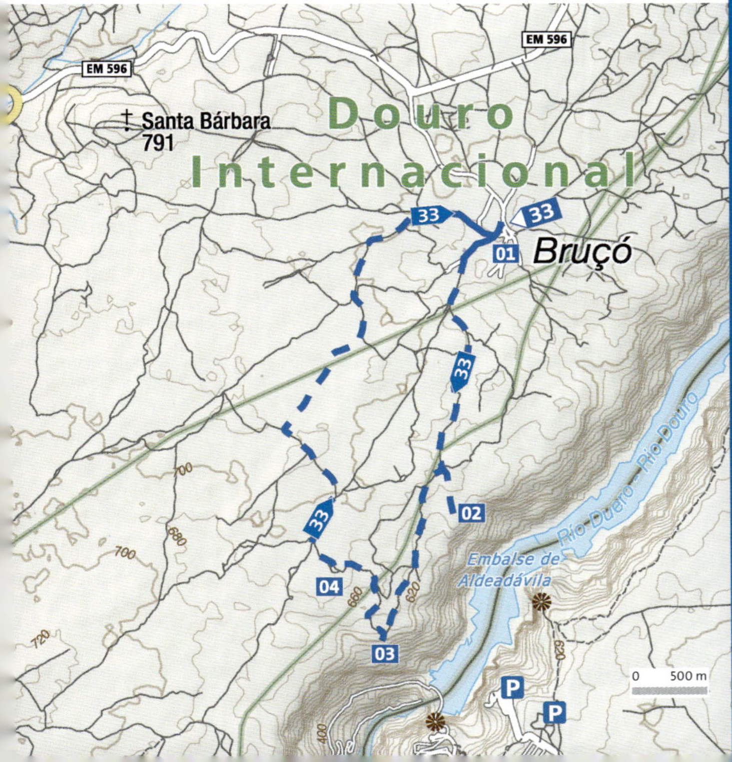

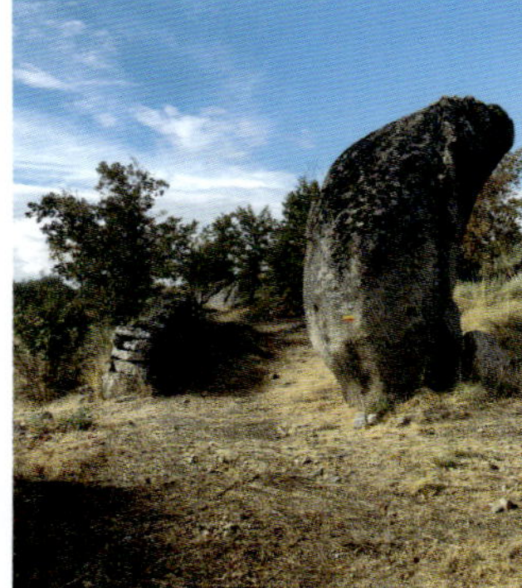

Bizarre Felsformationen entlang der Strecke

Felsbrocken überschritten haben, gelangen wir zu einem Wegweiser. Dort machen wir einen Abstecher zu einer ehemaligen Burg. Wir biegen nach links ab und wenden uns nach wenigen Metern nach rechts auf einen Pfad.

Vorbei an einem zerfallenen Haus schlängelt sich der Pfad zwischen Felsbrocken zu einer Anhöhe, dem **Castelo dos Mouros** 02. Überreste sind nicht zu erkennen, dafür haben wir eine traumhafte Aussicht in das Tal des Douro. Zurück am Wegweiser setzen wir unseren Weg parallel zum Flusslauf fort.

Im Auf und Ab erreichen wir das Haus **Antigo Quartel** 03, ein heute verlassenes Haus. Bis vor einigen Jahren beobachtete dort der Zoll den Douro, um Schmugglern auf die Schliche zu kommen. So haben wir von dort einen tiefen Blick auf den Flusslauf, können aber auch Adler in den gegenüber liegenden Felsen beobachten. Anschließend nehmen wir den Weg hangaufwärts.

Nachdem wir ein **Haus** 04 umrundet haben, stoßen wir auf einen Wegweiser, der uns anzeigt, dass es zurück nach Bruçó noch 4,8 Kilometer sind. Wir spazieren auf der Höhe, dann entlang einer Steinmauer und wenden uns bei der folgenden Gabelung nach halblinks. Am nächsten Wegweiser orientieren wir uns nach rechts. Wir passieren eine Ruine und schwenken nach rechts. Ein felsiger Weg führt uns zwischen Viehweiden auf die Ortschaft zu. An einer asphaltierten Straße zweigen wir nach rechts ab. Vorbei am Kinderspielplatz erreichen wir unseren **Ausgangspunkt** 01.

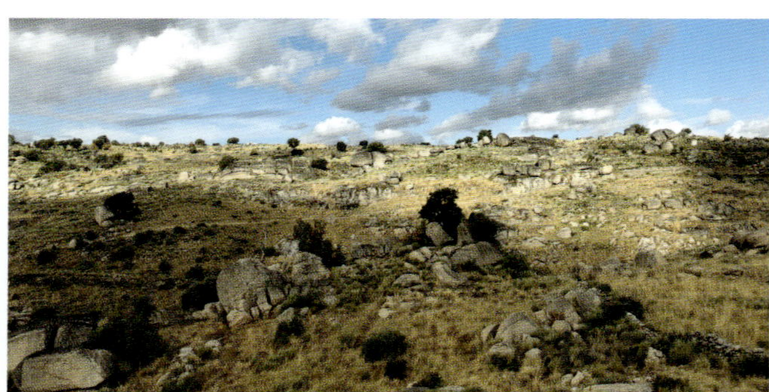

Unberührte Landschaften

LAGOAÇA

Zu den Adlern am Aussichtspunkt Carrascalinho

  15 km  4:00 h 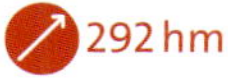 292 hm  292 hm

START | Lagoaça, 719 m. Hinweis: Ausreichend Wasser, einen Sonnenschutz und ein Fernglas mitnehmen!
[GPS: UTM Zone 29 x: 689.936 m y: 4.562.785 m]
CHARAKTER | Landschaftlich reizvolle, mittelschwere Rundwanderung über Feld- und Schotterwege. Die Tour ist gelb-rot markiert und trägt die Bezeichnung PR2 – Rota do Carrascalinho.
EINKEHR | Café und Restaurant in Lagoaça, unterwegs keine. Tipp: Die Tankstelle am Startpunkt ist gleichzeitig ein Restaurant, wo man günstig ein ausgezeichnetes Mittagsmenü bekommt.

Diese Rundwanderung bietet pittoreske Dorfidylle und einsame Hügelketten und veranschaulicht das dörfliche, von Landwirtschaft geprägte Leben in der Region.

▶ Wir starten an der Hinweistafel zum Wanderweg PR2 gegenüber der Tankstelle an der Nationalstraße oberhalb von **Lagoaça** 01 und gehen auf den Ort zu. An einer Verzweigung halten wir uns nach halblinks und an der Kreuzung vor einem gelben Haus wenden wir uns nach rechts. In der Ortsmitte, mit einem Denkmal, biegen wir nach links ab und gelangen zu einem Platz mit einem Brunnen und einer Bar. Wir nehmen die Straße nach rechts, dann nach links durch ein Wohngebiet. An einer Gabelung fädeln

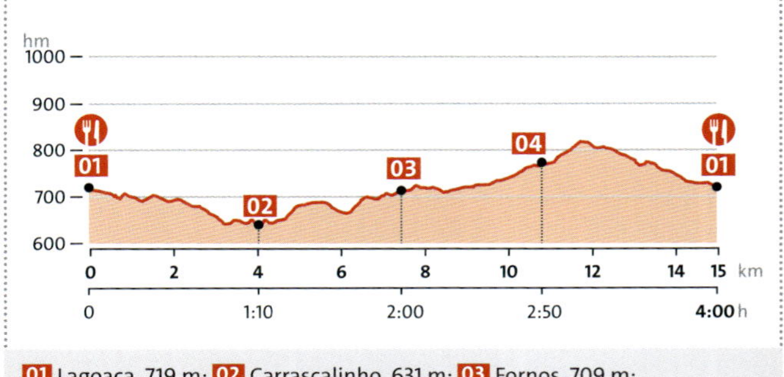

01 Lagoaça, 719 m; 02 Carrascalinho, 631 m; 03 Fornos, 709 m;
04 Hütte, 768 m

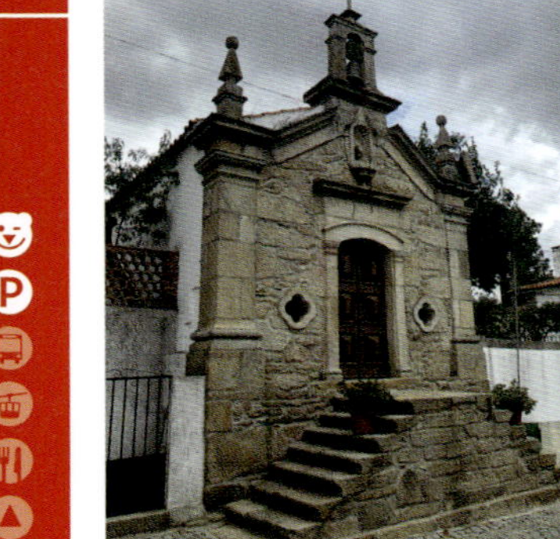
Kapelle in Lagoaça

wir nach halblinks auf einen Feldweg ein. Vorbei an Zufahrtswegen zu Häusern orientieren wir uns immer auf dem Hauptweg. Der Weg gabelt sich und wir wandern erneut nach halblinks. Am nächsten Querweg schlagen wir den Weg nach links ein und an den folgenden zwei Verzweigungen laufen wir nach halbrechts.

Zwischen Olivenplantagen erreichen wir eine Landstraße und wir machen einen Abstecher zum **Miradouro Carrascalinho** 02. Von dort haben wir eine phantastische Aussicht in das Tal des Douro und auf die, von Adlern besiedelten, Felsen. Ein schöner Platz für eine Pause. Danach setzen wir unseren Weg in Richtung Fornos fort. Ein Sträßchen führt uns zwischen Mandelbäumen hangaufwärts. Dann folgen wir einem Feldweg nach links.

Immer geradeaus kommen wir nach **Fornos** 03. Im Ort leiten uns die Markierungen erst nach rechts, dann, an der Karte zum Wanderweg, nach links und an einer Kapelle gehen wir links vorbei. Wir verlassen die Ortschaft auf einem Feldweg zwischen Steinhäusern. An einer Gabelung trennen wir uns von den weißroten Markierungen und wählen den Weg nach halbrechts. Wir überqueren eine Landstraße und ein Wegweiser zeigt uns an, dass es zurück nach Lagoaça noch sechs Kilometer sind. An einem Querweg wenden wir uns nach rechts, dann nach links auf einen breiteren Weg. An den folgenden zwei Gabelungen halten wir uns jeweils nach halbrechts und über eine Kreuzung gehen wir geradeaus. An dieser Stelle ist der Weg nicht sehr gut markiert. Wir passieren eine **Hütte** 04 und zweigen zwischen Ginsterbüschen nach links ab. Der nächste Weg nach rechts bringt uns zu einer Schot-

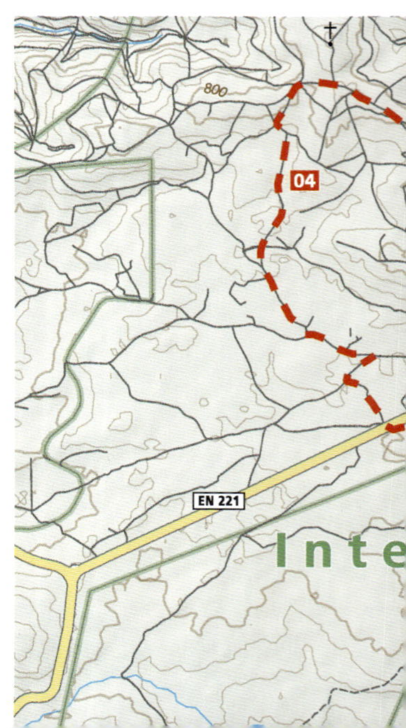

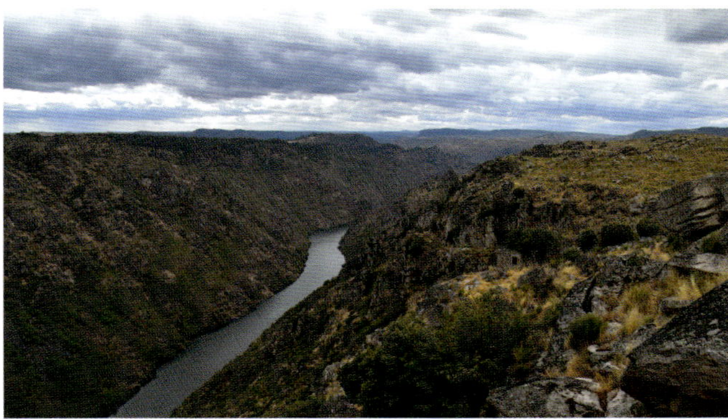

Blick ins Tal des Douro

terpiste, der wir weiter hangaufwärts folgen. Von der Höhe haben wir einen herrlichen Fernblick. Wir bleiben auf dem Höhenweg und laufen unter Stromleitungen hindurch. Schon bald gelangt Lagoaça in unser Blickfeld. Wir wandern hangabwärts, immer geradeaus und gelangen zu unserem **Ausgangspunkt** **01** zurück.

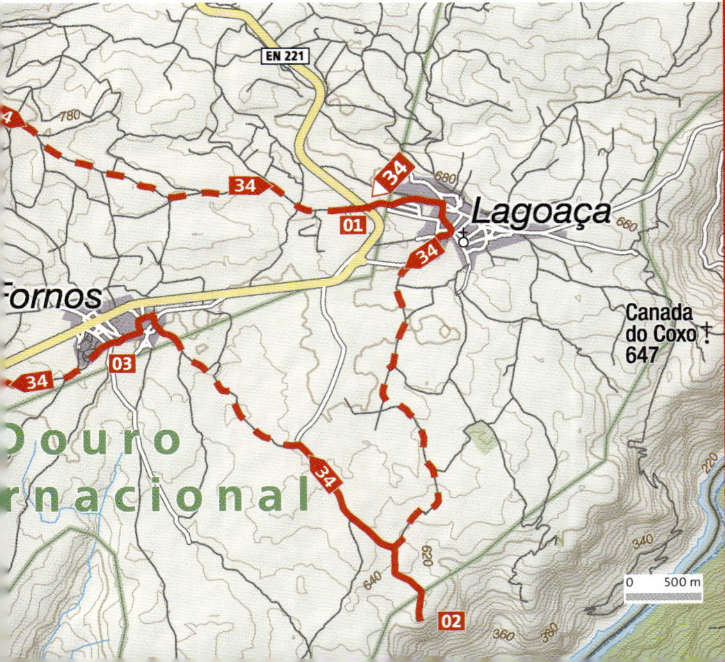

35

CARVIÇAIS

Auf alten Eselswegen durch schöne Kulturlandschaft

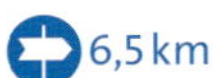

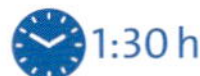

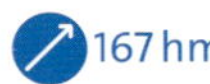

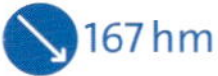

START | Carviçais, 612 m. Hinweis: Ausreichend Wasser und einen Sonnenschutz mitnehmen!
[GPS: UTM Zone 29 x: 676.703 m y: 4.561.218 m]
CHARAKTER | Einfache Rundwanderung auf Esels- und Feldwegen. Die Tour ist gelb-rot markiert und trägt die Bezeichnung PR4 – Rota da Cigadonha. Wegweiser helfen bei der Orientierung.
EINKEHR | Keine.

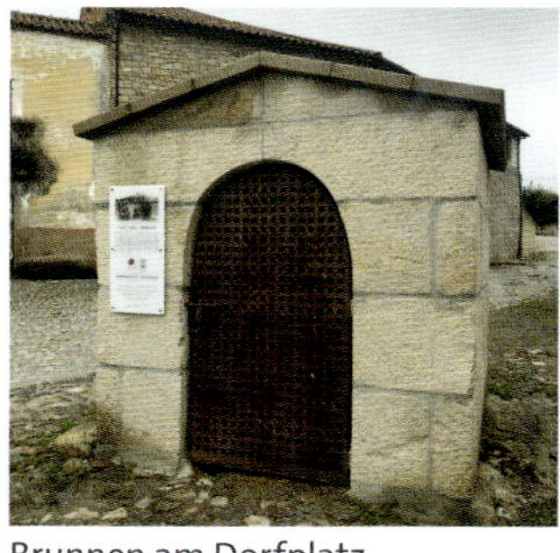

Brunnen am Dorfplatz

Die Rundwanderung vermittelt sehr deutlich wie arbeitsintensiv die Landwirtschaft in dieser Region ist. Weite Wege müssen zurückgelegt werden, um die Felder zu bestellen. Mit Fördergeldern der EU hat der Naturpark Douro mehrere neue Wanderwege ausgeschildert. Dieser ist einer davon.

▶ Neben der Hauptstraße von **Carviçais** 01 finden wir einen Wegweiser, der uns zum Start der Wanderung in Richtung Ortsmitte

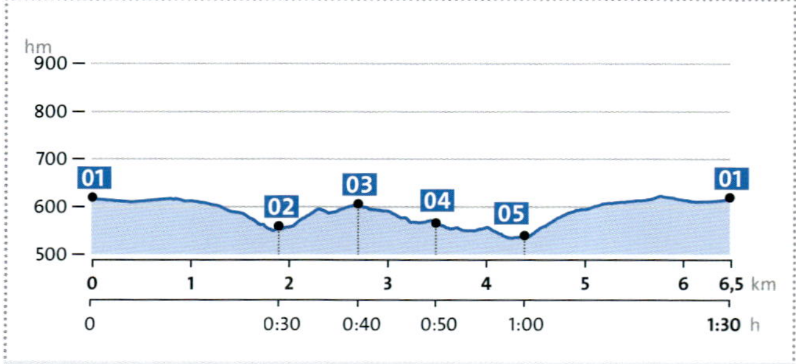

01 Carviçais, 612 m; 02 Tal, 558 m; 03 Feldweg, 597 m; 04 Wegweiser, 558 m; 05 Olivenplantagen, 531 m

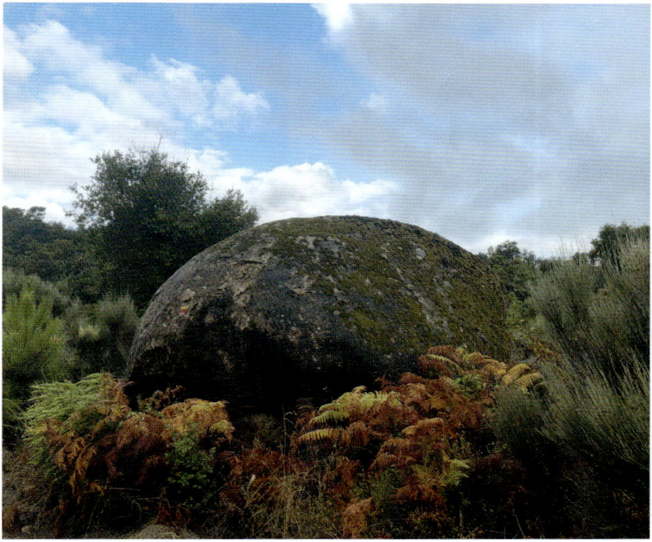

Felsen zwischen Ackerland

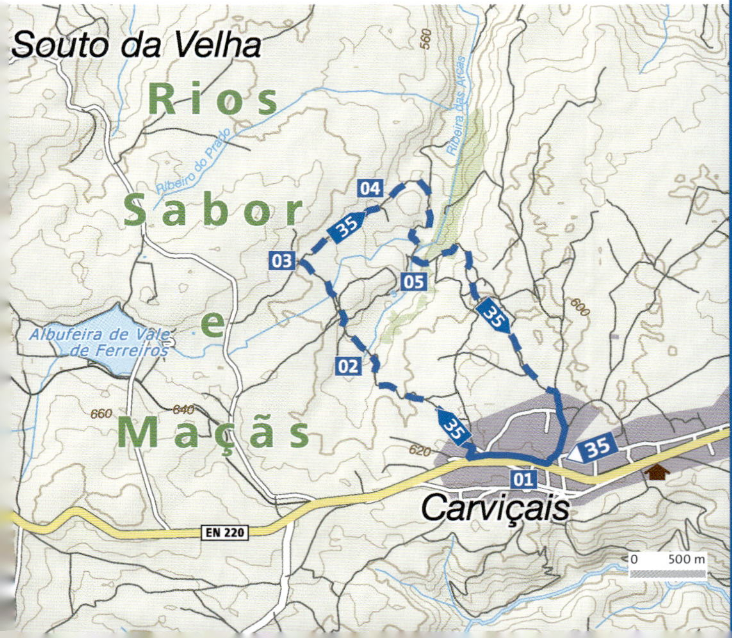

Souto da Velha

Rios Sabor e Maçãs

Ribeiro do Prado

Ribeira das Arcas

Albufeira de Vale de Ferreiros

Carviçais

EN 220

0 500 m

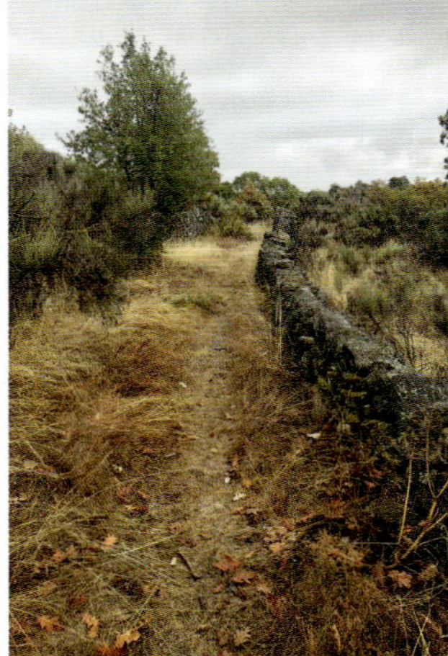

Schmaler Feldweg entlang von Steinmauern

schickt. Dort entdecken wir, auf einem Platz mit einem Brunnen, eine Hinweistafel zur Rundwanderung. Wir gehen auf einer gepflasterten Straße in Richtung der Hauptstraße, dann nach rechts auf einen Fahrradweg. Nach kurzer Strecke trennen wir uns von dem Radweg und wenden uns nach rechts. An einem Hof biegen wir nach links ab und verlassen die Ortschaft. Zwischen Ginsterbüschen und entlang von Steinmauern wandern wir auf einem Feldweg. Die Markierungszeichen führen uns auf einem alten Eselsweg hangabwärts.

Der Weg verengt sich zu einem Pfad und wir gelangen in ein **Tal** 02. Wir halten uns geradeaus zwischen hohem Farn und Steinmauern. Vorbei an einer Olivenplantage erreichen wir einen Schotterweg und zweigen nach rechts ab. Über einen Pfad kürzen wir die Piste ab und orientieren uns dann auf einen schmalen Weg nach rechts.

Kurz bevor wir auf einen **Feldweg** 03 treffen, wählen wir den Weg nach rechts, wieder zwischen Steinmauern. Nachdem wir ein Tal mit Olivenbäumen passiert haben, erreichen wir eine Sandpiste, der wir geradeaus folgen.

Wir kommen an Bienenstöcken vorbei und stoßen, neben schönen Felsformationen, auf einen **Wegweiser** 04. Er zeigt uns an, dass es zurück nach Carviçais noch 3,2 Kilometer sind. Von links stößt ein Weg zu unserem hinzu und wir gelangen in einen Talgrund mit **Olivenplantagen** 05. Dann geht es steil bergan und wir verlassen den breiten Feldweg in der folgenden Kurve. Unter Stromleitungen hindurch bleiben wir immer geradeaus auf einem Karrenweg zwischen Steinmauern.

Wir steuern auf die ersten Häuser von Carviçais zu. An einer breiten Schotterstraße wenden wir uns nach rechts. Nach kurzer Strecke gelangen wir zurück zu unserem **Ausgangspunkt** 01.

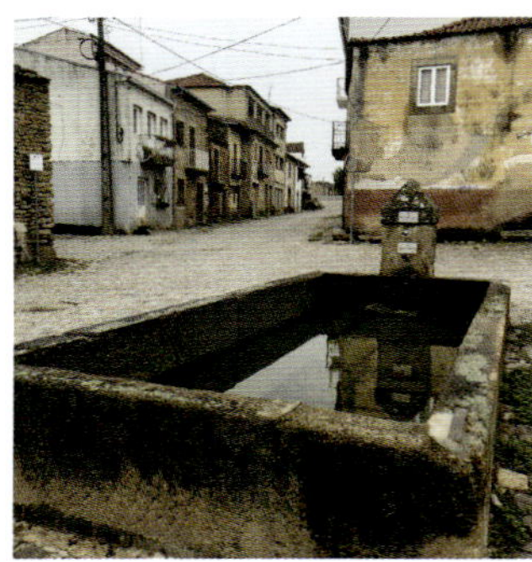

Ortsmitte von Carviçais

MARTIM TIRADO

Im Auf und Ab von Mühle zu Mühle

  10,8 km 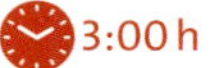 3:00 h 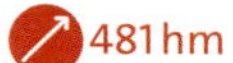 481 hm 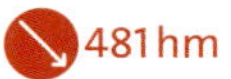 481 hm

START | Martim Tirado, 669 m. Hinweis: Ausreichend Wasser und einen Sonnenschutz mitnehmen!
[GPS: UTM Zone 29 x: 682.328 m y: 4.558.008 m]
CHARAKTER | Abenteuerliche Rundwanderung auf Pfaden und Feldwegen. Ab- und Aufstiege sind recht steil und steinig. Der PR15 – Rota dos Moinhos ist gelb-rot markiert.
EINKEHR | Keine.

Diese Tour bringt uns in ein Tal mit alten Mühlen und plätschernden Wasserfällen. Durch zwei Täler, die noch heute bewirtschaftet werden, gelangen wir zurück in ein Dorf mit einer Hand voll Häuser.

▶ Wir starten in der kleinen Ortschaft **Martim Tirado** 01. Die Hinweistafel zum Wanderweg steht neben einem Mühlstein neben der Hauptstraße. Wir folgen der kleinen Asphaltstraße in die nächste Ortschaft. Dort halten wir uns an einer Marienstatue nach halbrechts.

Nach der Häusergruppe **„Quintas do Pulpado“** 02 wenden wir uns nach rechts auf einen Feldweg. Zwischen jungen Esskastanienbäumen geht es hangabwärts zu einer Gruppe zerfallener Häuser. Dort schlagen wir den Weg nach rechts ein. Ein Pfad führt uns durch einen Kiefernwald. Wir queren einen Schotterweg, bevor

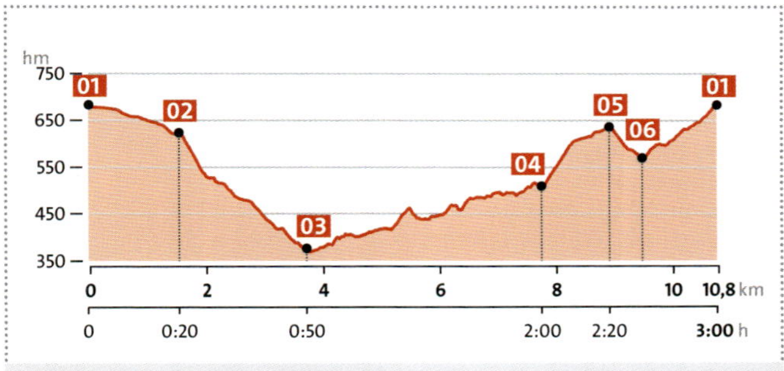

01 Martim Tirado, 669 m; 02 Quintas do Pulpado, 601 m; 03 Steinhaus, 358 m; 04 Ribeira de Freixo, 497 m; 05 Kreuzung, 629 m; 06 Brunnen, 555m

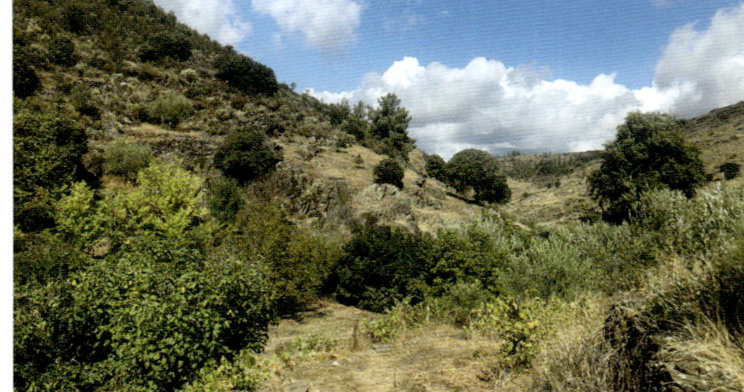
Entlang der Ribeira de Freixo ...

wir am nächsten Querweg nach rechts abbiegen. In Serpentinen geht es steil bergab in ein schönes Tal mit Olivenbäumen. Es beginnt ein sehr schöner Wegeabschnitt auf einem Pfad. Nach einem guten Stück gelangen wir zu einer Kreuzung und gehen geradeaus auf einem Schotterweg weiter. Dann leiten uns die Markierungen scharf nach links und wir kommen in ein bewirtschaftetes Tal. Der Weg verläuft entlang eines Bachlaufes und wir erreichen ein **Steinhaus** 03 mit einem schönen Gemüsegarten.

Wir wandern weiter auf einem Pfad oberhalb des Bachlaufes und passieren eine zerfallene Mühle. Kurz darauf treffen wir auf einen Wasserfall. Nach einer weiteren, alten Mühle überqueren wir den Bach insgesamt dreimal und steigen dann hangaufwärts, neben Terrassen mit Walnussbäumen. Wir nehmen den nächsten Weg nach rechts und schreiten durch eine Olivenplantage weiter bergan. Dann verläuft der Pfad wieder in Bachnähe und wir können einen weiteren Wasserfall bestaunen. Im Auf und Ab führt uns der Pfad durch eine einsame, felsige Landschaft. Wir kommen an weiteren Ruinen von Mühlen vorbei und gelangen schließlich zu einem beackerten Gebiet. Die Markierungszeichen führen uns scharf nach links und über den Bachlauf der noch jungen **„Ribeira de Freixo“** 04.

Kurz darauf zweigen wir nach links ab und nehmen direkt den Pfad nach halbrechts. Der Weg gewinnt an Höhe und bald schon haben wir einen schönen Blick auf einen Stausee. Wir stoßen auf ei-

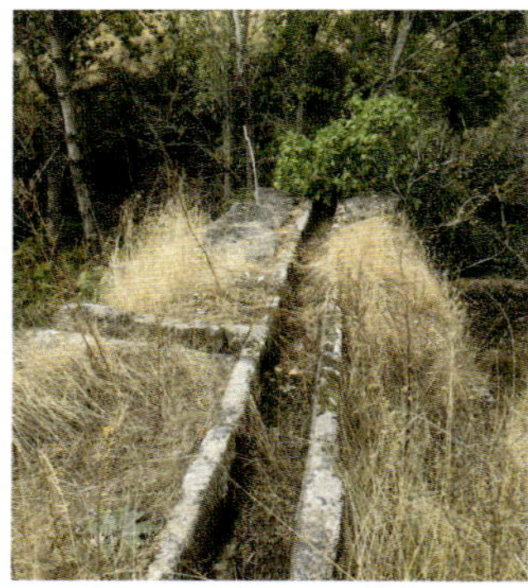
... entlang zerfallener Mühlen.

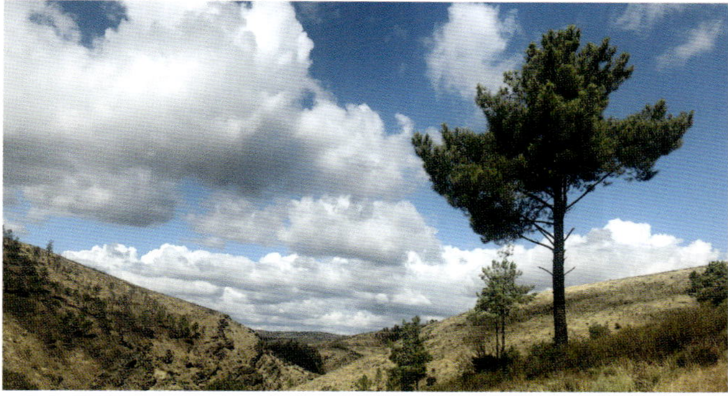

... führt uns der Weg ...

nen Schotterweg und folgen ihm nach links, vorbei an einem Steinhäuschen. Zwischen Mandel- und Olivenbäumen erreichen wir eine **Kreuzung** **05** und gehen geradeaus weiter. Wir sehen bereits die Häuser von Martim Tirado, müssen jedoch vorher noch ein Tal durchqueren.

Dort finden wir einen **Brunnen** **06** und wir können uns etwas erfrischen, bevor wir den letzten Hang erklimmen. An einer Kreuzung gehen wir nach halblinks und verlassen darauf den breiten Weg nach rechts. Ein Pfad bringt uns weiter auf die Höhe und zurück zu unserem **Ausgangspunkt** **01**.

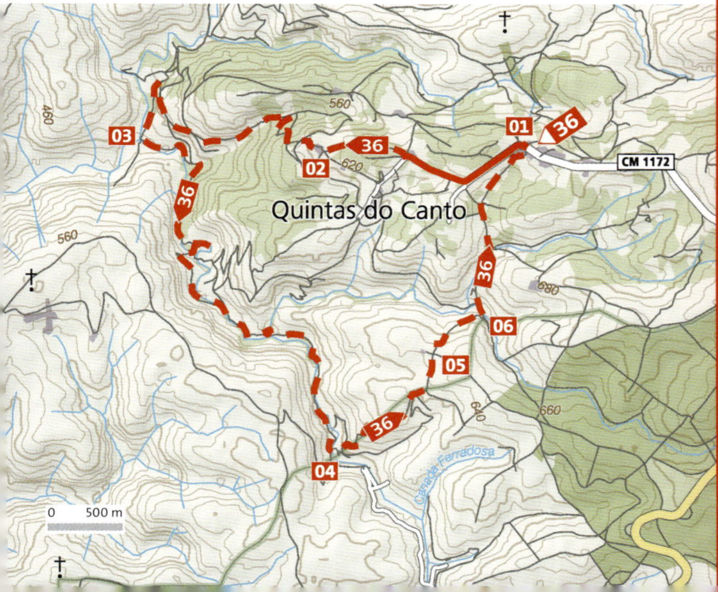

CASTELO RODRIGO

Hoch auf den Marofa – zwischen Geschichte und Moderne

 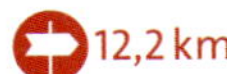 12,2 km 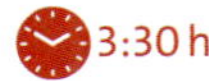 3:30 h 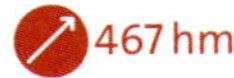 467 hm 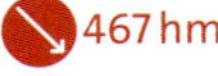 467 hm

START | Castelo Rodrigo, 789 m. Hinweis: Ausreichend Wasser und einen Sonnenschutz mitnehmen!
[GPS: UTM Zone 29 x: 671.718 m y: 4.527.031 m]
CHARAKTER | Eine aussichtsreiche Rundwanderung, überwiegend auf Feldwegen. Der Aufstieg auf den Marofa erfordert etwas Kondition. Die Tour ist gelb-rot markiert und trägt die Bezeichnung PR2 – Castelo Rodrigo. Wegweiser dienen zusätzlich der Orientierung.
EINKEHR | Cafés und Restaurants am Start-/Endpunkt in Castelo Rodrigo.

Es gab eine Zeit, in der Castelo Rodrigo auch den Pilgern auf ihrem Weg nach Santiago de Compostela Herberge bot. So überliefert die Legende, dass selbst der heilige Franz von Assisi auf seinem Weg an das Heilige Grab dort übernachtet habe. Der Stille wieder überlassen, verdient Castelo Rodrigo heute einen Besuch wegen seiner vergangenen Größe, seiner Schönheit und Reinheit, der Häuserzeilen innerhalb der Verteidigungsmauern und seines mittelalterlichen Prangers.

▶ Vor den Toren von **Castelo Rodrigo** 01 finden wir eine Informationstafel zum Wanderweg PR2. Wir nehmen die Straße hangabwärts, dann entlang der Stadtmauer und wir bleiben auf der Straße, bis uns die Markierungen nach links führen. Nachdem wir eine Landstraße überquert haben, treffen wir auf einen mittelalter-

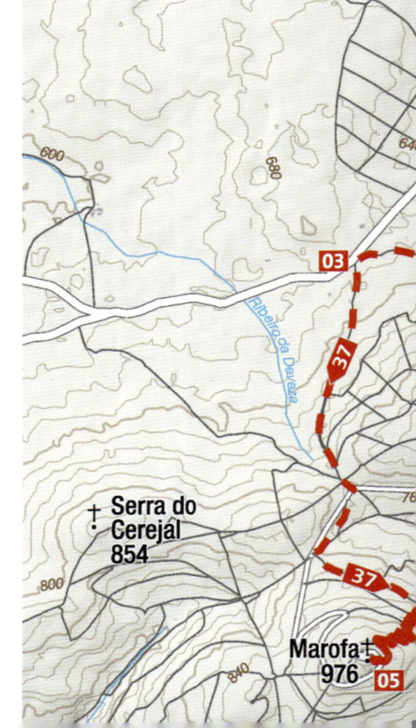

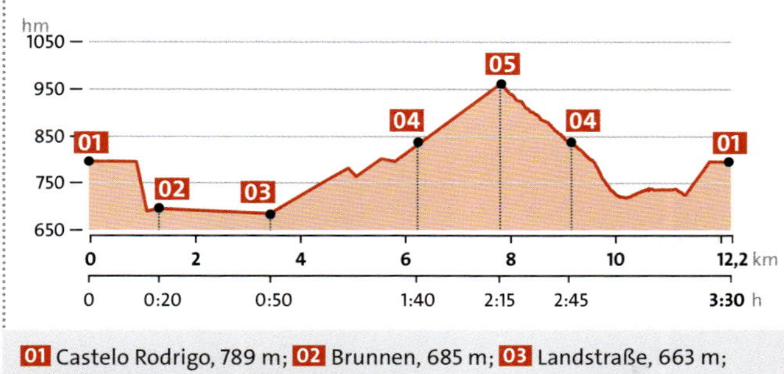

01 Castelo Rodrigo, 789 m; 02 Brunnen, 685 m; 03 Landstraße, 663 m; 04 Wegweiser, 833 m; 05 Marofa, 983 m

lichen **Brunnen** 02 mit schönen Rastplätzen. An einer Gabelung wenden wir uns nach halblinks und am folgenden Querweg schlagen wir den Weg nach rechts ein. Wir passieren ein zerfallenes Steinhaus und fädeln an der nächsten Verzweigung, an einem Wegweiser, nach links ein. Einen Abzweig nach links ignorieren wir. Zwischen Feldern gelangen wir zu einer **Landstraße** 03. Wir nehmen den Feldweg scharf nach links und wandern kontinuierlich bergan.

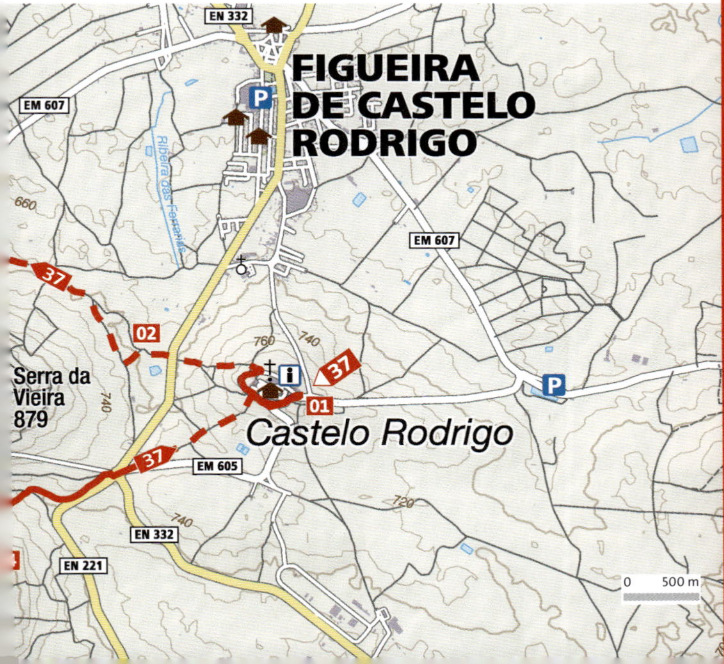

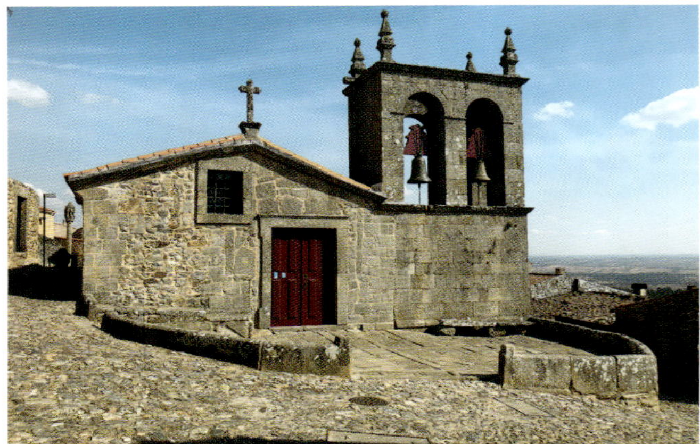

Kirche in Castelo Rodrigo

Auf der Höhe gehen wir geradeaus zu einer Straße. Dort zweigen wir nach rechts ab, um nach wenigen Metern nach halblinks auf einen Feldweg abzubiegen. Wir gehen unterhalb der Landstraße zwischen jungen Pinien. Kurz bevor wir wieder auf die Landstraße treffen, wenden wir uns nach links auf einen schmalen Weg.

Wir stoßen auf einen **Wegweiser** 04 und machen einen Abstecher zum Gipfel des **Marofa** 05. In Serpentinen laufen wir auf einem Kreuzweg bergan. Die Aussicht von dort oben ist phantastisch. Eine Statue von Christus und eine Kapelle schmücken den Berg, wohingegen zahlreiche Antennen das Gesamtbild verschandeln. Wir steigen hinab zum Wegweiser, dann weiter in Kehren bergab.

Es folgt ein waldiger Wegeabschnitt und an einer Kreuzung gehen wir geradeaus weiter. Dann erreichen wir an einem Kreisel einen Wegweiser. Wir überqueren den Kreisel in Richtung Castelo Rodrigo und schwenken nach wenigen Metern nach halblinks auf einen Feldweg ein. Vor einem Viehstall orientieren wir uns nach halbrechts und gehen hangaufwärts. Wir gelangen zur Stadtmauer von Castelo Rodrigo und steuern nach rechts auf unseren **Ausgangspunkt** 01 zu.

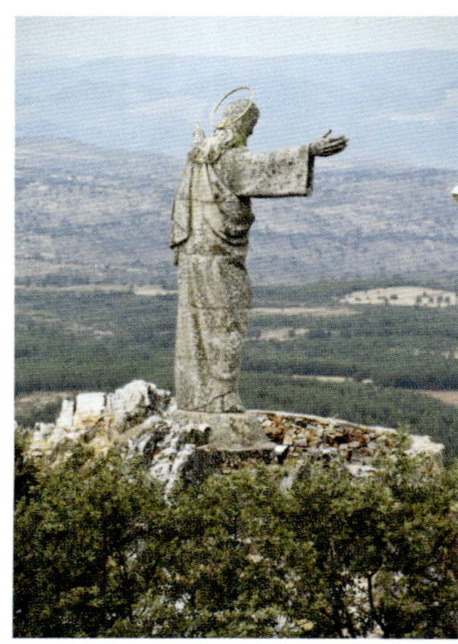

Statue auf dem Marofa

ALMEIDA

Historisch interessante Rundwanderung zwischen imposanten Festungsmauern

 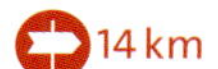 14 km 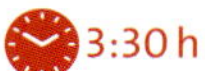 3:30 h 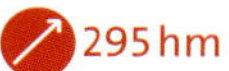 295 hm 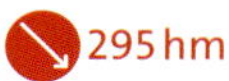 295 hm

START | Almeida, 751 m. Hinweis: Ausreichend Wasser und einen Sonnenschutz mitnehmen!
[GPS: UTM Zone 29 x: 676.759 m y: 4.510.479 m]
CHARAKTER | An sich einfache Rundwanderung auf Feldwegen und Pfaden, die jedoch etwas Orientierungssinn erfordert. Die Strecke ist gelb-rot markiert und trägt die Bezeichnung PR1 – Caminho Histórico de Almeida.
EINKEHR | Zahlreiche Cafés und Restaurants in Almeida.

Almeida ist eine der besterhaltenen Befestigungsanlagen in Portugal. Charakteristisch sind die steinernen, von einem breiten Graben umgebenen Mauern, der Angreifern das Durchkommen erschwerte, die strategisch geschickt platzierten Basteien, von denen man die gesamte Umgebung überblicken konnte, die in ein Tunnelgewölbe mündenden Tore, die falschen Tore, die die Eindringlinge täuschen sollten, und die unterirdischen Kasematten, die mit allem ausgestattet waren, was im Kriegsfall zum Überleben benötigt wurde und in denen die gesamte Bevölkerung Schutz finden konnte.

▶ Wir starten unsere Tour am Reitstall in **Almeida** 01. Eine Hin-

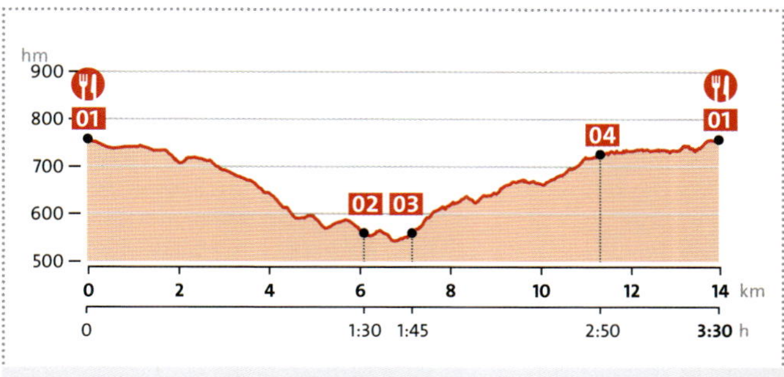

01 Almeida, 751 m; 02 Termas da Fonte, 538 m; 03 Wegweiser, 550 m; 04 Landstraße, 713 m

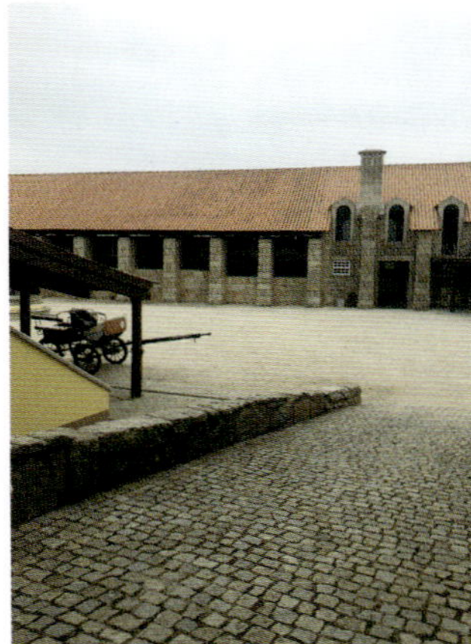

Reitstall in Almeida

weistafel informiert zum Wanderweg. Wir nehmen den Weg nach rechts in Richtung Terma da Fonte auf. Kurz darauf wenden wir uns erneut nach rechts und gehen durch zwei Torbögen der Festungsmauern. Ein Wegweiser schickt uns nach rechts, neben einer Landstraße entlang, bis zur nächsten Ortschaft. Dort biegen wir in die Straße nach links. Dann geht es auf einen Schotterweg wiederum nach links. Wir passieren einen Bauernhof und halten uns an der folgenden Gabelung nach rechts. An einem Privatgelände gehen wir rechts auf einem Pfad vorbei. Der Weg wird breiter und wir stoßen auf einen Sandweg. Dort orientieren wir uns nach links.

Wir wandern durch eine Landschaft mit großen Felsbrocken, zwischen denen wir herrliche, weite Aussichten genießen können. Wir ignorieren einen Weg, der nach links abzweigt. Zwischen hohen Gräsern durchschreiten wir ein Bachbett und gelangen zu einem schönen Felsplateau mit einer Informationstafel zur Geologie der Region. Wir treffen auf eine kleine Landstraße und wenden uns nach links. Vorbei am Abzweig zur **Termas da Fonte** **02** gehen wir weiter in Richtung Quinta do Peixão. Dann zweigen wir nach rechts in einen Feldweg ab. An der folgenden Gabelung gehen wir erneut nach rechts und wir erreichen ein bewaldetes Tal.

An einem **Wegweiser** **03** folgen wir der Beschilderung nach Almeida (noch 6,8 km). Wir lassen uns nicht von dem „x“ irritieren, was den Fahrradweg betrifft. Es folgt ein sehr schöner Wegeabschnitt zwischen Felsen und hohen Gräsern. Nach einer felsigen Passage wenden wir uns auf einen Pfad nach links und an einer Gabelung biegen wir erneut nach links ab. Dann verzweigen viele Pfade und wir orientieren uns zunächst entlang einer Steinmauer, dann nach rechts auf einen breiteren Weg. Die Markierungen sind dort etwas versteckt. Nachdem wir ein altes Steinhaus passiert haben, ist der Wegeverlauf wieder klar erkennbar. Wir queren ein Felsplateau und wandern neben Weideflächen.

Entlang einer Steinmauer eines verlassenen Hofes erreichen wir schließlich eine **Landstraße** **04**. Wir halten uns immer geradeaus und gelangen zu der Straße, die wir vom Hinweg kennen. Diesmal gehen wir weiter geradeaus auf einen Feldweg in Richtung Porta do Revelim. Wir folgen den guten Markierungen in das Fort hinein, dann nach rechts in Richtung Picadeiro del’ Rey, zurück zu unserem **Ausgangspunkt** **01**.

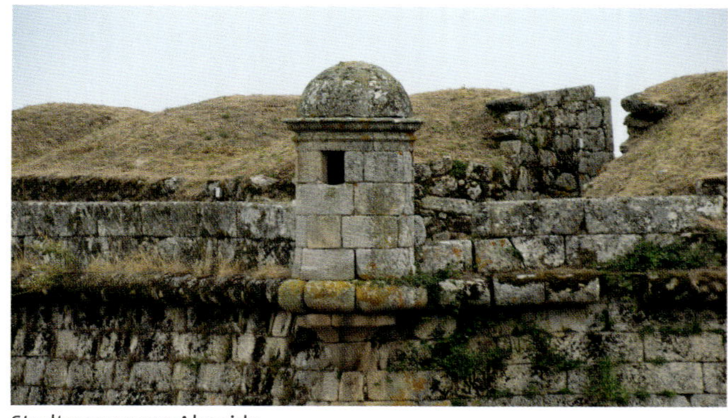

Stadtmauer von Almeida

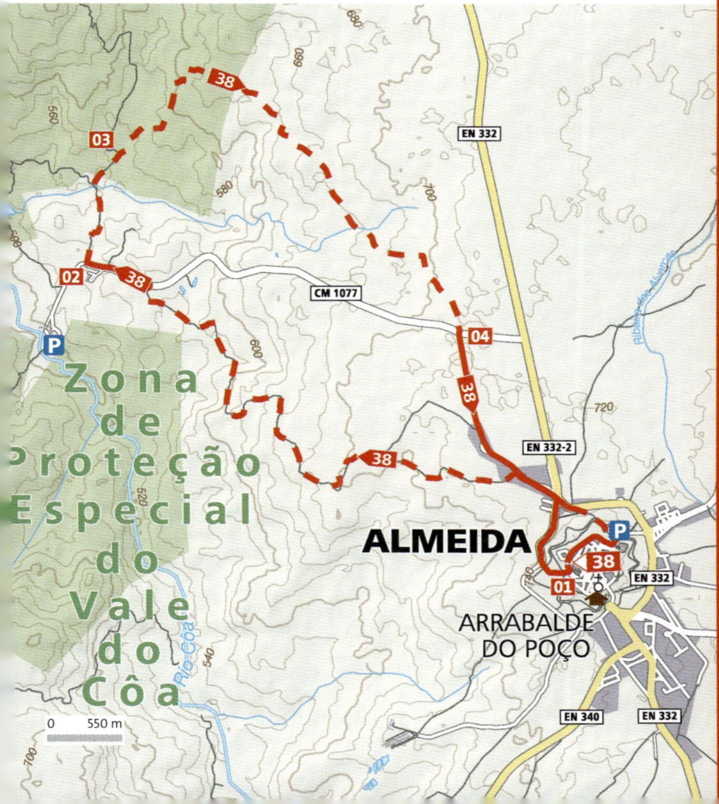

39

PÊRA DO MOÇO

Abwechslungsreiche Rundwanderung zu typischen Dörfern

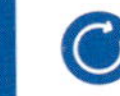 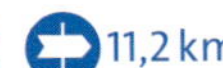 11,2 km  3:00 h 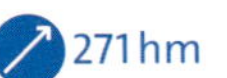 271 hm 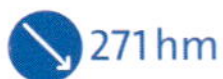 271 hm

START | Pêra do Moço, 830 m. Hinweis: Ausreichend Wasser und einen Sonnenschutz mitnehmen!
[GPS: UTM Zone 29 x: 651.382 m y: 4.497.220 m]
CHARAKTER | Einfache Rundwanderung auf Feldwegen mit nur mäßigen Steigungen. Die Tour ist gelb-rot markiert und trägt die Bezeichnung Percurso de Pêra do Moço.
EINKEHR | Keine.

Diese Wanderung führt uns durch typische Dörfer der Region und durch eine beeindruckende Kulturlandschaft zu dem schönen Dolmen Anta da Pêra Do Moço.

▶ Wir starten am Dorfgemeinschaftshaus in **Pêra do Moço** 01. Hinter dem Gebäude führt uns ein Sträßchen aus dem Ort hinaus. Der Weg geht in einen Feldweg über und wir halten uns immer geradeaus in einem waldigen Gebiet. Am Ende der Steinmauer neben uns wenden wir uns nach rechts auf einen schmalen Weg auf eine riesige Eiche zu. Der Weg bringt uns hangaufwärts zu einer asphaltierten Straße. Dort biegen wir nach links ab.

An einem Steinkreuz erreichen wir die Ortschaft **Verdugal** 02. Wir gehen geradeaus in den Ort hinein, dann nach links, weiter hangabwärts. Einen Platz verlassen wir

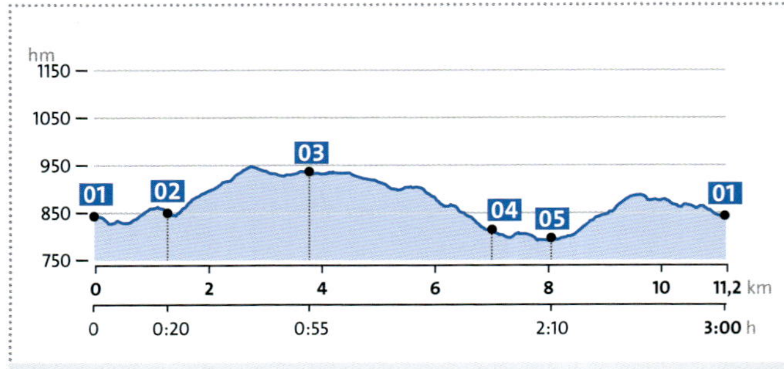

01 Pêra do Moço, 830 m; 02 Verdugal, 839 m; 03 Landstraße, 924 m; 04 Guihafonso, 807 m; 05 Dolmen, 779 m

nach rechts. Dann geht es steil bergan durch enge Gassen. Wir folgen den Markierungen aus dem Ort hinaus und passieren ein weißes Kreuz. An einem Wasserhäuschen fädeln wir in einen Feldweg nach halblinks ein. Auf der Höhe biegen wir nach rechts ab und bewegen uns auf einem schönen Höhenweg mit herrlichen Aussichten.

Wir kommen an einem Haus vorbei und überqueren eine **Landstraße** 03. Noch ein Stück bleibt der Weg auf der Höhe, bevor wir hangabwärts durch einen Wald wandern. Nach einem großen Feld wenden wir uns nach rechts und an der nächsten Gabelung nach links.

Zwischen Weideflächen geht es immer weiter bergab und wir erreichen die kleine Ortschaft **Guihafonso** 04. An einer riesigen Esskastanie halten wir uns nach links. Die Markierungen füh-

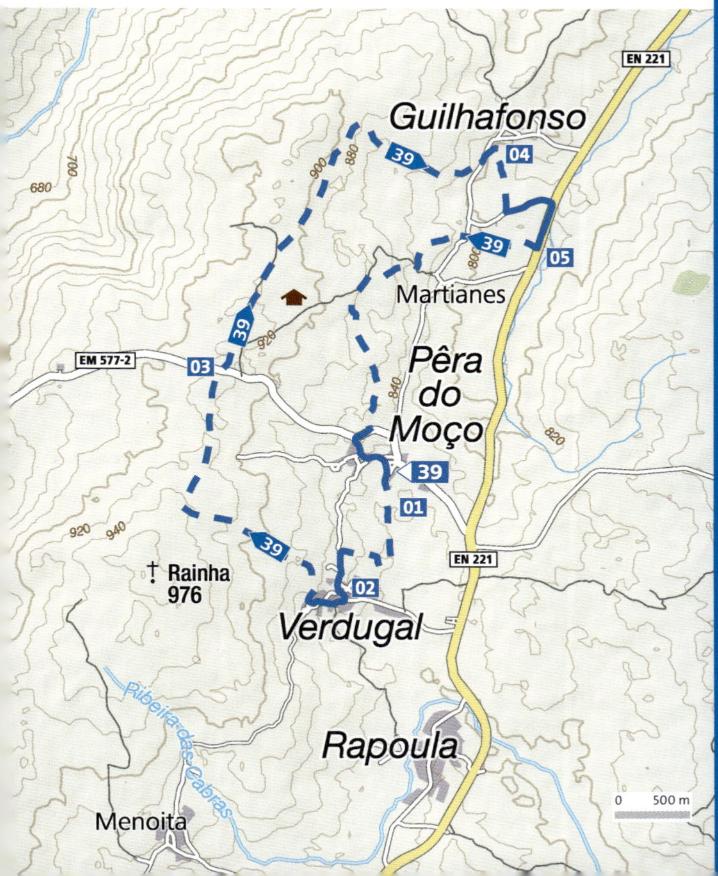

39

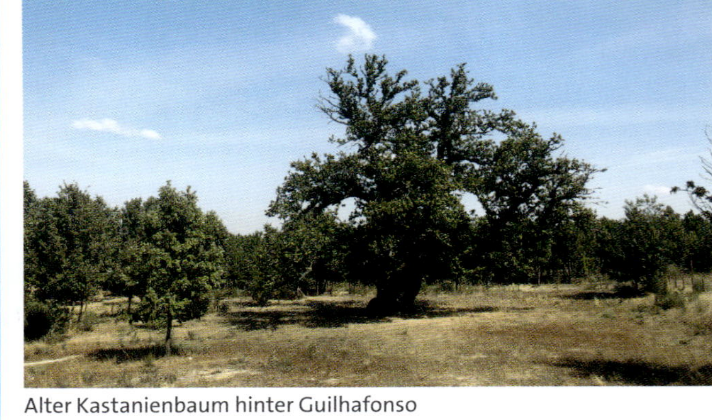

Alter Kastanienbaum hinter Guilhafonso

ren uns an einer kleinen Kapelle vorbei, dann unterhalb der Ortschaft zum Backes (Forno). Hinter dem Gebäude nehmen wir einen schmalen Weg zwischen Kleingärten. An einer Kreuzung gehen wir geradeaus auf einem Feldweg weiter. Ein schönes Fotomotiv bietet ein riesiger Kastanienbaum zu unserer linken Seite. Am alten Fußballplatz gelangen wir zu einer Landstraße, der wir nach links folgen.

Wir biegen an der Nationalstraße nach rechts ab und stoßen auf einen interessanten **Dolmen** 05 auf der linken Straßenseite. Danach biegen wir nach rechts auf einen Feldweg ein. Es geht hangaufwärts und an einer Kreuzung geradeaus weiter, dann nach links. Zwischen kleinwüchsigen Eichen und entlang von Weinbergen gelangen wir zu einer Verzweigung und halten uns nach rechts. Wir treffen auf einen breiteren Weg und wenden uns nach links. Bei einer Gabelung fädeln wir nach halblinks ein und folgen dem Hauptweg immer weiter hangabwärts, dann auf einen Sendemast zu. Wir erreichen eine Landstraße und gehen am Friedhof nach rechts zu der Kirche von Pêra do Moço. Nach der Kirche schwenken wir nach links in die Ortschaft hinein. Wir folgen der Straße hangabwärts, nach links und vorbei am Waschplatz. Am Dorfplatz biegen wir nach rechts und gelangen zurück zu unserem **Ausgangspunkt** 01.

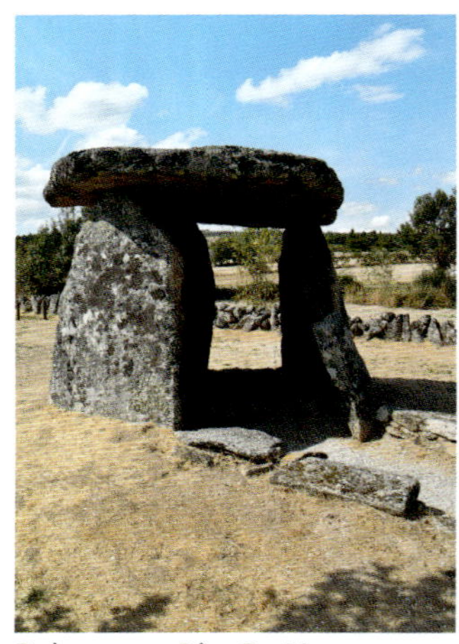

Dolmen von Pêra Do Moço

FREIXO DE NUMÃO

Streckenwanderung zu einem idyllischen Aussichtspunkt

 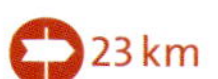

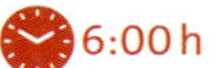

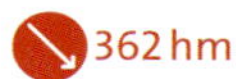

START | Freixo de Numão, 550 m. Hinweis: Ausreichend Wasser, einen Sonnenschutz und evtl. ein Fernglas mitnehmen! [GPS: UTM Zone 29 x: 649.680 m y: 4.547.855 m]
CHARAKTER | Historisch interessante Streckenwanderung zumeist auf kleinen Straßen. Die Tour ist gelb-rot markiert und trägt die Bezeichnung PR2 – De Fraxinum à Linha do Douro. Wegweiser helfen bei der Orientierung. Aufgrund der Länge der Strecke beschreibt diese Wanderung den Abschnitt bis zum Aussichtspunkt São Martinho. Man kann sich für den Rückweg ein Taxi bestellen unter: 279 762 651.
EINKEHR | Cafés und Restaurants Freixo de Numão.

Diese Wanderung ist ein Bildungsausflug und wir können römische Überreste in Prazo und Rumansil unter die Lupe nehmen. Gekrönt wird die Tour mit einem phantastischen Ausblick in das Tal des Douro.

▶ In der Ortsmitte von **Freixo de Numão** 01 steht ein Pavillon. Von dort laufen wir in Richtung Ortsmitte, vorbei am Café Central, zu einem Platz mit einem Schandpfahl. Die Markierungen führen uns nach rechts, dann nach links. Am Ende der Straße wenden wir uns nach rechts und an einem Kruzifix gehen wir nach halblinks weiter. An der nächsten Verzwei-

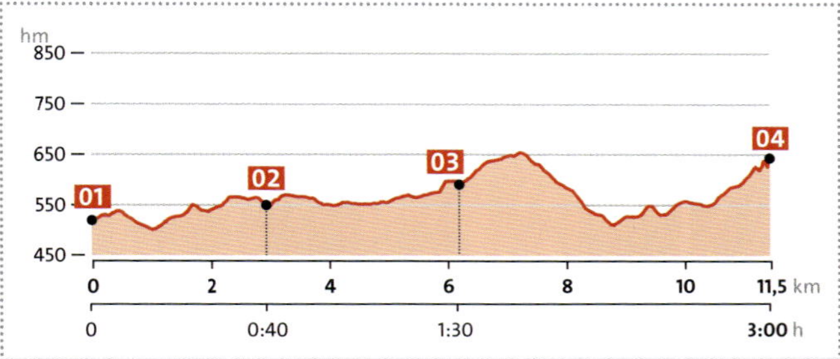

01 Freixo de Numão, 550 m; 02 Prazo, 560 m; 03 Rumansil, 570 m; 04 São Martinho, 607 m

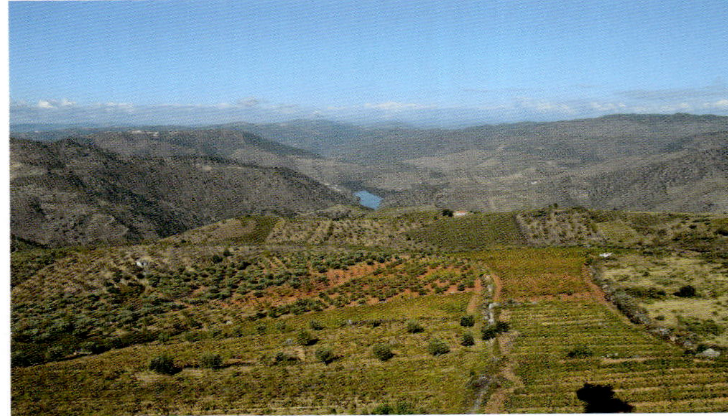
Ausblick bis weit über das Tal des Douro hinaus

gung wenden wir uns nach rechts und ein gepflasterter Weg bringt uns hangaufwärts. Der Weg gabelt sich an einem Brunnen und wir bleiben auf dem gepflasterten Weg und wenden uns nach halbrechts. Zwischen Olivenplantagen geht es hangaufwärts. Wir wandern entlang einer Steinmauer und an einer weiteren Gabelung biegen wir nach halblinks ab, weiter bergauf.

Die Straße bringt uns nach **Prazo** 02. Neben einer mittelalterlichen Kirche können wir die römischen Ausgrabungen bewundern. Danach setzen wir unseren Weg in Richtung Rumansil fort. An einem großen Weingut halten wir uns

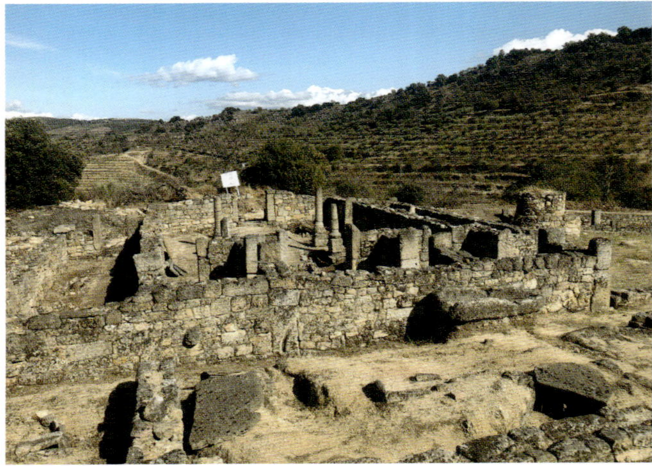
Die Ausgrabungen von Prazo

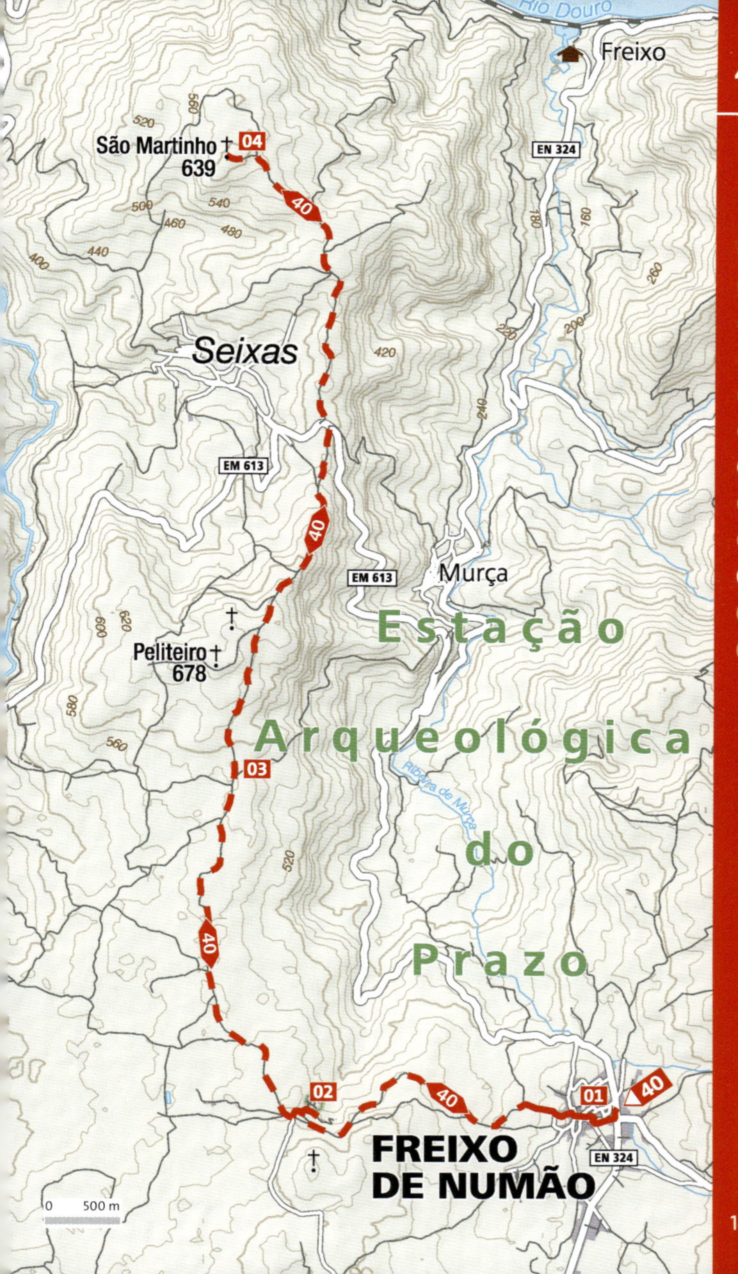
Rio Douro
Freixo
EN 324
São Martinho
639
04
40
Seixas
EM 613
EM 613
Murça
Estação Arqueológica do Prazo
Peliteiro
678
Ribeira de Murça
03
02
01
FREIXO DE NUMÃO
EN 324
0 500 m

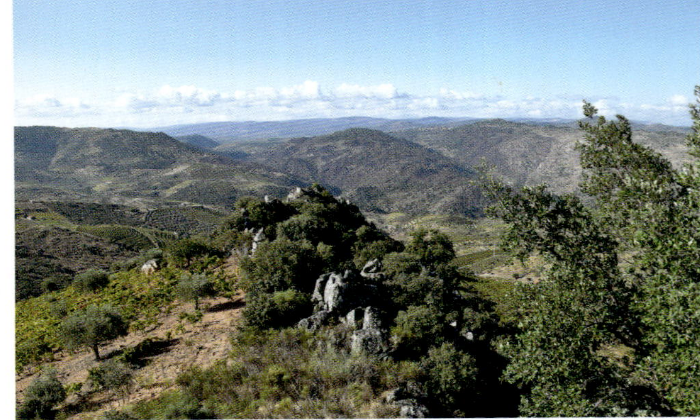

Auf dem Weg zum Aussichtspunkt und der Kapelle São Martinho

nach halbrechts und bleiben auf dem gepflasterten Weg. Zwischen Weinbergen und schroffen Felsen mit Ginsterbüschen erreichen wir nach einem guten Stück den Abzweig nach **Rumansil** 03.

Wir machen einen Abstecher zu den römischen Überresten und setzen dann unseren Weg in Richtung Miradouro fort. Es geht eine gute Strecke im Auf und Ab, bis wir wieder auf einen Wegweiser stoßen. Am Abzweig nach Seixas halten wir uns nach halbrechts. Wir überqueren eine Landstraße nach halblinks und wandern zu dem schönen Aussichtspunkt **São Martinho** 04 mit seiner kleinen Kapelle auf der Höhe. Rastplätze laden zum Verweilen ein. Für den Rückweg nehmen wir die gleiche Strecke.

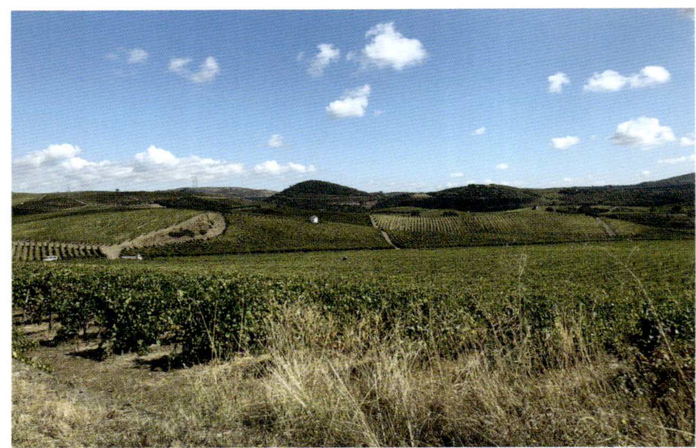

Weinreben prägen das Landschaftsbild

ERVEDOSA

Rundwanderung über die Weinbergshöhen

  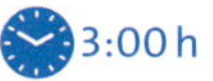 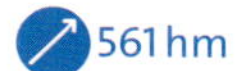 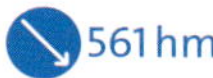

START | Ervedosa, 566 m. Hinweis: Ausreichend Wasser und einen Sonnenschutz mitnehmen!
[GPS: UTM Zone 29 x: 627.992 m y: 4.558.166 m]
CHARAKTER | Aussichtsreiche Rundwanderung auf Feldwegen und kleinen Straßen. Die Tour ist teilweise gelb-rot markiert und trägt die Bezeichnung PR2 – Rota das Vinhas.
EINKEHR | Café und Restaurant in Ervedosa, nach etwa 5 Kilometern Wegestrecke.

Die Weinhänge des Douro und seiner Nebenflüsse, 80 Kilometer östlich von Porto, erzählen eine Überlebensgeschichte. Archäologen datierten ihre Funde von Traubenkernen im Nordosten Portugals auf die Bronzezeit, in der die Menschen hier nachweislich den ersten Weinanbau betrieben.

▶ Wir starten an dem kleinen Parkplatz in der Ortsmitte von **Ervedosa** 01, dort, wo gerne auch Boule gespielt wird. Ab der Wandertafel zum PR2 halten wir uns immer auf dem breiten Weg. An einem Brunnen wenden wir uns nach links. Danach wählen wir immer den Weg, der uns hangaufwärts bringt und uns aus dem Ort heraus leitet. Wir gehen rechts am Friedhof vorbei und der Weg führt uns immer weiter auf die Höhe. Von dort bietet sich uns eine herrliche Aussicht auf den Douro. Wir folgen dem gepflasterten Weg,

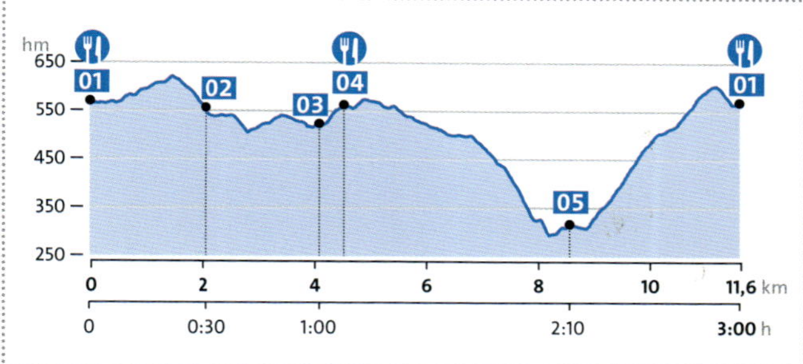

01 Ervedosa, 566 m; 02 Hof, 560 m; 03 Landstraße, 513 m;
04 Restaurant, 558 m; 05 Quinta Monte Bravo, 305 m

bis uns die Markierungen nach halblinks auf einen Wiesenweg schicken.

Zwischen Steinmauern gelangen wir zu einem **Hof** 02, wo wir uns nach links wenden. Dann folgen wir weiter einem Feldweg zwischen Weinbergen und erreichen eine kleine Asphaltstraße in einer Kurve. Wir gehen hingegen den Markierungen hangabwärts nach links. An der folgenden Straße orientieren wir uns hangaufwärts, ebenfalls nach links. Wir halten uns geradeaus auf der kleinen Straße, und genießen herrliche Aussichten auf die Weinberge. An der folgenden Kreuzung bleiben wir auf der Asphaltstraße geradeaus.

Wir treffen auf eine **Landstraße** 03, wo wir uns nach links halten. Nach kurzer Strecke biegen wir nach halblinks auf einen gepflasterten Weg ab. An der nächsten Straße wenden wir uns nach links und am **Restaurant** 04 nach rechts. Wir gehen links an einer kleinen Kapelle vorbei und fädeln an einer Kreuzung nach halbrechts ein. Vereinzelt stehen ein paar Häuser zwischen den Weinreben. Es geht weiter auf einem Schotterweg hangabwärts, mit phantastischen Aussichten ins Tal und auf die Weinlagen. Wir nehmen den zweiten Weg nach links vor einem kleinen Häuschen. Vorbei an einem Hof und an einer markanten Zypresse wandern wir nach halbrechts. Wir halten uns immer auf dem Hauptweg hangabwärts, bis wir zu einer Asphaltstraße gelangen. Ein Wegweiser informiert, dass es bis Ervedosa noch 3,4 Kilometer sind.

Wir passieren die **Quinta Monte Bravo** 05 und bleiben immer auf der kleinen Asphaltstraße steil bergan. Wir erreichen die ersten Häuser von Ervedosa und gehen geradeaus in den Ort hinein. An einer Gabelung halten wir uns nach links und steigen steil bergab zur Hauptstraße. Dort biegen wir nach rechts und gelangen zurück zu unserem **Ausgangspunkt** 01.

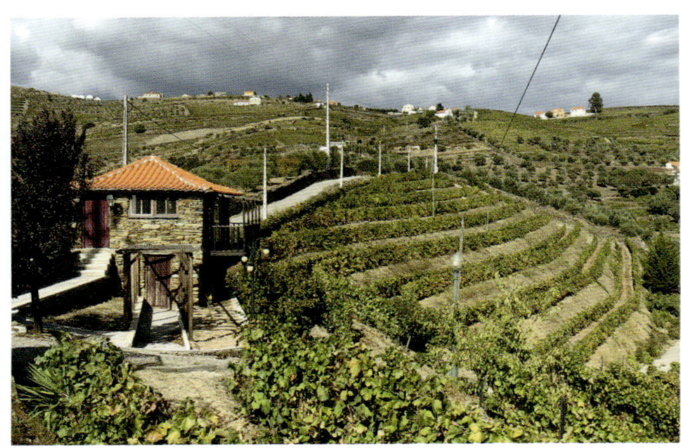

Meist wird noch von Hand geerntet

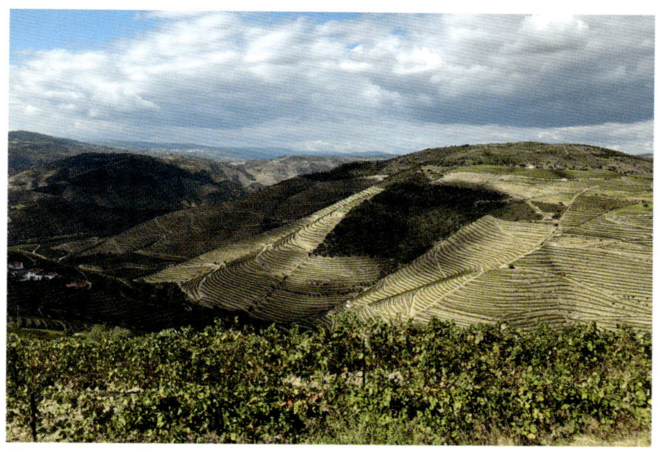

Weinanbau entlang der Hänge am Douro

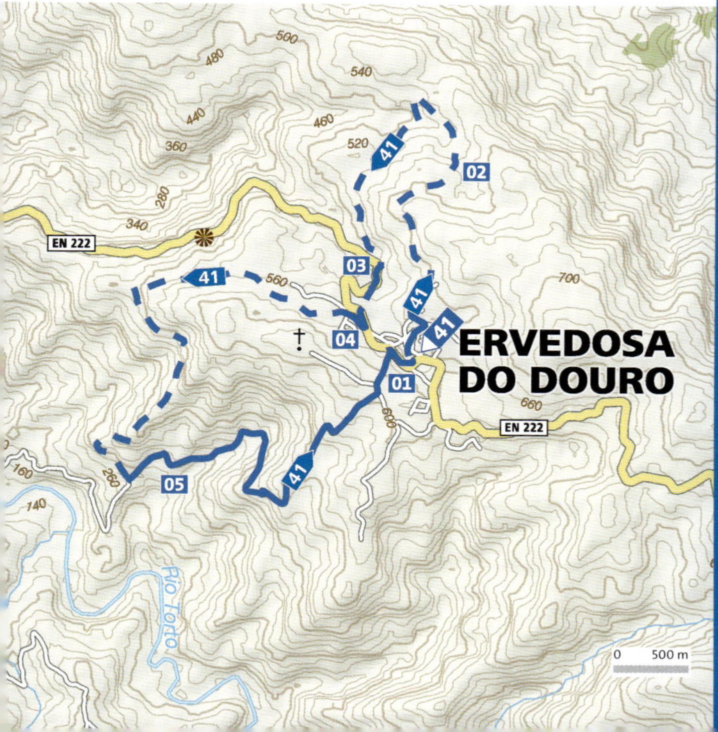

PINHÃO

Im Zentrum des Weinanbaus

 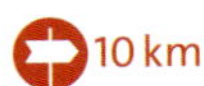 10 km 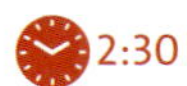 2:30 h 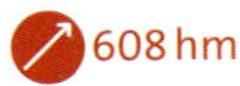 608 hm 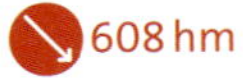 608 hm

START | Pinhão, 81 m. Hinweis: Ausreichend Wasser und einen Sonnenschutz mitnehmen!
[GPS: UTM Zone 29 x: 622.040 m y: 4.560.936 m]
CHARAKTER | Der „Trilho de São Cristóvão do Douro" ist teilweise gelb-rot markiert. Der Aufstieg zwischen den Weinbergen erfordert ein wenig Kondition und die steinigen Wege im Abstieg Trittsicherheit. Das Wegekonzept der Region ist nicht sehr ausgeklügelt und es erfordert etwas Orientierungssinn.
EINKEHR | Zahlreiche Cafés und Restaurants in Pinhão.

Pinhão gilt als geografischer Mittelpunkt des Douro-Weinanbaugebietes. Hier liegen viele der Portweingüter, von denen einige auch Übernachtungsmöglichkeiten im Rahmen des „Tourismus im ländlichen Raum" anbieten. Sehenswert ist das Bahnhofsgebäude, das aus dem Ende des 19. Jahrhunderts stammt und innen vollständig mit Fliesenbildern verkleidet ist.

▶ Wir starten am Bahnhof in **Pinhão** 01 und wenden uns nach links in die Geschäftsstraße. An einer Gabelung gehen wir in Richtung Vila Real und Sabrosa. Nachdem wir eine Brücke überquert haben, biegen wir nach rechts ab und folgen der Straße entlang des Rio Pinhão. Wir halten uns nach halbrechts auf einen gepflasterten Weg und gehen an der folgenden Gabelung nach links. Der

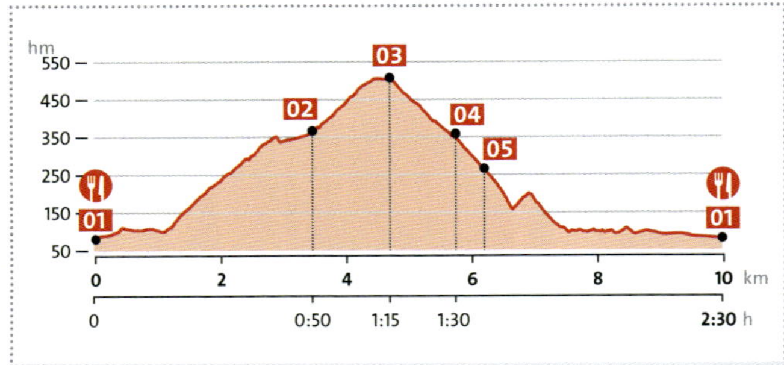

01 Pinhão, 81 m; 02 Weingut, 347 m; 03 Abzweig, 495 m;
04 Landstraße, 350 m; 05 São Cristovão do Douro, 257 m

Weg führt uns steil in Serpentinen bergan. Zwischen Steinmauern und Weinbergen bleiben wir immer auf dem Hauptweg, vorbei an einer Informationstafel zum Wanderweg (der Wegweiser zeigt in eine andere Richtung), gelangen wir zu einer kleinen Asphaltstraße. Ein Holzfass dient als Verkaufsstand für eine Weinprobe. Von dort haben wir eine phantastische Aussicht zum Douro. Über Treppen steigen wir geradeaus zu einer Landstraße hinauf. Auf der Gegenseite nehmen wir einen Wiesenweg weiter bergan. Der Weg verengt sich zu einem Pfad und wir wandern neben einer Steinmauer wieder zu der Landstraße. Wir folgen ihr ein kurzes Stück, bevor wir scharf nach links zur Quinta do Junco abbiegen. Ab dort ist der Wegeverlauf nicht markiert.

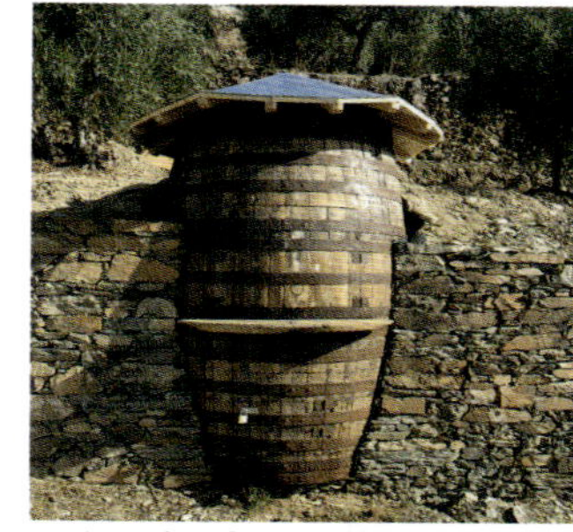
Weinverkaufsstand – leider geschlossen

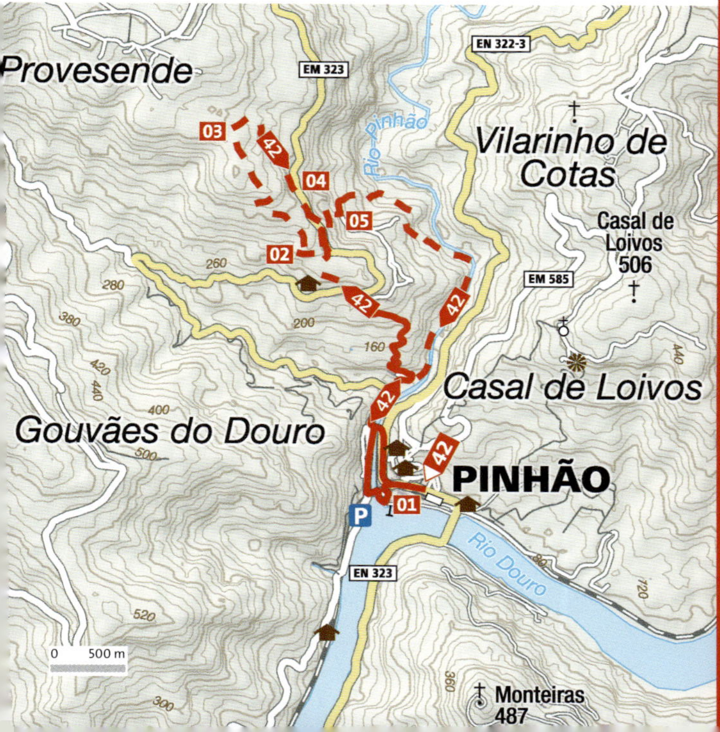

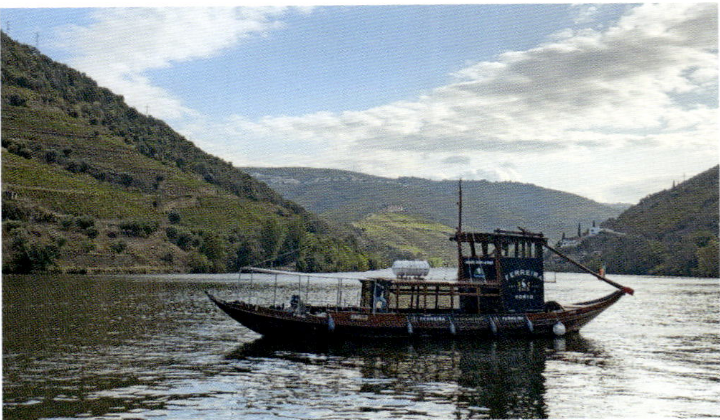

Boot auf dem Douro

Wir gehen durch das Eingangstor und halten uns am **Weingut** 02 nach halbrechts. Kurz darauf biegen wir scharf rechts ab. Der Weg führt uns steil bergan. Ab einer scharfen Rechtskurve finden wir auch wieder die gelb-roten Markierungen. Wir gelangen zu einem Hof und wenden uns an einem **Abzweig** 03 nach rechts.

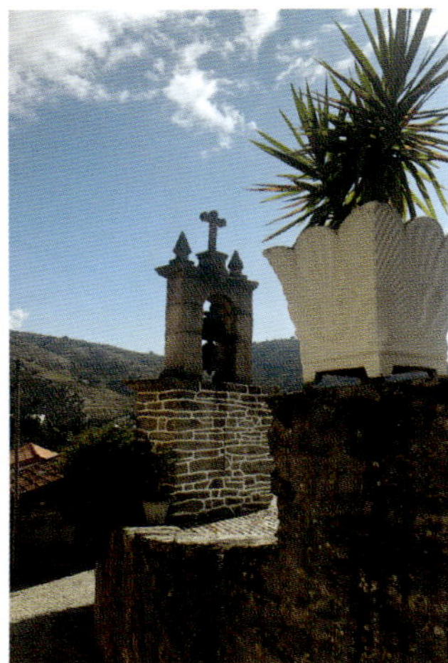

Kapelle am Wegesrand

Ein steiniger Weg bringt uns hangabwärts zu der **Landstraße** 04. Wir nehmen einen Feldweg auf der gegenüberliegenden Seite. An einem Neubau gehen wir scharf nach links (wir folgen nicht der Wegweisung) und steigen steil bergab in die Ortschaft **São Cristovão do Douro** 05. Nach einem gelben Haus wenden wir uns nach links. Wir gehen geradeaus an der Kirche vorbei und auf einem Weg, zwischen Mauern, aus dem Ort heraus. Der schmale Weg führt uns steil bergab in ein Tal. Wir überqueren einen Bachlauf und folgen einem Feldweg. An einem Weinberg nehmen wir einen Feldweg nach halblinks.

Zwischen hohen Kiefern treffen wir auf eine Kreuzung und gehen geradeaus weiter zum Rio Pinhão. Wir folgen dem Flusslauf und treffen auf die gepflasterte Straße, die wir von unserem Hinweg kennen. Wir gehen diesmal auf der rechten Flussseite, an der Brücke vorbei, und nehmen die Fußgängerbrücke neben der Eisenbahnstrecke. Entlang des Douro gelangen wir zurück zum **Bahnhof** 01.

SÃO MARTINHO DE ANTAS

Zu einem mittelalterlichen Friedhof

  11,3 km 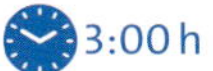 3:00 h 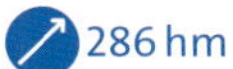 286 hm 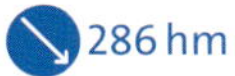 286 hm

START | São Martinho de Antas, 665 m. Hinweis: Ausreichend Wasser und einen Sonnenschutz mitnehmen!
[GPS: UTM Zone 29 x: 615.627 m y: 4.569.272 m]
CHARAKTER | Technisch einfache Rundwanderung überwiegend auf Feldwegen. Die Tour ist gelb-rot markiert und trägt die Bezeichnung Trilho de S. Martinho de Anta.
EINKEHR | Zahlreiche Cafés und Restaurants in São Martinho de Antas.

In der Gegend von São Martinho de Antas wurden Siedlungsspuren aus dem Neolithikum und der Eisenzeit gefunden sowie einige vorrömische Siedlungen. Aus dem Mittelalter stammen frühchristliche Gräber. Die Wanderung führt uns zum Friedhof dos Mouros.

▶ Wir starten in dem kleinen Ort **São Martinho de Antas** 01 vor der Skulptur mit der großen Sonne an der Bar „Da sua Vida“ und gehen in Richtung der Kirche San Martinho. Vor der Kirche wenden wir uns an einem Wegweiser nach links. Wir verlassen den Ort auf einem Feldweg und tauchen in den Wald ein. An einem weiteren Holzwegweiser biegen wir nach links ab und wandern hangaufwärts durch einen Kiefernwald. An zwei Kreuzungen gehen wir geradeaus weiter, auch wenn an der zweiten Kreuzung ein Wegweiser in die andere Richtung weist. Der Weg

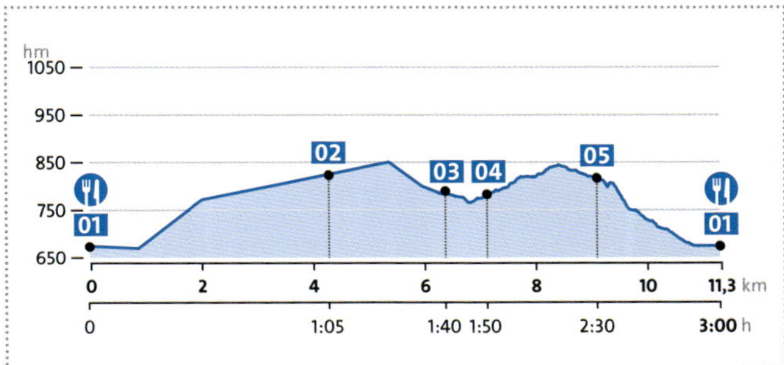

01 São Martinho de Antas, 665 m; 02 Arça, 820 m; 03 Touças, 783 m; 04 Garganta, 778 m; 05 Kirche, 815 m

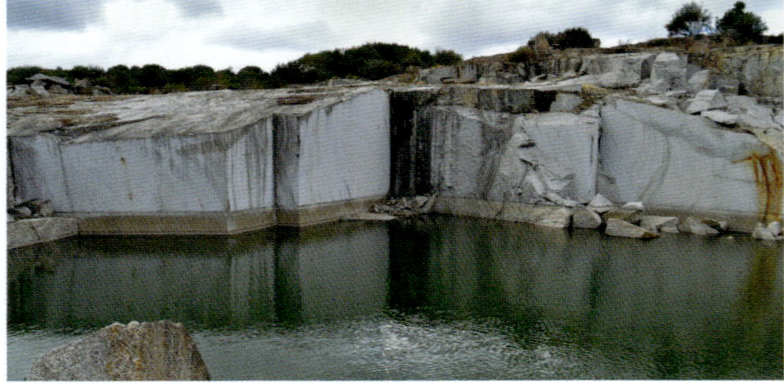

Ein alter Steinbruch, mit Wasser gefüllt

verengt sich und wir treffen auf einen Feldweg. Wir halten uns an einer Kreuzung nach links und gelangen auf ein felsiges Hochplateau mit Ginster, Farn und kleinen Kiefern.

Vorbei an einem Steinbruch und an zerfallenen Häusern erreichen wir die Ortschaft **Arça** 02. Interessant ist der alte Brunnen, den wir am Eingang des Dorfes passieren. Danach kommen wir an einer kleinen Kirche vorbei und stoßen auf eine Landstraße. Auf der gegenüberliegenden Seite fädeln wir in einen Feldweg nach halblinks ein.

Kirche oberhalb von São Martinho de Antas

Nach einem Gedenkstein überqueren wir zwei weitere Landstraßen, bis wir zum Friedhof **Touças** 03 kommen. Eine Hinweistafel informiert über die Ausgrabungen und die Menhire. Wir folgen dem Weg weiter und wenden uns an einer kleinen Straße nach links. Vorbei an einem Schweinestall biegen wir kurz darauf nach rechts auf einen felsigen Weg ab.

Durch ein bewirtschaftetes Tal erreichen wir **Garganta** 04. An der Hauptstraße gehen wir nach links, vorbei an einer Kirche und einer Kapelle, dann auf einen gepflasterten Weg nach rechts. Direkt wieder nach rechts verlassen wir die Ortschaft. Der Weg steigt in eine schöne Felslandschaft empor. Von der Höhe können wir herrliche Aussichten genießen. Ein interessanter, alter Felsofen ziert den Wegesrand.

Nach einem guten Stück gelangen wir zu einer, auf einer Anhöhe gelegenen, **Kirche** 05. Picknickplätze laden zu einer Pause ein. Frisch gestärkt steigen wir hinter der Kirche auf einem Steinweg bergab. Vorbei an einem Brunnen mit einem Steinkreuz halten wir uns immer geradeaus. Wir passieren ein Wohnhaus und gehen geradeaus auf einen Pfad, dann auf einem Feldweg in Richtung der Ortschaft.

Wir erreichen eine gepflasterte Straße, die sich gabelt, und wir nehmen den Pfad in der Mitte. Im Zickzack laufen wir zwischen den Häusern hindurch. An der nächsten Hauszufahrt biegen wir nach links und an der Straße nach rechts. Erneut nach rechts gelangen wir zurück zu unserem **Ausgangspunkt 01**.

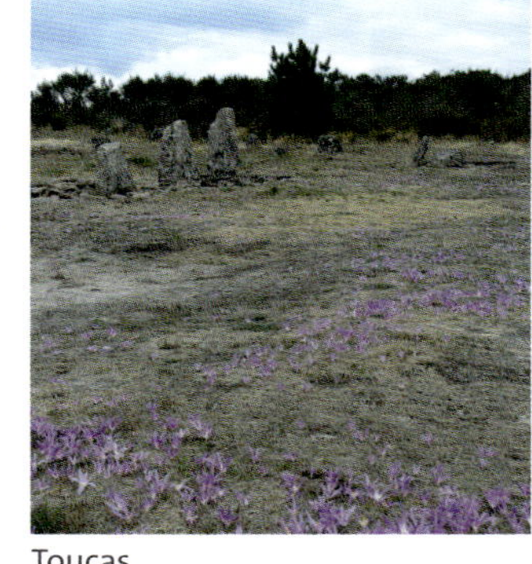

Touças

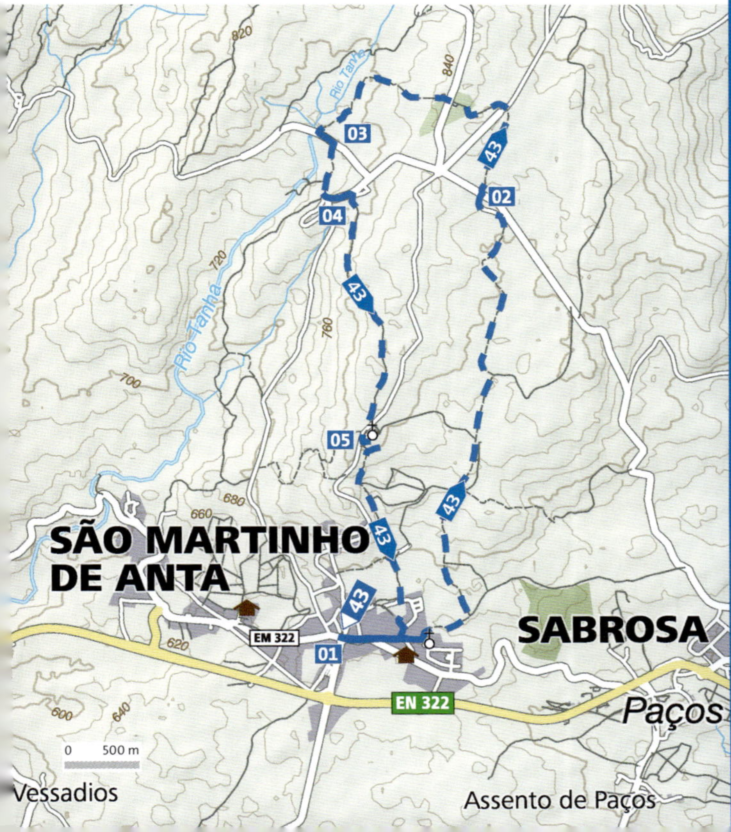

820
840
Rio Tanha
03
43
02
04
720
760
Rio Tanha
700
05
680
660
43
43
SÃO MARTINHO
DE ANTA
43
EM 322
SABROSA
01
620
EN 322
Paços
600
640
0 500 m
Vessadios
Assento de Paços

PAREDES

Durch ein idyllisches Tal zum Wasserfall

 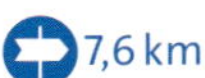 7,6 km 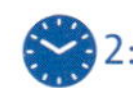 2:00 h  254 hm 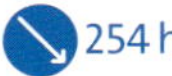 254 hm

START | Paredes, 213 m. Hinweis: Ausreichend Wasser, einen Sonnenschutz und Badesachen mitnehmen!
[GPS: UTM Zone 29 x: 559.429 m y: 4.479.938 m]
CHARAKTER | Herrliche Streckenwanderung auf Pfaden und schmalen Wegen. Je nach Wetterlage kann der Weg etwas rutschig sein. Die Route ist gelb-rot markiert und Wegweiser helfen zusätzlich bei der Orientierung. Die offizielle Bezeichnung des Weges ist der PR1 – Percurso Pedestre das Quedas de Água das Paredes.
EINKEHR | Keine. Es stehen mehrere Picknickplätze am Bachlauf zur Verfügung.

Eine ideale Wanderung für heiße Tage. Der Weg verläuft im Schatten, entlang eines Bachlaufes, bis zu einem Wasserfall. Aber Achtung: In heißen Sommern kann der Wasserfall auch trocken sein.

▶ Am Straßenrand der Zufahrtsstraße nach Paredes stehen ein Wegweiser und eine Hinweistafel zum Wanderweg PR1 am Rande einer **Parkbucht** 01. Der Infotafel können wir Details zu Flora und Fauna der Region entnehmen. Außerdem erfahren wir über die Wichtigkeit des Wassers und der Mühlen der Region. Wir folgen den gelb-roten Markierungen auf einem schmalen Waldweg. Nach kurzer Strecke gelangen wir zu einem Picknickplatz neben einer alten Mühle. Ab dort schlängelt

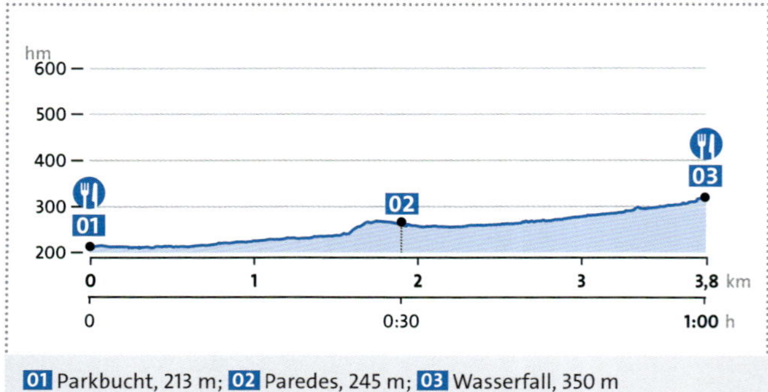

01 Parkbucht, 213 m; 02 Paredes, 245 m; 03 Wasserfall, 350 m

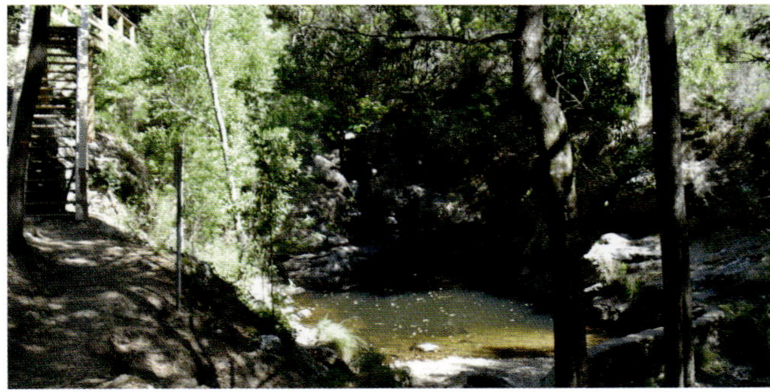

Ziel unserer Tour: der Wasserfall

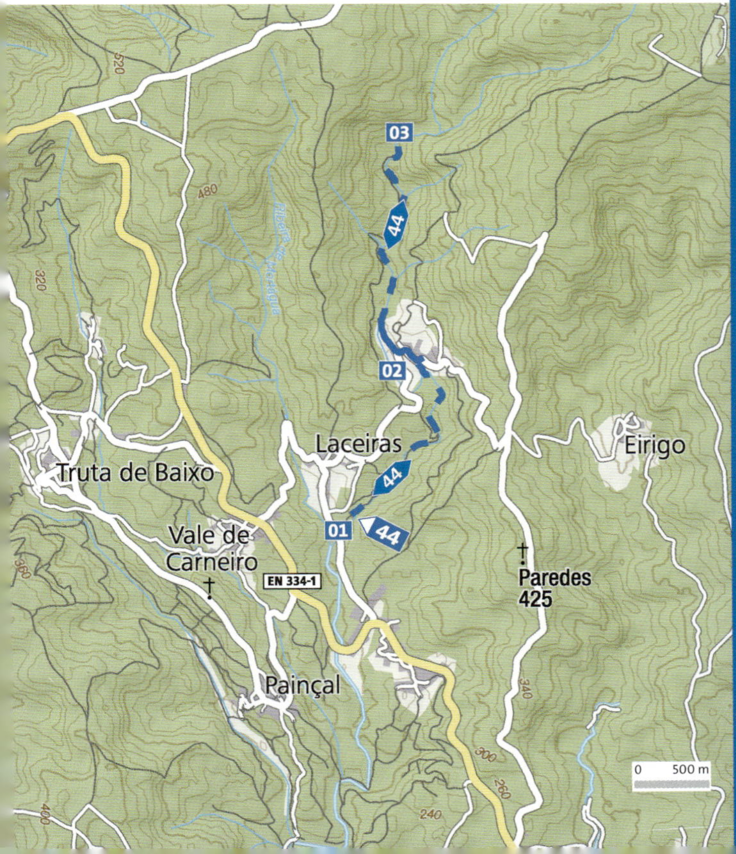

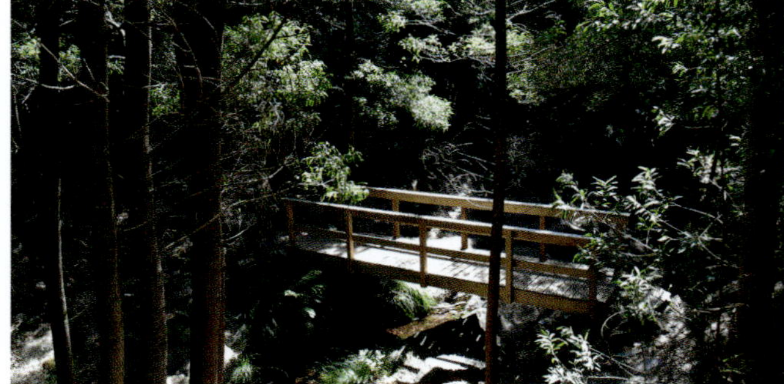

Mehrfach queren wir den Bachlauf ...

sich der Pfad entlang des Bachlaufes. Kein Weg zweigt ab und wir können uns nicht verlaufen. Wir passieren eine weitere zerfallene Mühle. Hohe Esskastanienbäume zieren den Uferrand und wir erreichen schon bald einen weiteren Rastplatz. Wir überqueren eine Brücke und kommen an einem Waschplatz vorbei.

Dann erreichen wir die Ortschaft **Paredes** 02. Wir wenden uns nach links und spazieren durch das kleine Dorf. Am Ortsausgang halten wir uns nach rechts und folgen einem Wiesenweg. Dann verläuft der Pfad immer in Bachnähe. Abzweigende Wege ignorieren wir.

Schließlich erreichen wir den **Wasserfall** 03. Mehrere Holzbrücken und Aussichtsplattformen wurden mit EU-Fördergeldern errichtet. Außerdem stehen Sitzbänke und Picknickplätze für eine Rast zur Verfügung. Für den Rückweg haben wir die Wahl, auf einer Schotterpiste zu wandern (ein Wegweiser zeigt die Richtung), oder, wie in unserem Fall, den gleichen Weg zurückzulaufen.

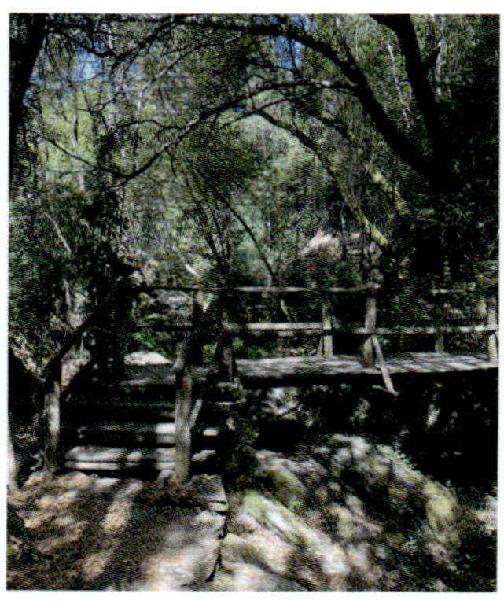

... über Holzbrücken ...

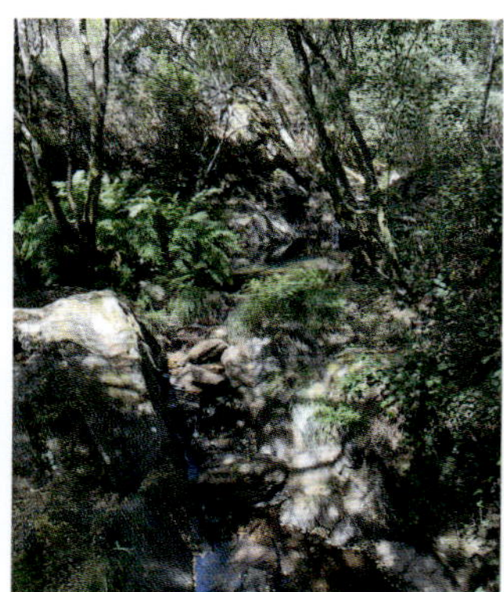

... und große Felsbrocken.

DER WEG DER ORANGENBÄUME

Schöner Themenweg durch die Kulturlandschaft

  7,2 km  2:00 h 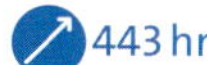 443 hm 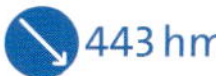 443 hm

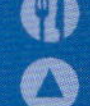

START | Die Kirche „Santúario Coração de Maria" bei Caramulo, 355 m. Hinweis: Ausreichend Wasser und einen Sonnenschutz mitnehmen!
[GPS: UTM Zone 29 x: 571.448 m y: 4.488.769 m]
CHARAKTER | Kurze, aber abwechslungsreiche Rundwanderung auf Feldwegen. Die Tour ist gelb-rot markiert und trägt die Bezeichnung PR1 – Rota dos Laranjais. Wegweiser helfen zusätzlich bei der Orientierung.
EINKEHR | Keine.

Das Gebiet um Caramulo ist sehr fruchtbar und reich an Wasser und bekannt für die Orangen. Der Weg führt uns entlang von Bächen und durch Wälder und natürlich auch an Orangenplantagen vorbei.

▶ Die Rundwanderung beginnt an der Informationstafel neben der **Kirche** 01 „Santúario Coração de Maria". Wir gehen vom Parkplatz an der Kirche vorbei und durch eine Parkanlage hinab zu einem Steinkreuz. Dort treffen wir auf eine Straße und folgen ihr nach links. An einer Gabelung gehen wir erneut nach links. Vorbei an einem Brunnen durchlaufen wir eine kleine Ortschaft. Danach führt uns ein Pfad durch ein Tal mit Orangenbäumen und wir gelangen in das nächste Dorf. Wir

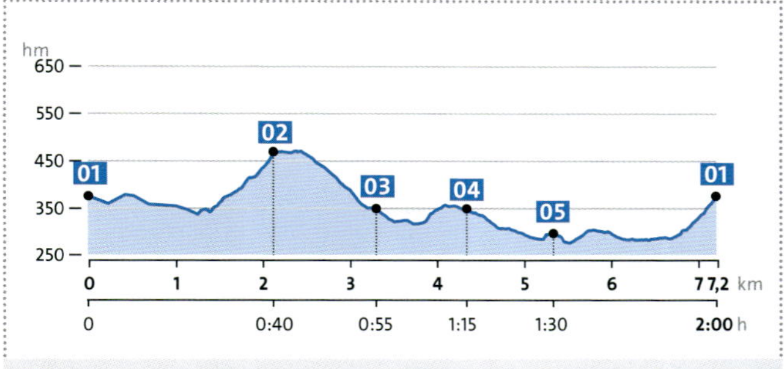

01 Kirche, 355 m; 02 Forstweg, 455 m; 03 Picknickplatz, 352 m; 04 Ruine, 340 m; 05 Eiras, 268 m

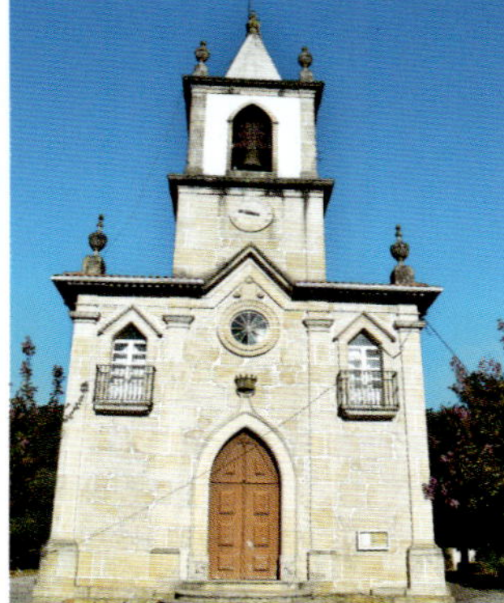

Die Kirche Santúario Coração de Maria

wenden uns in eine Gasse scharf nach links. Am Ende des Ortes steigen wir neben einer Steinmauer bergan. Der Pfad schlängelt sich oberhalb eines Bachlaufs durch ein Tal.

Wir passieren die Ruinen von alten Mühlen und gelangen auf der Höhe zu einem **Forstweg** 02. Dort biegen wir nach rechts ab und stoßen auf einen Wegweiser. Wir orientieren uns geradeaus in Richtung einer Kapelle. Von der Höhe können wir einen herrlichen Ausblick genießen. In diesem Abschnitt leiten uns weiß-rote Markierungen zwischen ein paar Häusern hindurch. Wir verlassen das Dorf auf einem schmalen Weg bergab und überqueren eine Landstraße.

Hangabwärts gelangen wir zu einem **Picknickplatz** 03 mit einer Wasserstelle. Wir überqueren die Straße und halten uns geradeaus zwischen Häusern hindurch. An einem Wegweiser gehen wir in Richtung Quinta da Cruz nach rechts. Zunächst folgen wir einem Pfad zwischen Mauern, dann gehen wir nach rechts auf einer kleinen Straße und kurz darauf scharf nach links auf einen Pfad. Wir überqueren wieder die Landstraße. Vor einer Steinmauer wenden wir uns nach rechts. Wir kommen an einem Steinkreuz vorbei, das oberhalb des Picknickplatzes steht, den wir zuvor passiert haben.

Weiter geht's entlang einer **Ruine** 04. Gegenüber steht ein imposanter Eukalyptusbaum. Wir wandern bergab zu einer Landstraße, der wir ein kurzes Stück nach links folgen, um dann in die Rua do Quintal abzubiegen. Die Zeichen führen uns zwischen alten Steinhäusern hindurch und aus dem Ort heraus.

Über einen Feldweg erreichen wir die nächste kleine Ortschaft: **Eiras** 05. Dort gehen wir nach links über Treppen bergan und folgen ein Stück der Hauptstraße nach rechts. Scharf nach rechts steigen

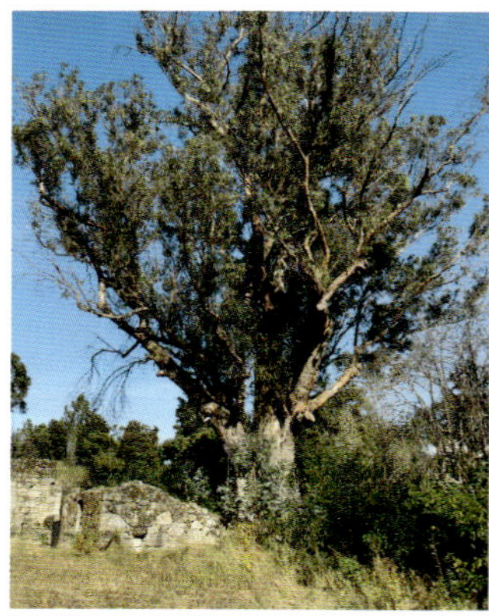

Riesiger Eukalyptusbaum neben Ruinen

wir über Stufen hinab und folgen einem kleinen Sträßchen im Tal entlang eines Baches. Nach einer Brücke stoßen wir auf einen Wegweiser. Dort machen wir einen kurzen Abstecher zum Poço, einem Wasserfall. Danach gehen wir weiter in Richtung Santúario Coração de Maria. Wir erreichen ein Dorf und wenden uns nach links auf einen Feldweg. An einem

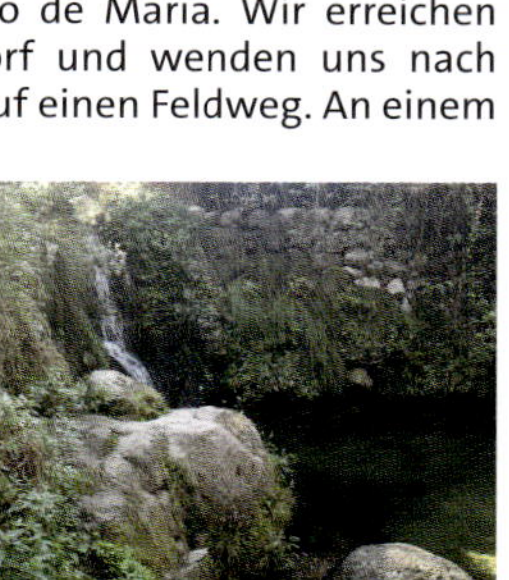

Kleiner Wasserfall mit Badestelle

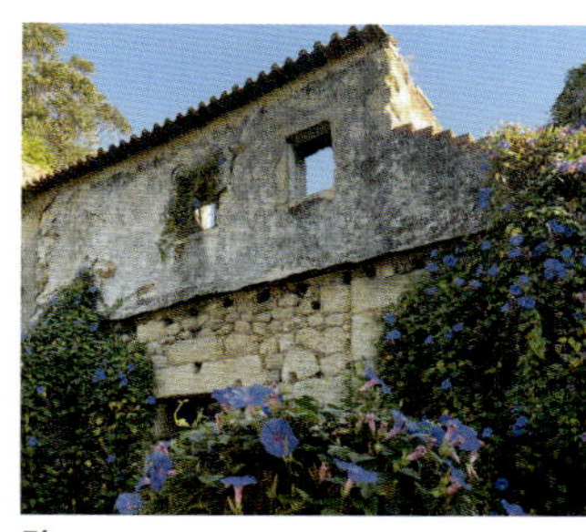

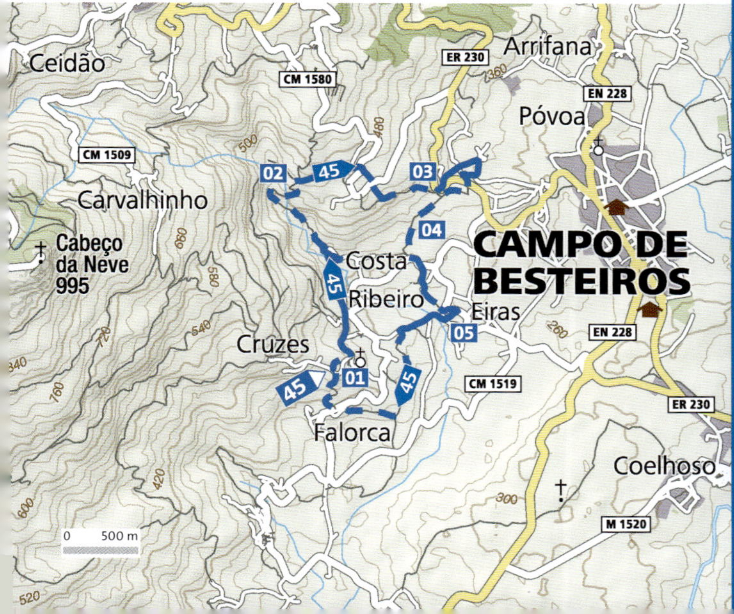

Eiras

Wegweiser gehen wir geradeaus weiter und an einem alten Haus wenden wir uns nach rechts. Über einen Waldweg gelangen wir zu ein paar Häusern und steigen über Treppen zu einer Landstraße. Dort halten wir uns nach links und gehen an einer Bushaltestelle nach rechts. Durch einen jungen Wald wandern wir bergan, zurück zu unserem **Ausgangspunkt 01**.

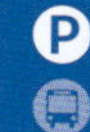

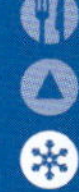

46

DER DOLMEN ANTA DA ORCA

Lange Rundwanderung durch schöne Naturlandschaft und kleine Dörfer

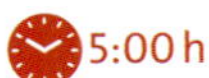

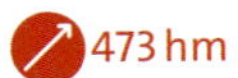

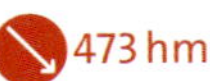

START | Freizeitpark Senhora dos Verdes bei Rio Torto, 397 m. Hinweis: Ausreichend Wasser und einen Sonnenschutz mitnehmen!
[GPS: UTM Zone 29 x: 613.583 m y: 4.487.378 m]
CHARAKTER | Technisch einfache, aber lange Rundwanderung zumeist auf Feldwegen. Die Tour ist gelb-rot markiert. Allerdings waren die Zeichen zum Zeitpunkt der Begehung nicht mehr sehr frisch und an einigen Stellen muss man etwas suchen.
EINKEHR | Cafés und Restaurants in Arcozelo und Rio Torto.

Der Freizeitpark Senhora dos Verdes ist eine Ferien-/Campinganlage mit Swimmingpool und Übernachtungsmöglichkeit für Campingcars oder in Bungalows. Grillplätze stehen zur Verfügung und man kann dort gut mal ein paar Tage verbringen, um die Gegend mit dieser Wandertour zu erkunden oder einfach zu entspannen.

▶ Wir starten am Eingang zum **Park** 01 Senhora dos Verdes und folgen der Landstraße nach rechts. Dann biegen wir auf einen Feldweg nach links ab. Wir bleiben immer auf dem Hauptweg und orientieren uns an einer Gabelung in den Apfelplantagen nach halblinks. An der folgenden Gabelung fädeln wir nach halbrechts ein. Wir treffen auf einen breiteren

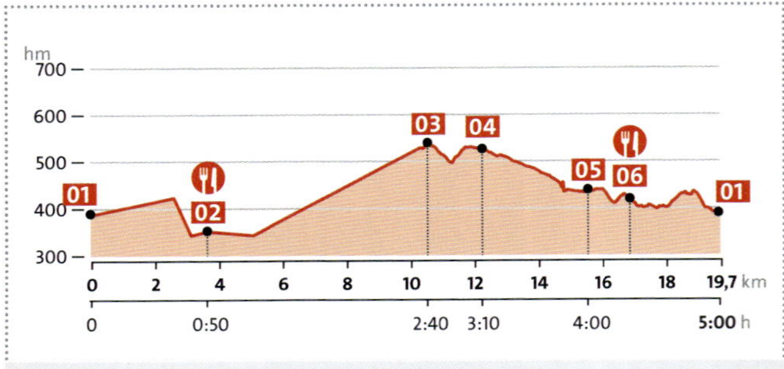

01 Park, 397 m; 02 Arcozelo, 375 m; 03 Industriegebiet, 520 m; 04 Vinhó, 512 m; 05 Dolmen, 435 m; 06 Rio Torto, 420 m

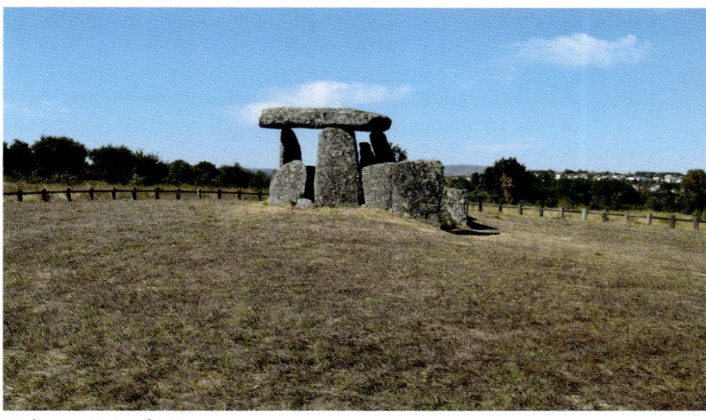

Dolmen Anta da Orca

Feldweg und folgen ihm nach rechts. Ein Sandweg führt uns entlang einer Kiefernschonung und durch attraktive Felsformationen.

Wir gelangen zu einem Haus und gehen geradeaus auf einem Feldweg in die Ortschaft **Arcozelo** **02**. An einem rosa Haus halten wir uns nach halblinks. Die Markierungen führen uns hangabwärts durch den Ort. Vor der Kirche gehen wir nach rechts und an einem Pavillon scharf nach rechts. Nach dem letzten Haus biegen wir auf einen kleinen Weg nach rechts ab und steigen hinauf zu einer Madonna. Von dort können wir einen schönen Ausblick auf das Dorf genießen. Mehrere Rastplätze laden ein, einen Moment zu verweilen. Zwischen hohen Felsen führt uns ein Schotterweg zurück zur Straße. In der folgenden Kurve gehen wir geradeaus auf einem Feldweg weiter. Wir passieren ein kleines

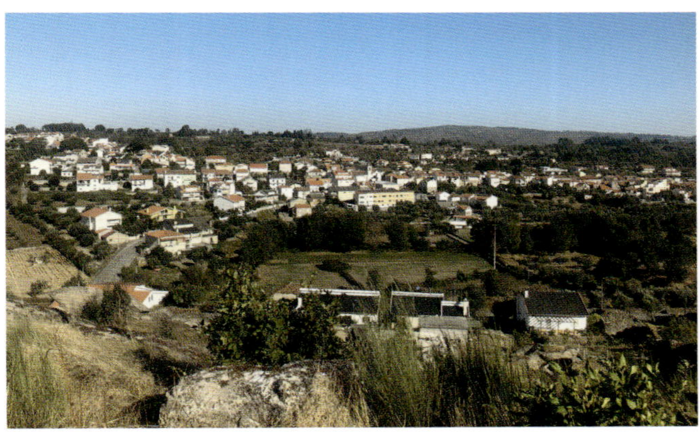

Blick auf Arcozelo

Häuschen und wandern hangaufwärts. Dort, wo rechts neben uns eine Steinmauer den Weg begleitet, an einer markanten Kiefer, gehen wir auf einen Pfad nach rechts. Vorbei an einem kleinen Steinhäuschen gelangen wir zu einem Feldweg, dem wir bergan folgen. Unter Stromleitungen hindurch bringt uns ein sandiger Weg zu einer Landstraße. Dort gehen wir geradeaus und nehmen einen Feldweg nach halblinks. An einer Sitzbank wenden wir uns nach links. Nach einem Knick nach rechts folgen wir dem Feldweg zwischen Steinmauern entlang von Olivenplantagen. Wir gelangen zu einer asphaltierten Straße, der wir geradeaus folgen. Auch über eine Straßenkreuzung gehen wir geradeaus weiter. Vorbei an einer kleinen Kapelle, dann biegen wir scharf nach rechts in einen schmalen Feldweg zwischen Steinmauern. Am Ende des Weges wenden wir uns nach links an einer Ruine und an einem Bauernhof gehen wir scharf nach rechts. Der Weg führt uns zwischen Weinbergen und entlang einer Steinmauer. Am Ende der Mauer führen uns die Zeichen nach links. Zum Zeitpunkt unserer Begehung war dieser Abschnitt zugewachsen und wir haben einen Schlenker durch den Wald gemacht.

In jedem Fall gelangen wir zu einer Landstraße in einem **Industriegebiet** **03**. Vor dem Casa Leonel biegen wir nach rechts auf einen Feldweg. An einem schön renovierten Steinhäuschen, an einer Gabelung, wenden wir uns nach halbrechts.

Wir erreichen die Ortschaft **Vinhó** **04** und folgen den Markierungen geradeaus durch den Ort. An einer kleinen Kapelle verlassen wir das Dorf und folgen einem Asphaltsträßchen. Der Weg gabelt sich und wir fädeln nach rechts ein und an der folgenden Verzweigung gehen wir ebenfalls nach rechts. Wir treffen auf eine Landstraße und wenden uns nach links. Dann biegen wir nach rechts in Richtung Anta da Orca auf eine kleine Straße ab.

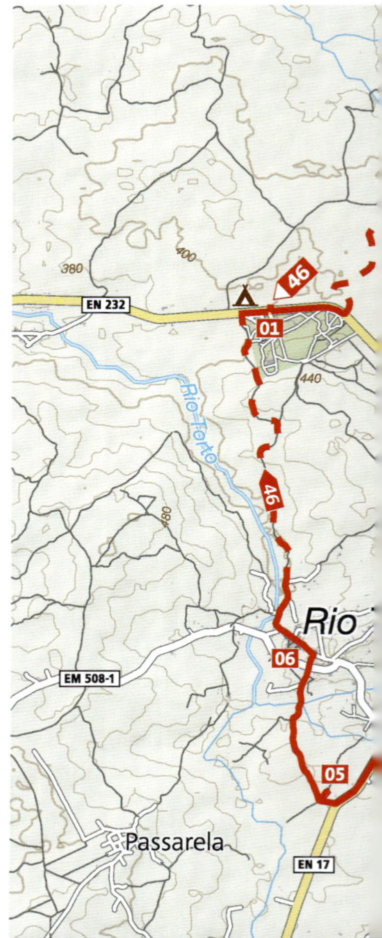

Wir machen einen Abstecher zu dem **Dolmen** 05 zu unserer rechten Seite und setzen dann unseren Weg auf der kleinen Straße fort. Zunächst geht es hangabwärts durch ein Tal, dann zwischen Olivenbäumen und vereinzelt stehenden Häusern zu einer Landstraße hinauf. In der Ortschaft **Rio Torto** 06 wenden wir uns nach links und folgen der Beschilderung in Richtung Ponte medival. Nachdem wir die mittelalterliche Brücke passiert haben, halten wir uns im Tal. Wir verlassen den Asphalt geradeaus auf einen Feldweg unter einer hohen Pinie. Vorbei an Weinbergen gelangen wir zu einer Landstraße, der wir nach rechts zurück zu unserem **Ausgangspunkt** 01 folgen.

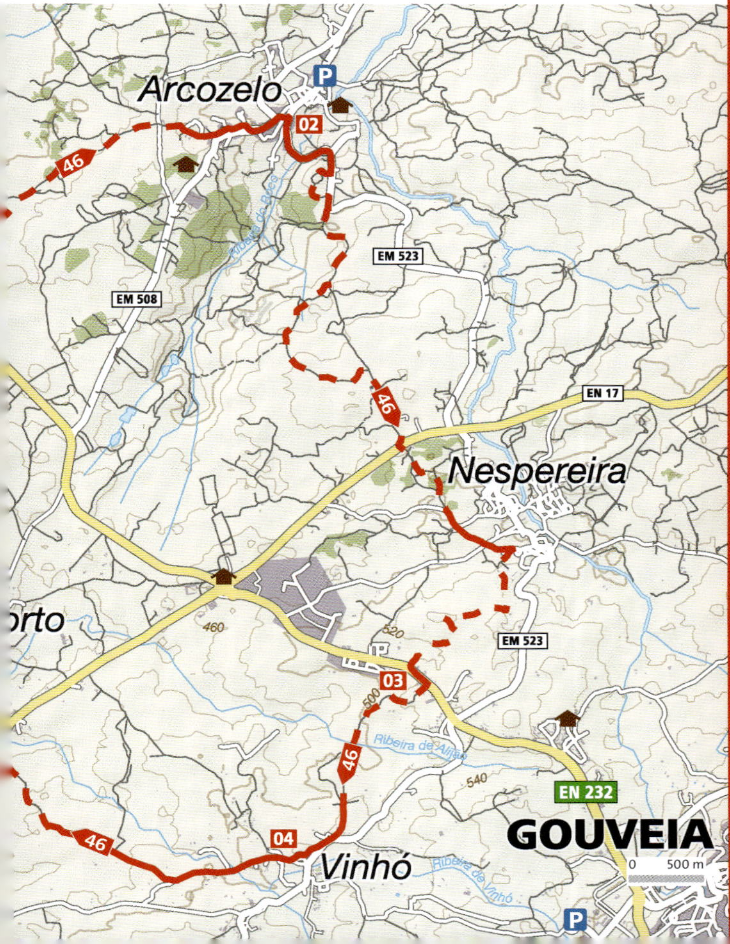

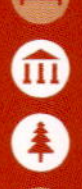

47

VALEZIM

Zu den Minen von Círio

 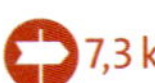 7,3 km 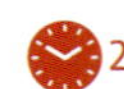 2:15 h  469 hm 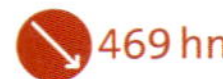 469 hm

START | Valezim, 708 m. Hinweis: Ausreichend Wasser und einen Sonnenschutz mitnehmen!
[GPS: UTM Zone 29 x: 609.081 m y: 4.468.227 m]
CHARAKTER | Kinderfreundliche Rundwanderung auf Pfaden und Feldwegen. Die Tour ist gelb-rot markiert und trägt die Bezeichnung PR9 – Rota das Minas do Círio. Wegweiser helfen bei der Orientierung.
EINKEHR | Keine.

Diese Wanderung entführt uns durch eine schöne Kulturlandschaft in ein Tal mit alten Minen. Eine spannende Tour, besonders für Kinder.

▶ Wir starten am Schwimmbad in **Valezim** 01. Eine Hinweistafel gibt Informationen zu dem Wanderweg. Wir gehen in Richtung Ortschaft und biegen dann nach halblinks in eine Straße ab. Wir kommen an einer Kirche vorbei und wandern zwischen den Häusern des Dorfs. Dann führen uns die Markierungen nach links in ein Tal. Neben einer alten Mühle steht ein Wegweiser und wir folgen der Beschilderung nach rechts. Zwischen Kleingärten verlassen wir die Ortschaft auf einem Pfad. Eine Informationstafel erklärt uns Details über Flora und Fauna der Region. Nach einem alten Steinhaus biegen nach rechts auf einen Pfad ab. Wir steigen steil bergab in ein Tal und queren den Bachlauf über eine Brücke. Nach einem weiteren

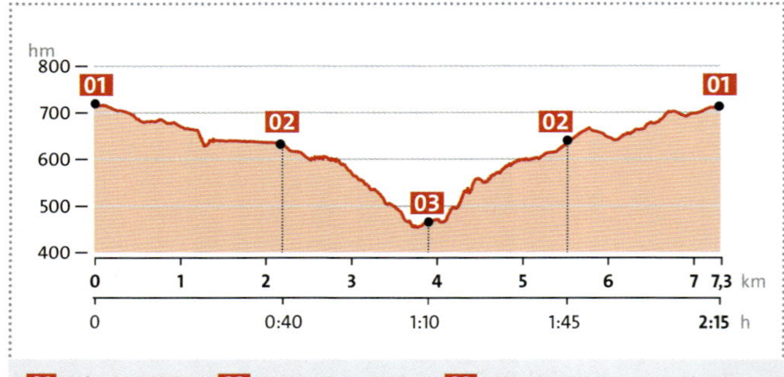

01 Valezim, 708 m; 02 Wegweiser, 600 m; 03 Minen, 405 m

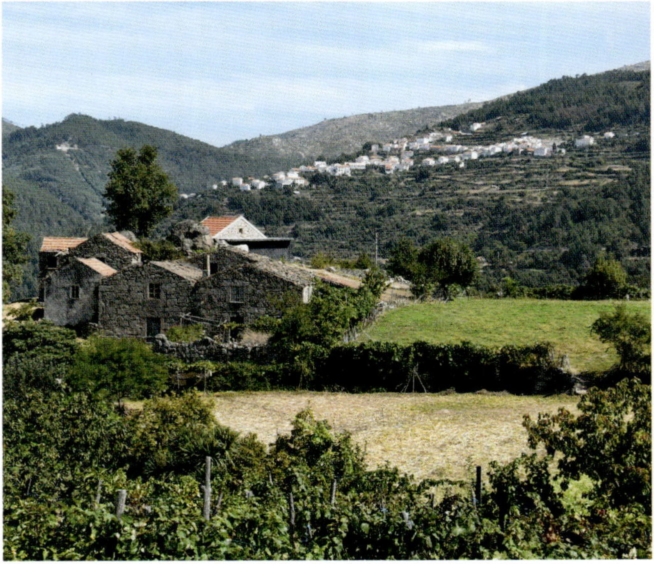

Blick auf einen Hof und die Ortschaft Lapa dos Dinheiros

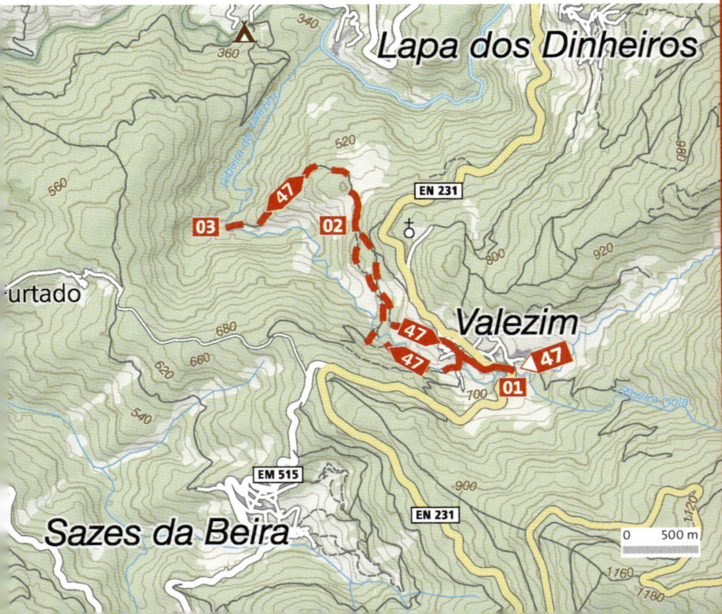

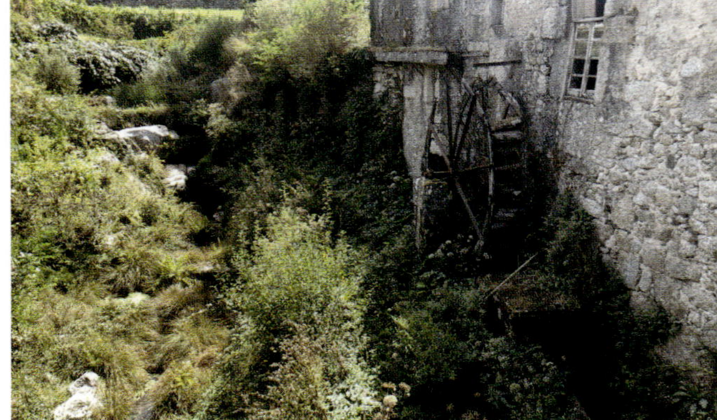

Alte Mühle am Ortsrand von Valezim

Hinweisschild zur Biodiversität kraxeln wir zu einem schmalen Wasserkanal hinauf und folgen dessen Verlauf. Nach einem guten Stück entlang des Kanals erreichen wir eine Sandpiste.

Ein **Wegweiser** 02 zeigt uns an, dass es zu den Minen noch knapp 1,5 Kilometer sind. Später werden wir dort unseren Rückweg antreten. Zunächst gehen wir hangabwärts und vor einem Steinhäuschen nach rechts. Wir haben eine herrliche Aussicht auf einen Hof und die dahinter liegende Ortschaft Lapa dos Dinheiros. An einer Kreuzung halten wir uns nach halbrechts. Kleinere, abzweigende Wege, die zu Feldern führen, ignorieren wir.

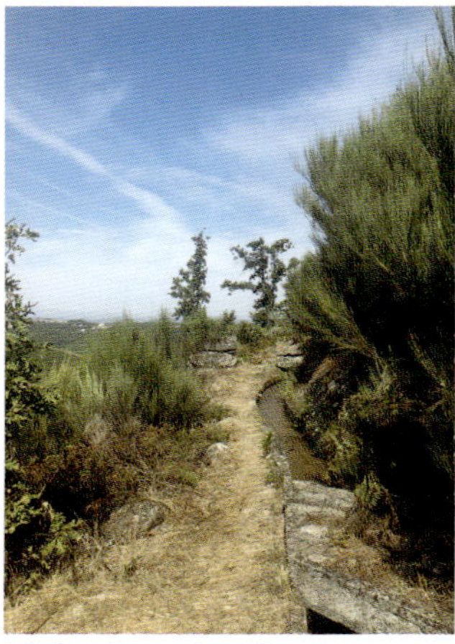

Pfad entlang eines Kanals

Im Tal erreichen wir die Überreste der **Minen** 03. Nachdem wir die Relikte ausgiebig bestaunt haben, wandern wir zurück zu dem **Wegweiser** 02. Eine Sandpiste bringt uns zu einer Kreuzung, wo wir uns nach halbrechts wenden. Es beginnt ein sehr schöner Wegeabschnitt, vorbei an einem Häuschen und Ruinen auf einem felsigen Pfad. Wir gelangen zu den ersten Häusern von Valezim und gehen auf einer Straße steil bergan. Die nächste Straße biegen wir nach rechts ab. Über den Dorfplatz, vorbei an der Kirche und geradeaus, auf einer gepflasterten Straße, erreichen wir unseren **Ausgangspunkt** 01.

ZU DEN FELSEN VON POIOS BRANCOS

Aussichtsreiche Rundwanderung zwischen bizarren Felsen

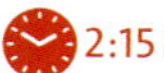 8,3 km 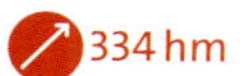 2:15 h 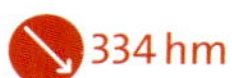 334 hm 334 hm

START | Wanderparkplatz an der Straßenkreuzung von Torre, Manteigas und Covilha, 1600 m. Hinweis: Ausreichend Wasser und einen Sonnenschutz mitnehmen!
[GPS: UTM Zone 29 x: 621.106 m y: 4.463.923 m]
CHARAKTER | Eindrucksvolle Rundwanderung auf Pfaden und Felswegen. Die Tour ist gelb-rot markiert und trägt die Bezeichnung PR7 – Rota dos Poios Brancos. Wegweiser helfen bei der Orientierung.
EINKEHR | Keine.

Die Hochebene von Poios Brancos besticht durch seine bizarren Felsformationen und der herrlichen Aussicht, die man von der Höhe hat. Eine eindrucksvolle Rundtour durch den Naturpark Serra da Estrela.

▶ Wir starten unterhalb vom Berg Torre am **Wanderparkplatz** 01. Ein Wegweiser macht uns auf den Wanderweg aufmerksam. Zunächst gehen wir etwas weglos zwischen Felsen und orientieren uns an einem Sendemast und an den Steinmännchen. Wir wandern rechts an der Antenne vorbei und schließlich ist der Pfad klar erkennbar. Es geht bergan und wir können schon von weitem

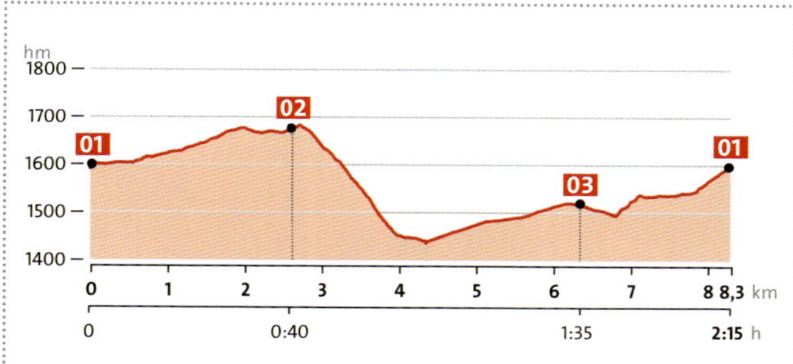

01 Wanderparkplatz, 1600 m; 02 Poios Brancos, 1683 m; 03 Landstraße, 1525 m

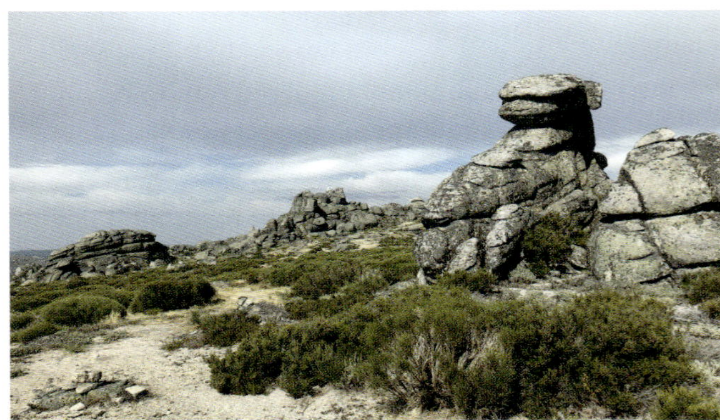

Aus vielen Blickwinkeln fotogen – die bizarren Felsen ...

die markanten Felsformationen auf der Höhe erkennen. Der größte Felsbrocken trägt einen Höhenstein auf dem Gipfel.

Vor dem Felsenmeer **Poios Brancos** 02 halten wir uns schräg nach rechts. Von der Höhe haben wir bei gutem Wetter eine grandiose Fernsicht. Der Weg führt uns bergab und Steinmännchen von beeindruckender Größe und Architektur weisen uns den Weg. Nach einem kleinen Birkenwald nehmen wir den Weg nach links. Wir erreichen einen Wegweiser und wenden uns auf eine breite Sandpiste nach links. Bis zur Estrada Nacional sind es noch zwei Kilometer.

Wir treffen in einer Kurve auf die **Landstraße** 03 und folgen ihr nach halbrechts hangabwärts. Nachdem wir einen Parkplatz passiert haben, biegen wir nach links, neben einem Wegweiser, auf einen Pfad. Wir gehen hangaufwärts durch einen Kiefernwald.

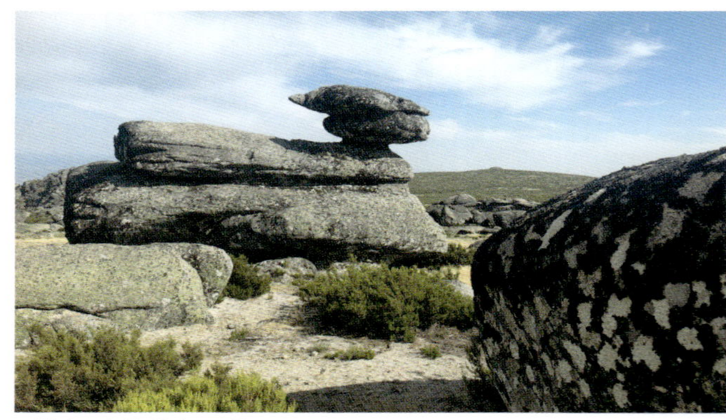

... bieten tolle Fotomotive.

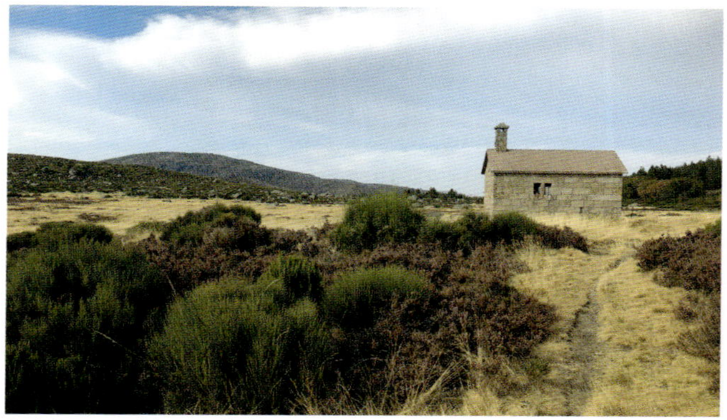

Steinhaus auf der Hochebene

Dann treffen wir auf einen Feldweg und zweigen nach rechts ab. Wir finden uns auf einer Hochebene und laufen zwischen Heide und Felsbrocken zu einem Steinhaus. Wenige Meter danach stoßen wir auf eine Quelle. Der Wegweiser dort schickt uns nach links, bergan zurück zu unserem **Ausgangspunkt** 01.

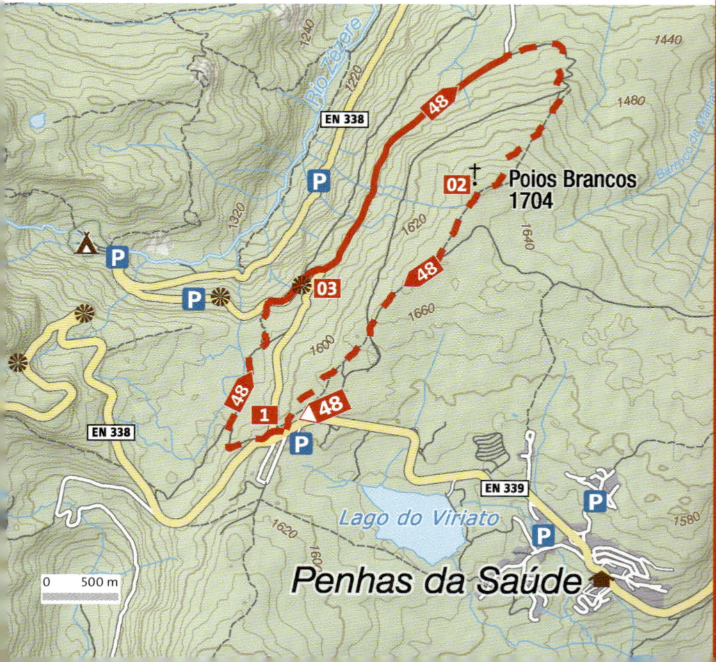

49

DURCH DAS GLETSCHERTAL BEI MANTEIGAS

Erfrischende Streckenwanderung entlang des Rio Zêzere

  16,2 km 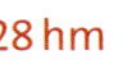 4:00 h 828 hm 828 hm

START | Parkbucht an der N 338 zwischen Manteigas und dem Torre, 1390 m. Hinweis: Ausreichend Wasser, Badesachen und einen Sonnenschutz mitnehmen!
[GPS: UTM Zone 29 x: 620.890 m y: 4.464.956 m]
CHARAKTER | Herrliche Streckenwanderung auf Pfaden und Feldwegen auf dem PR6 – Rota do Glaciar. Der Wegeverlauf ist gelb-rot markiert und Wegweiser dienen zusätzlich der Orientierung.
EINKEHR | Manteigas, Taberna das Caldas.

Diese Streckenwanderung führt uns durch ein Gletschertal an den Ortsrand von Manteigas. Das Tal ist geprägt von dem schönen Flusslauf des Rio Zêzere und von kleinen Häusern und Ställen der Hirten. An einigen Stellen ist es möglich, ein kühles Bad zu nehmen.

Wir starten an der **Parkbucht** 01 und steigen in den Wanderweg PR6 in Richtung Manteigas ein. Auf einem schönen Pfad wandern wir in Bachnähe des noch jungen Rio Zêzere zwischen hohen Gräsern und Ginsterbüschen. Nach einem etwas feuchten Wegeabschnitt erreichen wir die ersten Schäferhütten. Der Weg wird etwas breiter und mehrere Hinweisschilder informieren über die Flora und Fauna der Region.

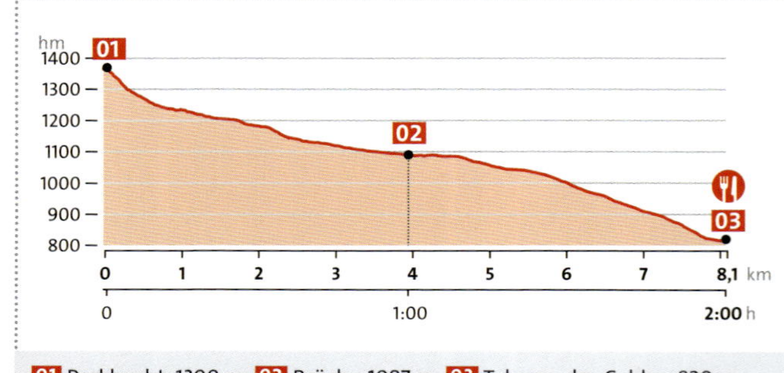

01 Parkbucht, 1390 m; 02 Brücke, 1087 m; 03 Taberna das Caldas, 820 m

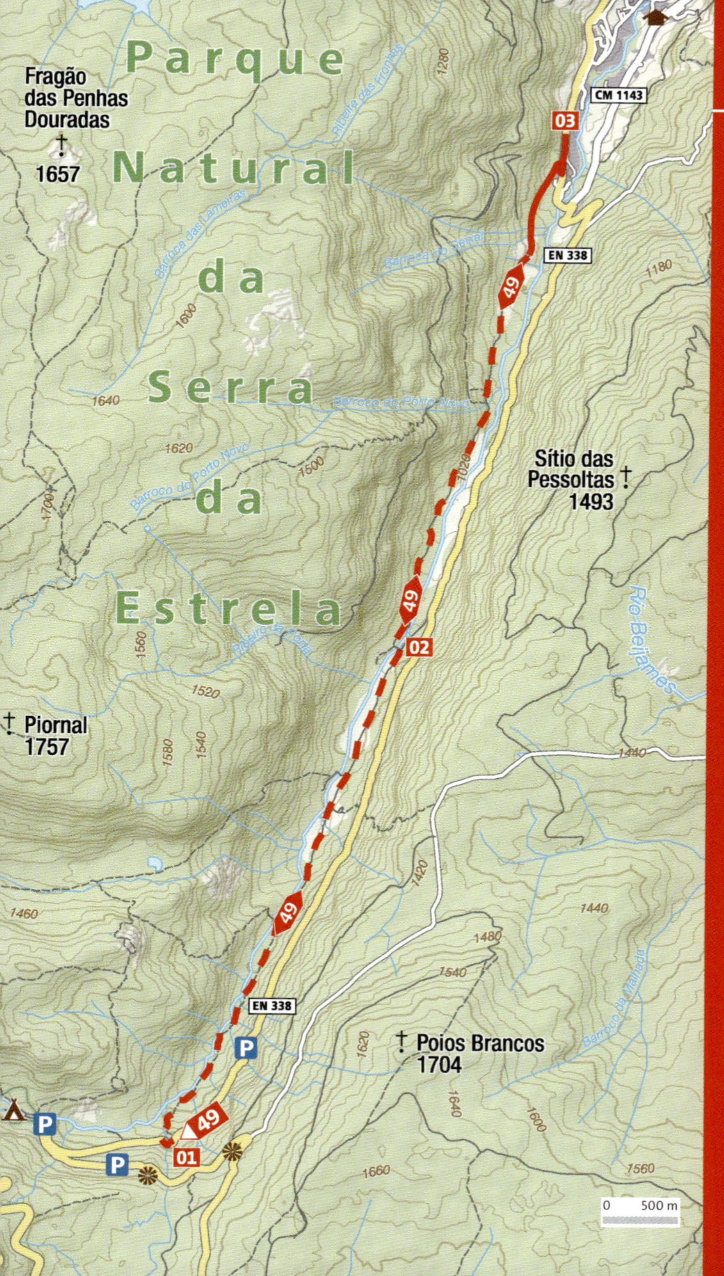
Parque Natural da Serra da Estrela
Fragão das Penhas Douradas
1657
CM 1143
03
EN 338
49
Barroca das Lameiras
Ribeira das Fronhas
Barroca do Seixal
1280
1180
1600
1640
1620
1500
1020
1700
Barroca do Porto Novo
Barroco do Porto Novo
Sítio das Pessoltas
1493
02
Ribeiro da Porta
Rio Beijames
1560
1520
Piornal
1757
1580
1540
1440
1420
1460
1480
1540
EN 338
Poios Brancos
1704
1620
1640
1600
1660
1560
Barroca da Malhada
01
0
500 m

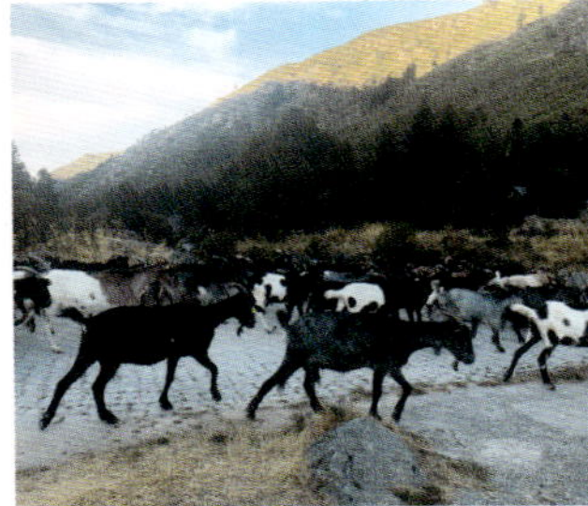
Ziegenherden beleben das Tal

Teilweise wurden die alten Hütten schön renoviert und dienen nicht mehr dem ursprünglichen Zweck.

Wir gelangen zu einem Wegweiser neben einer **Steinbrücke** 02 und halten uns nach links und überqueren den Fluss. Dann folgen wir dem Wasserlauf entlang des anderen Flussufers. An einiges Stellen bieten sich Bademöglichkeiten. Wir bleiben auf der breiten Piste und kommen an vereinzelten Häusern vorbei. Uns bietet sich ein schöner Blick auf die kleine Stadt Manteigas. Nach einer breiten Brücke geht es auf einem gepflasterten Weg bergab. Die Straße beschreibt eine scharfe Rechtskurve und wir stoßen auf einen Wegweiser. Wir wenden uns nach links und gehen noch bis zur **Taberna das Caldas** 03. Ein schöner Ort für eine Einkehr. Frisch gestärkt treten wir unseren Rückweg zur Parkbucht an.

Manteigas

Das portugiesische Wort Manteiga bedeutet Butter und ist eins, der wenigen Wörter aus der Zeit vor der römischen Herrschaft in Portugal, die sich aus der Sprache der Urbevölkerung des heutigen Portugals bis in das moderne Portugiesische erhalten haben. Die Gegend um die Kleinstadt ist berühmt für ihre Milchprodukte, z. B. für den Queijo da Serra Estrela, der als der beste Käse Portugals gilt, und für seine Thermalquellen, Caldas de Manteigas.

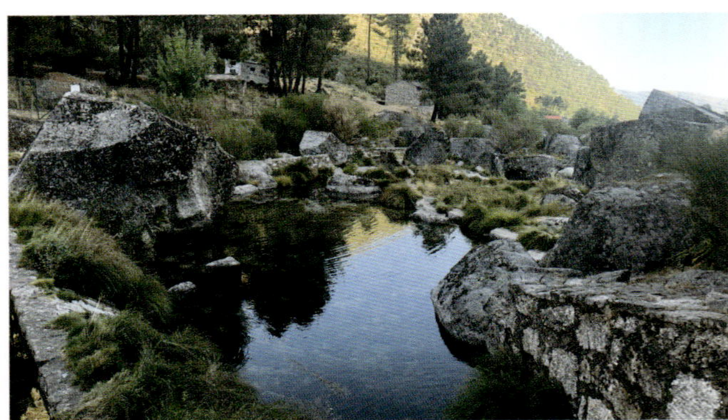
Der Rio Zêzere

POÇO DO INFERNO

Spazierweg zu einem berühmten Wasserfall im Naturpark

 2,8 km 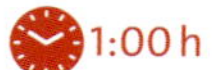 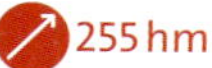 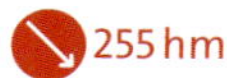

START | Parkplatz am Poço do Inferno, ab Manteigas der Beschilderung folgen, 1078 m.
[GPS: UTM Zone 29 x: 625.853 m y: 4.470.272 m]
CHARAKTER | Kinderfreundliche Rundwanderung auf felsigen Pfaden und kleinen Straßen. Die Tour ist gelb-rot markiert und trägt die Bezeichnung PR1 – Rota do Poço do Inferno. Wegweiser dienen zusätzlich der Orientierung.
EINKEHR | Keine, ein Picknickplatz am Wasserfall.

Der Wasserfall Poço do Inferno ist ein beliebtes Ausflugsziel der Portugiesen. Das Naturspektakel befindet sich in unmittelbarer Nähe des Start-/Endpunktes der Wanderung, neben dem Parkplatz. Wir wandern zunächst zwischen schroffen Felsen oberhalb des Wasserfalls eine kurze Runde.

▶ Am **Parkplatz** 01 finden wir eine Informationstafel zu dem Wanderweg PR1. Direkt hinter der Tafel ist der Einstieg für die kurze Rundwanderung. Ein felsiger Pfad führt uns bergan. Wir stoßen auf einen Wegweiser und kraxeln weiter auf dem PR1 bergauf.

Über eine **Brücke** 02 queren wir einen Bach. Im Auf und Ab wandern wir über einen steinigen Pfad. Dann tauchen wir in einen schönen Nadelwald ein und der

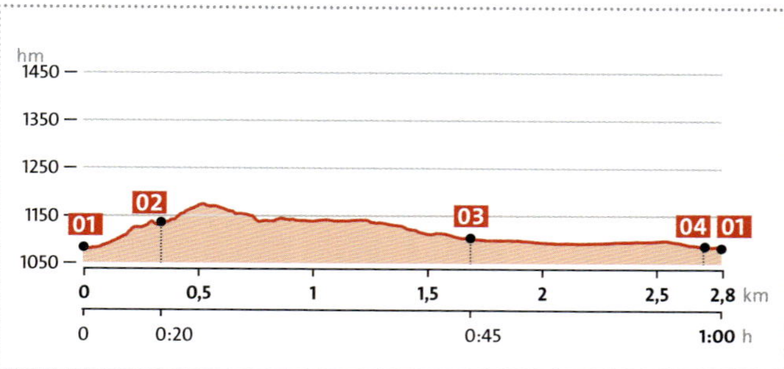

01 Parkplatz, 1078 m; 02 Brücke, 1140 m; 03 Straße, 1073 m; 04 Wasserfall, 1100 m

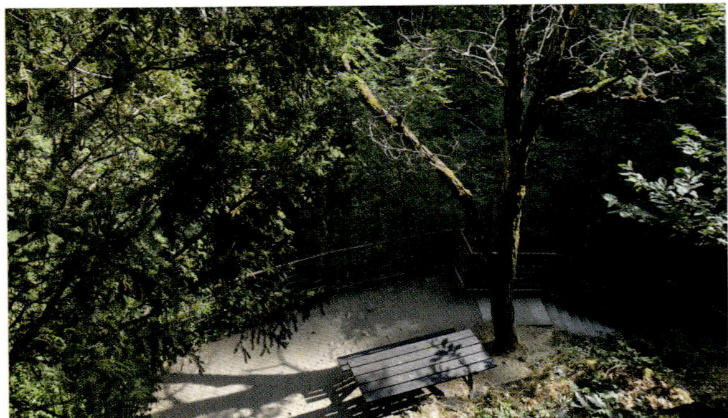

Picknickplatz am Poço Inferno

Pfad verläuft hangabwärts. Kurz nach einem alten Steinhaus treffen wir auf einen Waldweg, den wir überqueren.

Der Weg macht einen Rechtsknick und wir nehmen die asphaltierte **Straße** **03** unterhalb des Waldweges. Ein Wegweiser zeigt uns an, dass es noch knapp einen Kilometer zum Poço do Inferno sind. Wir gelangen zu einem Aussichtspunkt über dem Wasserfall. Vorbei an einem Brunnen und Picknickplätzen erreichen wir den **Parkplatz** **01**.

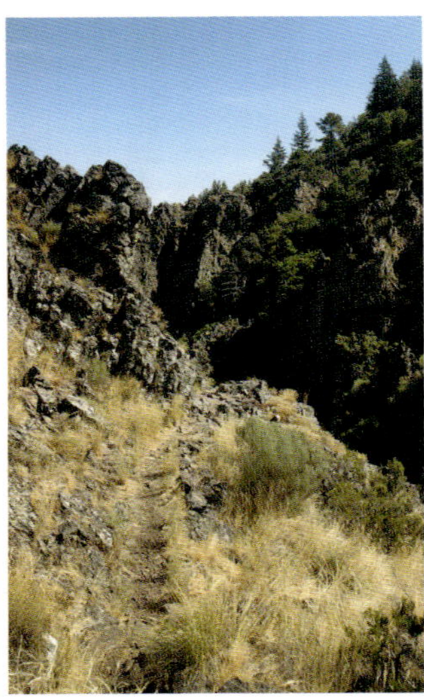

Schmale Pfade führen uns ...

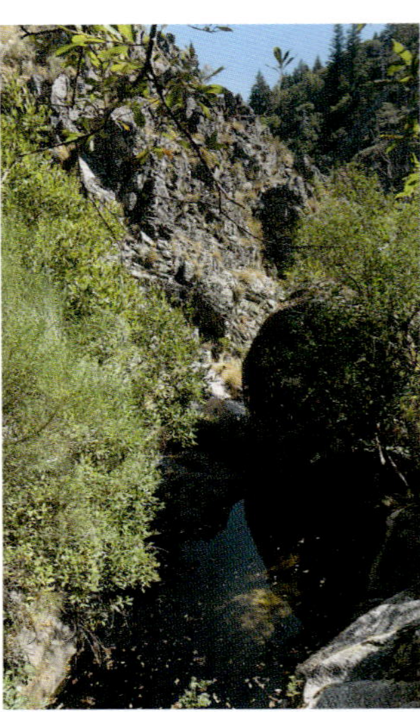

... entlang von Wasserstellen.

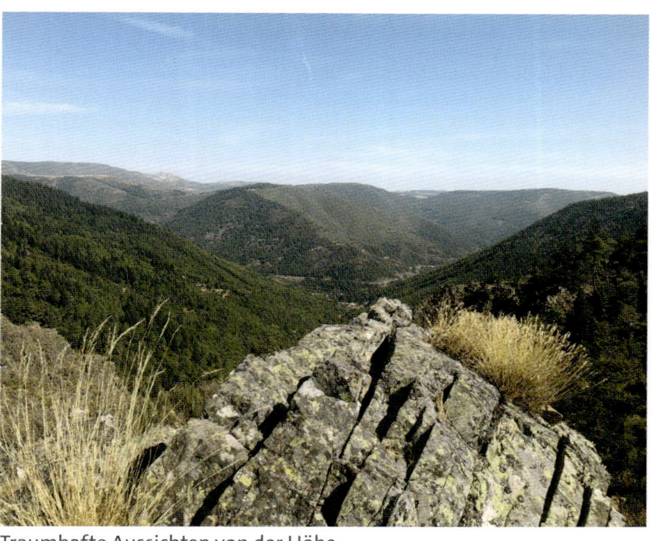

Traumhafte Aussichten von der Höhe

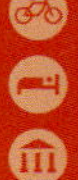

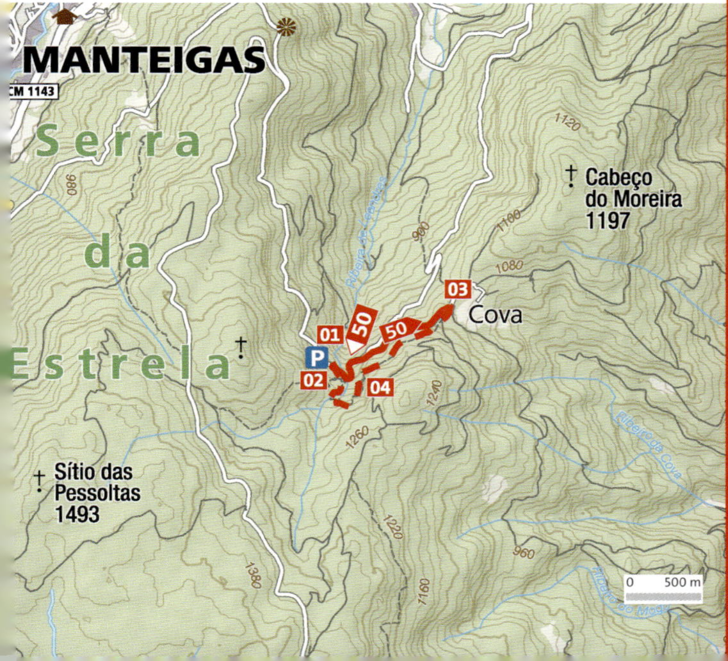

MANTEIGAS

CM 1143

Serra da Estrela

Cabeço do Moreira 1197

Cova

Sítio das Pessoltas 1493

01 02 03 04 50

0 500 m

COVÃO DE SANTA MARIA

Durch das Flusstal des Rio Mondego

 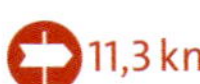 11,3 km  3:00 h 493 hm  493 hm

START | Cruz das Jogadas, 1088 m. Hinweis: Ausreichend Wasser und einen Sonnenschutz mitnehmen!
[GPS: UTM Zone 29 x: 625.853 m y: 4.475.877 m]
CHARAKTER | Abwechslungsreiche Rundwanderung auf Feldwegen und Pfaden. Die Tour ist gelb-rot markiert und trägt die Bezeichnung PR15 – Rota do Covão de Santa Maria. Zusätzlich dienen Wegweiser der Orientierung.
EINKEHR | Keine.

Diese Rundwanderung führt uns um den Berg Fraga da Batalha zunächst auf einer Piste zu einer exponierten Anhöhe, wo einmal ein römisches Lager gestanden haben soll. Die Gegend ist geprägt vom Ackerbau und wir wandern durch die höchst gelegenen Getreidefelder Portugals. Entlang des Rio Mondego und durch ein Seitental schließen wir die Tour.

Ab dem **Parkplatz** 01 am Pass Cruz das Jogadas folgen wir der Beschilderung des PR15 in Richtung Pousada São Lourenço und Covão de Santa Maria. Der Weg führt uns kontinuierlich, zwischen vereinzelt stehenden Kiefern, bergauf zu einer Hochebene.

Entlang von Getreidefeldern gelangen wir zu einem Wegweiser

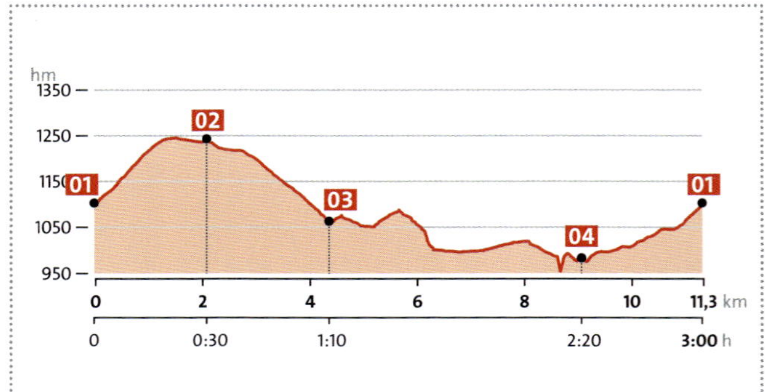

01 Parkplatz, 1088 m; 02 Campo Romão, 1238 m;
03 Covão de Santa Maria, 1060 m; 04 Kapelle, 965 m

am **Campo Romão** 02 und biegen scharf nach rechts in Richtung Covão de Santa Maria ab. Wir wandern auf einer Piste bergab und erreichen den, schon von weitem sichtbaren, Bauernhof **Covão de Santa Maria** 03 im Tal des Rio Mondego.

Über eine Brücke queren wir den Flusslauf und gehen zwischen den Gebäuden des Hofes hindurch. Wir wenden uns auf einen schmalen Weg nach rechts und es beginnt ein sehr schöner Wegeabschnitt über felsiges Gelände. Die Markierungen führen uns durch ein Seitental und über einen Hügel. Dort überqueren wir eine Sandpiste und laufen auf eine Gruppe von Kiefern zu. Wir erreichen einen Schotterweg, den wir nach wenigen Metern nach rechts auf einen Pfad verlassen. Steil bergab kommen wir in das Tal des Rio Mondego. Wir überqueren den Fluss und gehen entlang eines Wasserkanals. Vereinzelt stehende Kiefern prägen das Landschaftsbild. In der Ferne sehen wir ein paar Bauernhöfe, bevor wir einen großen Gutshof mit Pferdeställen passie-

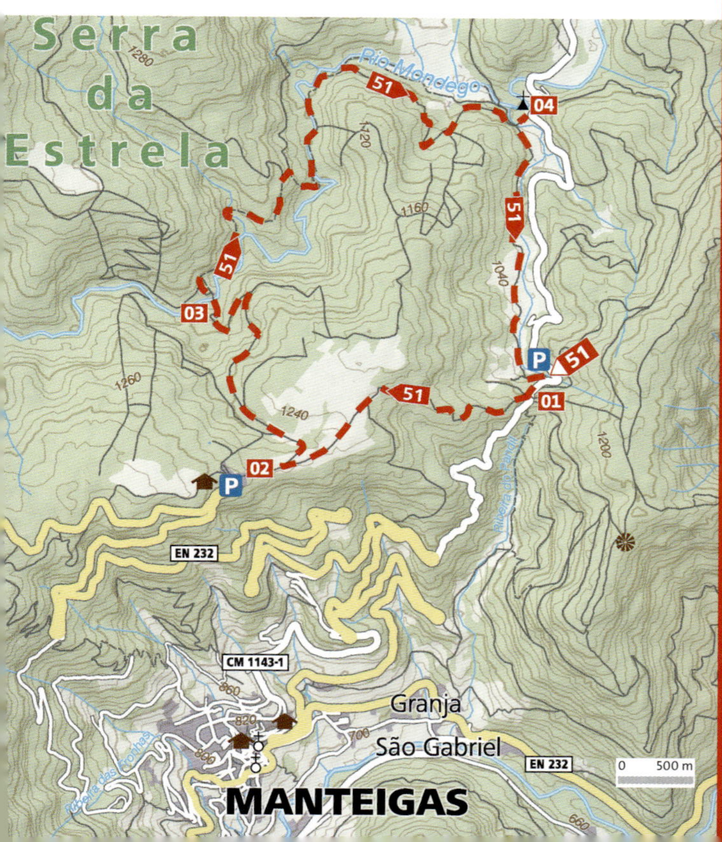

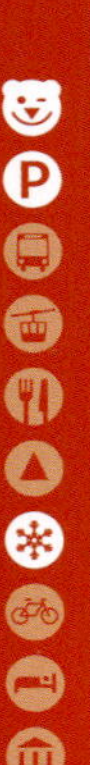

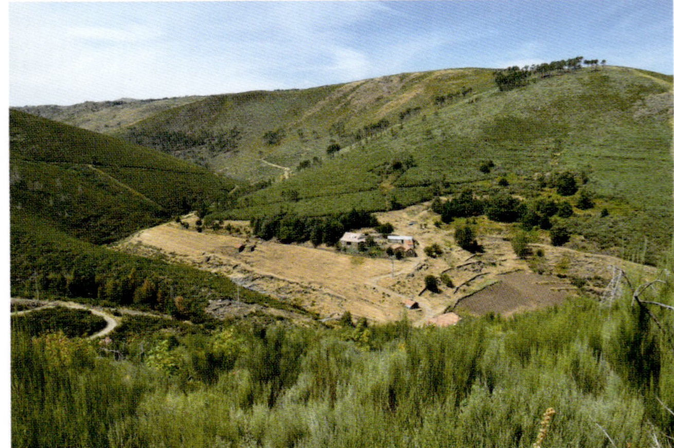

Covão de Santa Maria

ren. Der Weg wird breiter und wir steuern auf die schön gelegene **Kapelle** **04** Senhora do Carmo zu. Ein schöner Ort für eine Pause auf den Picknickplätzen.

Anschließend setzen wir unseren Weg in Richtung Cruz da Jogadas fort. Ein Feldweg führt uns durch ein dünn besiedeltes Tal mit Höfen, Schafen und Ziegen leicht bergan. Einige der alten Hütten wurden schön renoviert und dienen wohl als Wochenendhäuser. Nach einer Haarnadelkurve steigen wir hinauf zu unserem Ausgangspunkt, dem **Parkplatz Cruz das Jogadas** **01**.

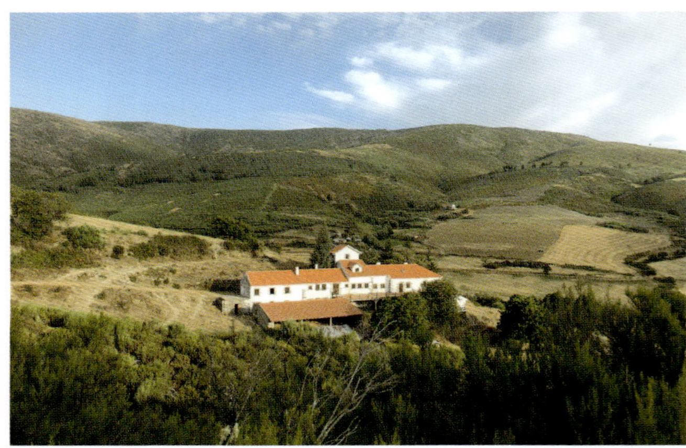

Gutshof mit Pferdeställen

DER BUCHENWALD VON SÃO LOURENÇO

Abwechslungsreiche Rundwanderung im Naturpark Serra da Estrela

 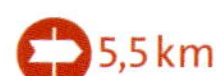 5,5 km 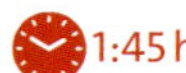 1:45 h  399 hm 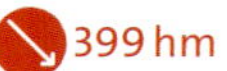 399 hm

START | Cruz das Jogadas, 1085 m. Hinweis: Ausreichend Wasser und einen Sonnenschutz mitnehmen!
[GPS: UTM Zone 29 x: 625.855 m y: 4.475.826 m]
CHARAKTER | Abgesehen von einem steilen Anstieg am Ende der Rundwanderung, eine technisch einfache Tour. Gelb-rote Markierungen und Wegweiser helfen bei der Orientierung auf dem PR13 – Rota das Faias.
EINKEHR | Keine.

Für portugiesische Verhältnisse ist der große Buchenwald bei Manteigas eher ungewöhnlich. Der Forst hat ihn Anfang des 20. Jahrhunderts angelegt. Der Aussichtsturm auf der Höhe dient im Sommer als Brandmeldewachturm.

Wir starten an dem Pass **Cruz das Jogadas** 01 und folgen der Wegweisung in Richtung der Kapelle São Lourenço. Die Sandpiste gabelt sich und wir halten uns nach halblinks. Der Weg gewinnt etwas an Höhe und wir haben eine herrliche Aussicht auf die Stadt Manteigas und in das Gletschertal. Wir passieren eine Quelle und ein altes Steinhaus und gelangen auf der Höhe zu

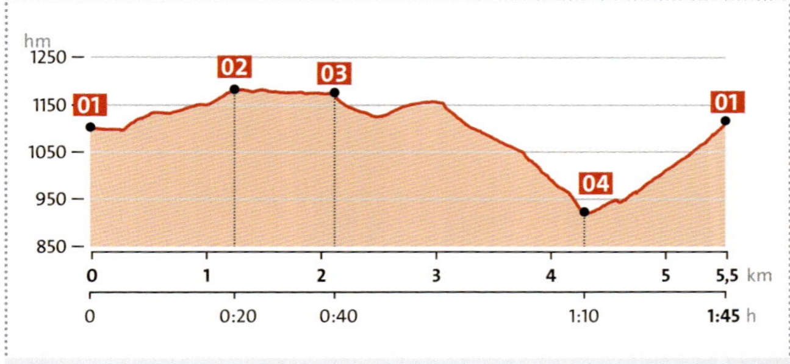

01 Cruz das Jogadas, 1085 m; 02 Kapelle, 1165 m; 03 Aussichtsturm, 1140 m; 04 Hof, 880 m

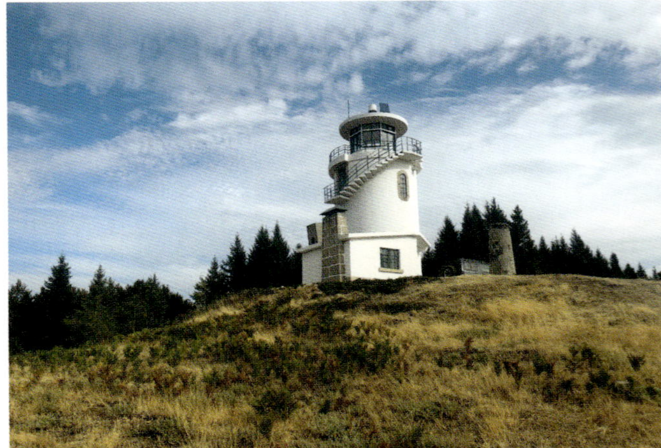
Brandschutzturm hoch über Manteigas

der wunderschön gelegenen, von alten Eichen eingerahmten **Kapelle** 02. Der Panoramablick von dort oben ist grandios.

Wir folgen dem Schotterweg nach rechts und erreichen den **Aussichtsturm** 03, der zur Branderkennung genutzt wird. Hinter

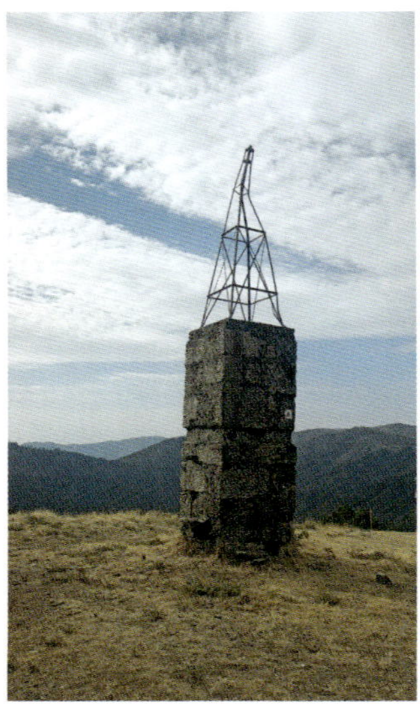
Höhenpunkt mit toller Aussicht

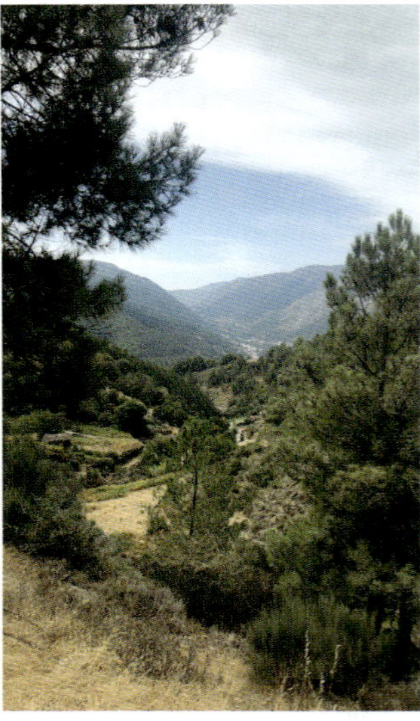
Rückweg durch ein fruchtbares Tal

dem Turm gehen wir auf einem schmalen Weg bergab. An einem Wegweiser biegen wir nach rechts ab und tauchen in einen schönen Buchenwald ein. Nach einem guten Stück gehen wir scharf nach links hangabwärts. An der folgenden Kreuzung mit einer kleinen Holzhütte nehmen wir den unteren Weg, der weiter hangabwärts führt, nach links. Dann wenden wir uns auf einen Pfad nach rechts in Richtung Cruz das Jogadas. Es geht sehr steil bergab in ein bewirtschaftetes Tal. Nachdem wir an ein paar Esskastanienbäumen vorbei gekommen sind, stoßen wir auf einen Wegweiser und wenden uns nach rechts.

In dem Tal liegt ein kleiner **Hof** **04** und das Gelände ist in Terrassen angelegt. Ein Feldweg führt uns bergan und verengt sich schon bald zu einem Pfad. Es folgt ein schweißtreibender Anstieg. Stellenweise ist der Pfad von einem Bachlauf überspült und wir müssen den Feuchtstellen ausweichen. Nach gut 200 Höhenmetern gelangen wir zurück zu unserem **Ausgangspunkt** **01**.

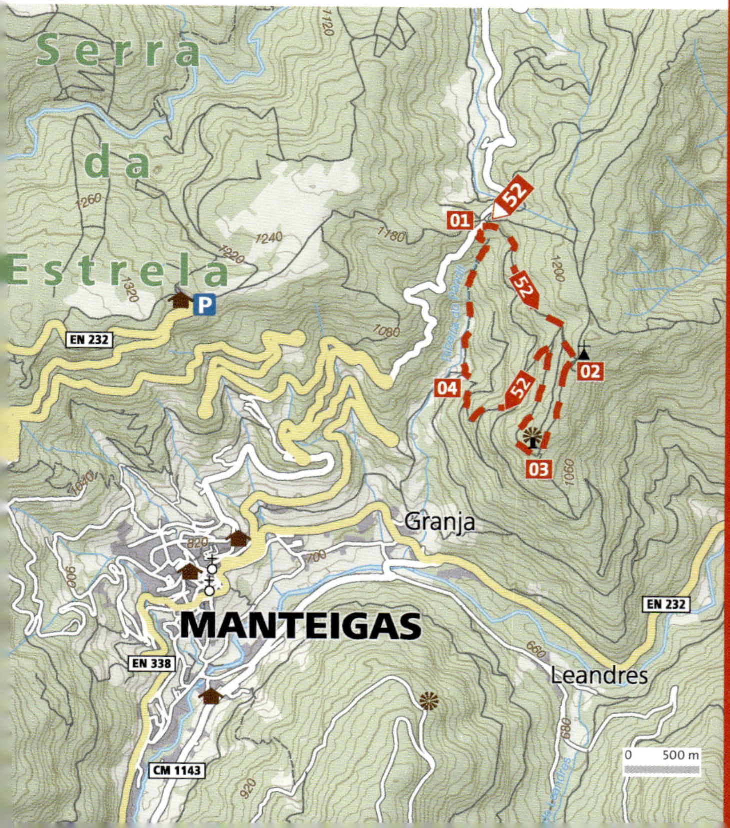

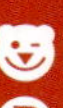
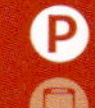
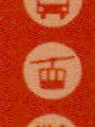

53

FOLGOSINHO

Auf alten Eselswegen auf den Galhardos

  11,3 km  3:15 h 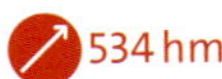 534 hm 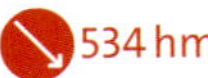 534 hm

START | Folgosinho, 932 m. Hinweis: Ausreichend Wasser und einen Sonnenschutz mitnehmen!
[GPS: UTM Zone 29 x: 625.903 m y: 4.485.250 m]
CHARAKTER | Abwechslungsreiche Rundwanderung auf Pfaden und Feldwegen. Die Tour ist gelb-rot markiert und trägt die Bezeichnung PR1 – Rota dos Galhardos.
EINKEHR | Keine.

Auf alten Wegen, die bereits von den Römern begangen sein sollen, steigen wir zu einem Pass hinauf. Von dem Höhenzug haben wir traumhafte Aussichten, bevor wir durch ein schönes Tal wieder nach Folgosinho kommen.

Wir starten in dem kleinen Ort **Folgosinho** 01 an der Festhalle. Dort finden wir eine Hinweistafel zum Wanderweg. Wir wenden uns nach rechts und gehen am Sportplatz vorbei. In die nächste Querstraße biegen wir nach links ein. Am Friedhof nehmen wir den Pfad geradeaus. Wir passieren ein öffentliches Schwimmbecken mit Picknickplätzen. Ab dort folgen wir einer Asphaltstraße hangaufwärts. Wir überqueren eine Landstraße und folgen einem Pfad. Zunächst ist der Weg nicht gut erkennbar und wir orientieren uns entlang eines alten Fußballfeldes. Dann geht der Weg in einen alten Karrenweg über und wir spazieren an einem alten Steinhaus vorbei.

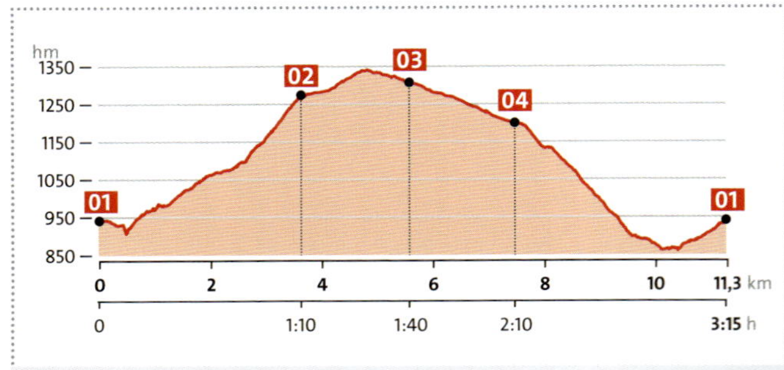

01 Folgosinho, 932 m; 02 Pass, 1275 m; 03 Galhardos, 1310 m; 04 Wegweiser, 1197 m

An einer Verzweigung nehmen wir den Weg nach halblinks. Zwischen hohen Ginsterbüschen geht es kontinuierlich hangaufwärts. Wir kommen in einen Bereich, der von einem Waldbrand gezeichnet ist. Am rechten Wegesrand sprudelt eine Quelle und an manchen Stellen sind im Fels die Furchen von Eselskarren gut erkennbar.

Vorbei an einem weiteren Steinhäuschen gelangen wir zum **Pass** 02. Wir folgen der Sandpiste nach links. Im folgenden Abschnitt ist der Wegeverlauf zusätzlich

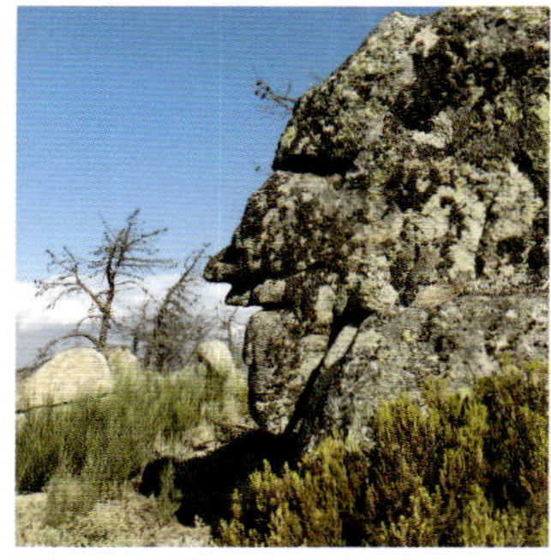

Mit etwas Phantasie ist ein Gesicht erkennbar

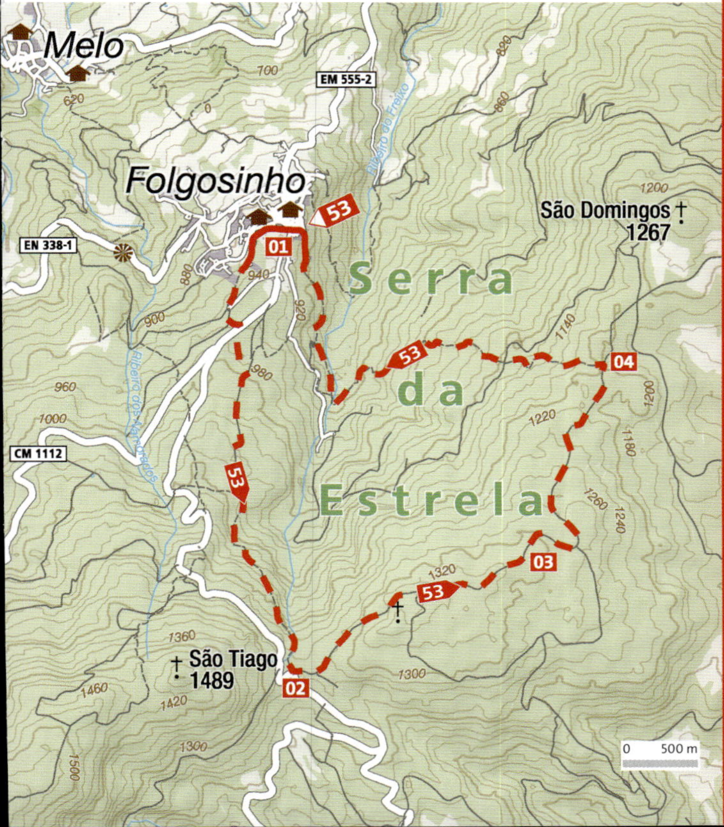

Melo
EM 555-2
Folgosinho
EN 338-1
CM 1112
Ribeira do Freixo
Ribeira dos Namorados
São Domingos 1267
Serra da Estrela
São Tiago 1489
01 02 03 04
0 500 m

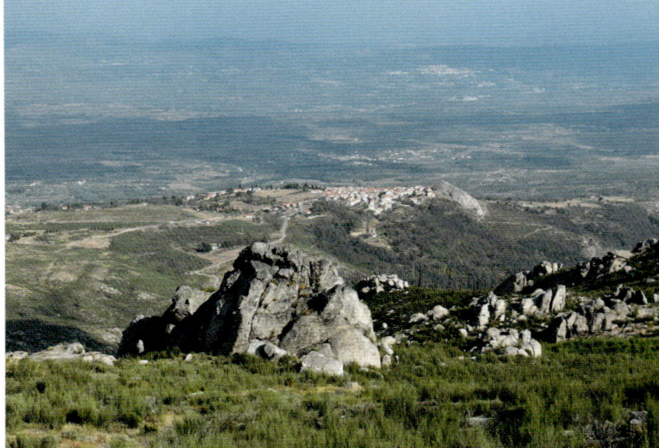

Traumhafte Aussichten auf Folgosinho

weiß-rot markiert. Der Höhenweg bietet uns phantastische Aussichten in alle Richtungen und neben uns können wir bizarre Felsformationen bestaunen. Ein Höhenpunkt markiert den **Galhardos** 03.

Wir tauchen in einen bewaldeten Bereich ein und stoßen danach auf einen **Wegweiser** 04. Dort verlassen wir den GR22 und die breite Piste nach links. Zwischen Gräsern und Ginster geht es bergab. Nach einem guten Stück überqueren wir einen Schotterweg und es folgt ein sehr schöner Wegeabschnitt auf einem Pfad. Nach einem zerfallenen Häuschen führen uns die Markierungen über eine kleine Brücke im Tal. Wir biegen auf einen Pfad nach rechts ab. Vorbei an zwei Häusern halten wir uns weiter auf einen Pfad nach halbrechts. Der Weg bringt uns hangaufwärts durch einen abgebrannten Wald.

Wir erreichen die ersten Häuser von Folgosinho und steigen auf einer gepflasterten Straße bergan. In die nächste Gasse nach links und direkt nach rechts, stoßen wir auf einen großen Waschplatz. Nach links erreichen wir unseren **Ausgangspunkt** 01.

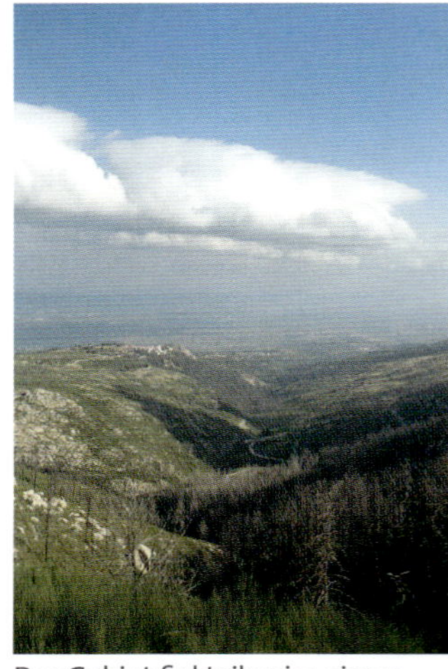

Das Gebiet fiel teilweise einem Waldbrand zum Opfer

LINHARES

Spaziergang um eine Festung

  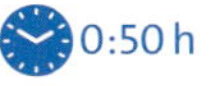 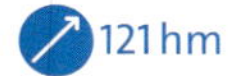 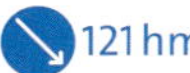

START | Linhares, 798 m. Einkehr: Am Start-/Endpunkt in Linhares. Tipp: Das Restaurant „Cova da Loba"
[GPS: UTM Zone 29 x: 630.318 m y: 4.488.911 m]
CHARAKTER | Einfacher und kinderfreundlicher Spaziergang um eine Burg. Die Tour ist gelb-rot markiert und trägt die Bezeichnung PR1 – Trilho das Ladeiras.
EINKEHR | Am Start-/Endpunkt in Linhares. Tipp: Das Restaurant „Cova da Loba".

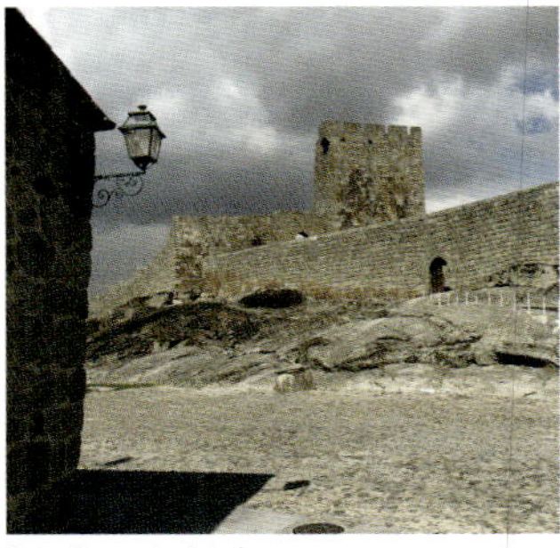
Die Burg in Linhares

Das gesamte Stadtgebilde von Linhares wird von einer wehrhaften Burg überragt, die hervorragend in das landschaftliche Gesamtbild eingefügt ist, sich auf einem enormen felsigen Berg erhebt und von der aus ein außergewöhnliches Panorama geboten wird.

▶ Wir starten unsere kurze Wanderung in **Linhares** 01 neben der Burg an der Wandertafel und folgen dem kleinen, gepflasterten Sträßchen. Die Markierungen füh-

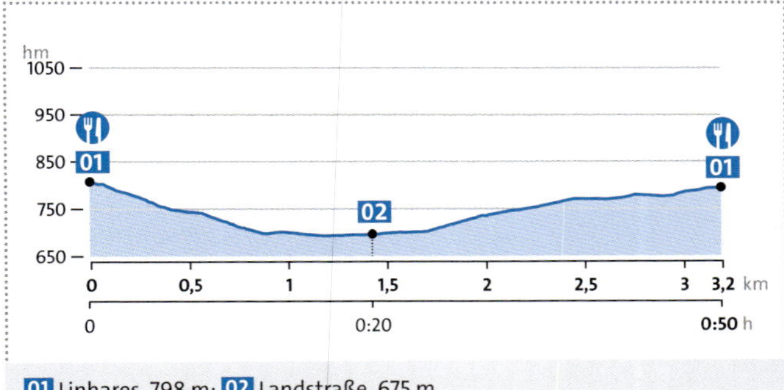

01 Linhares, 798 m; 02 Landstraße, 675 m

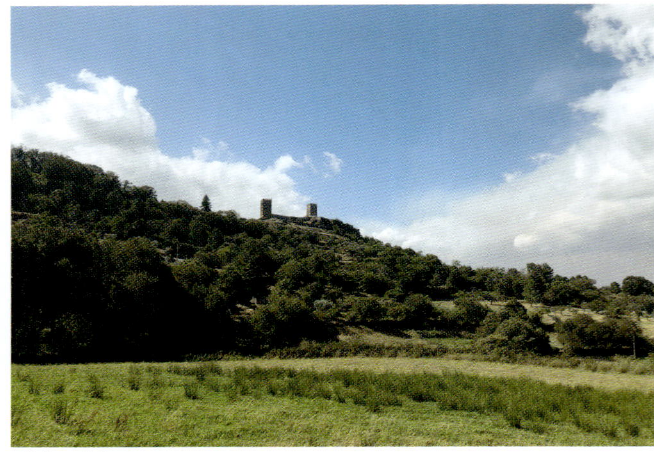

Blick auf die Burg

ren uns nach links hangabwärts neben Olivenbäumen. Neben uns fließt ein kleiner Bewässerungskanal. Der Weg verläuft unterhalb

Linhares

der Burg und wir überqueren eine Landstraße. Dann wenden wir uns nach rechts auf einen Schotterweg. An einer Gabelung fädeln wir vor einem Eisentor nach halbrechts ein. Wir kommen an einem uralten Esskastanienbaum vorbei und wandern zwischen Feldern und Weideflächen immer geradeaus.

An einem Landeplatz für Paraglider erreichen wir eine **Landstraße 02**. Wir folgen ihr ein kurzes Stück nach rechts. Von dort haben wir einen wunderschönen Blick zurück auf die Burg. Dann biegen wir nach links in Richtung Videmonte ab. Nach kurzer Strecke nehmen wir einen Feldweg nach rechts. Er führt uns in Kurven hangaufwärts und an einem großen, weißen Haus gehen wir geradeaus weiter.

Zwischen schönen Esskastanienbäumen und über eine gepflasterte Straße gelangen wir zurück zur **Burg 01**.

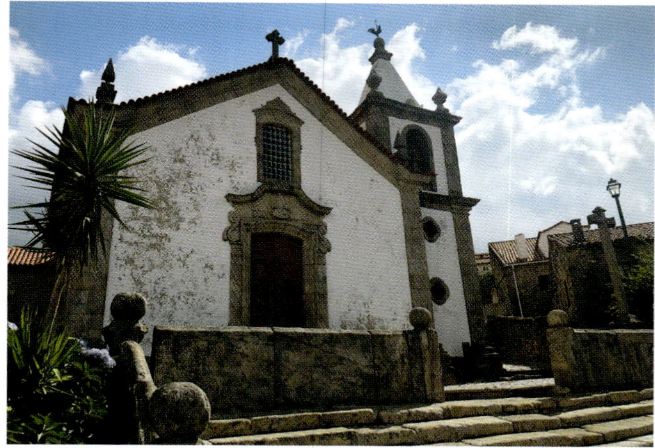

Kirche in Linhares

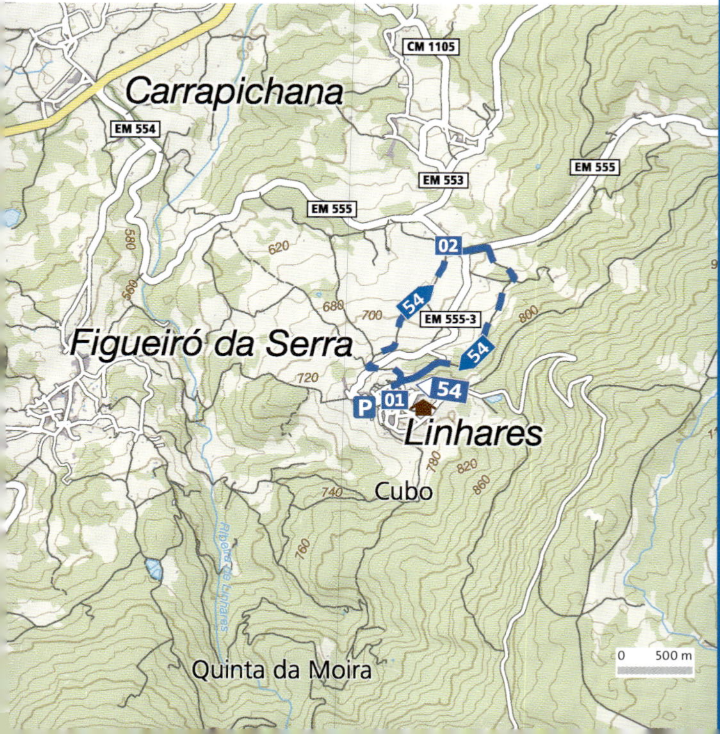

55

MEIOS

Kinderfreundliche Rundwanderung durch eine interessante Kulturlandschaft

 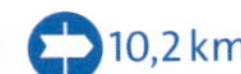 10,2 km 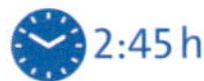 2:45 h  260 hm  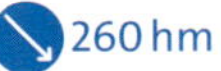 260 hm

START | Meios, 928 m. Hinweis: Ausreichend Wasser und einen Sonnenschutz mitnehmen!
[GPS: UTM Zone 29 x: 638.982 m y: 4.483.816 m]
CHARAKTER | Einfache Rundwanderung auf Feldwegen mit nur mäßigen Steigungen. Die Tour ist gelb-rot markiert und trägt die Bezeichnung Trilho das Canadas.
EINKEHR | Keine.

Diese Wanderung führt uns durch typische Dörfer der Region und durch eine beeindruckende Kulturlandschaft zu einer interessanten Felsformation, die einmal als Behausung für Hirten diente.

▶ Wir beginnen unsere Tour in **Meios** 01 an der Kirche. Mit dem Rücken zur Kirche nehmen wir eine kleine, gepflasterte Straße nach rechts. Wir gelangen zu einer Landstraße und gehen direkt nach rechts in Richtung Friedhof. Die Markierungen führen uns am Waschhaus vorbei, dann nach links und gleich nach rechts entlang einer weißen Mauer. Das asphaltierte Sträßchen verläuft zunächst noch zwischen ein paar Häusern, dann zwischen Viehweisen und Feldern. Vor einem gelben Haus fädeln wir nach halbrechts ein. Wir gelangen in eine Gruppe von Steinhäusern, die seit jeher ausschließlich für Tiere genutzt

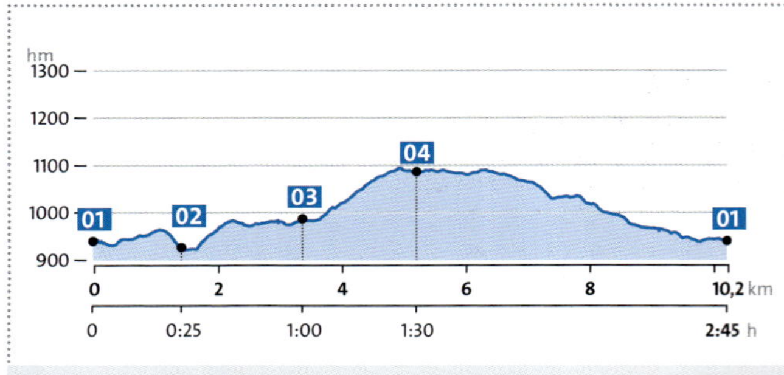

01 Meios, 928 m; 02 Fernão Joanes, 918 m; 03 Kapelle, 985 m; 04 Cortelha do André, 1080 m

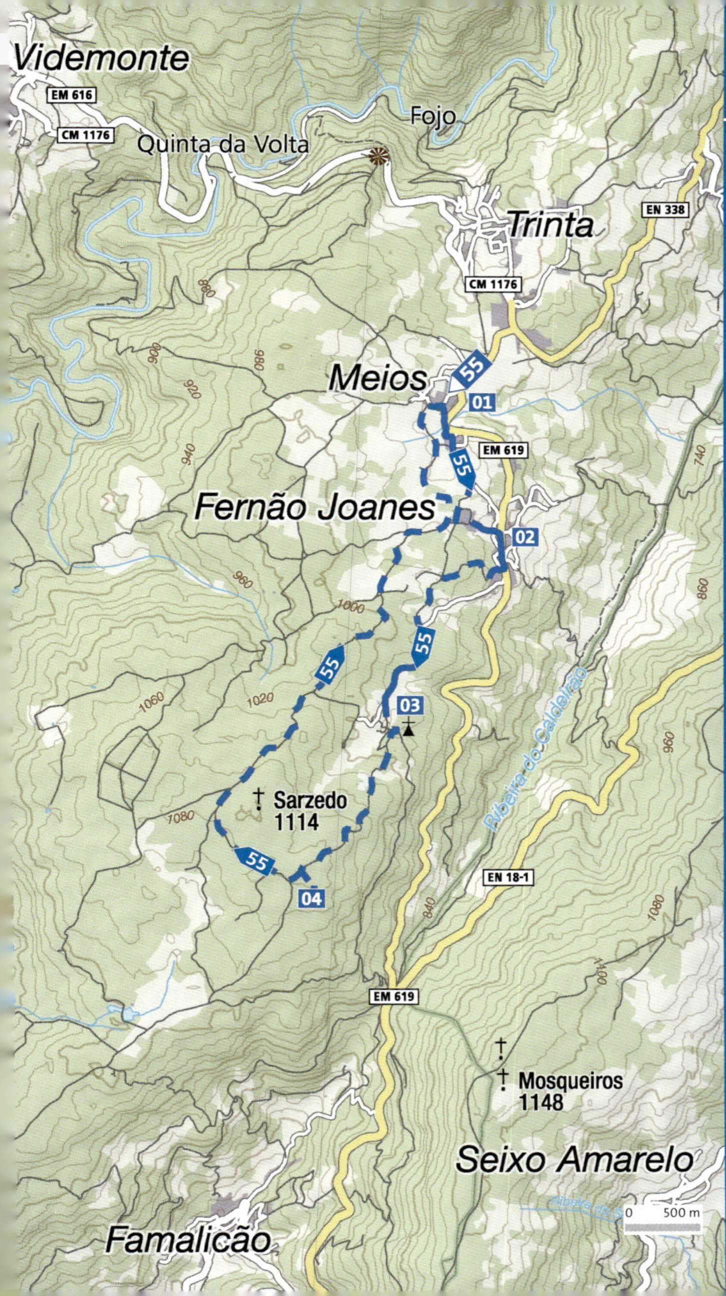

Videmonte
EM 616
CM 1176
Quinta da Volta
Fojo
Trinta
EN 338
CM 1176
Meios
55
01
EM 619
Fernão Joanes
02
03
Sarzedo
1114
04
EN 18-1
Ribeira do Caldeirão
EM 619
Mosqueiros
1148
Seixo Amarelo
Famalicão
0 500 m

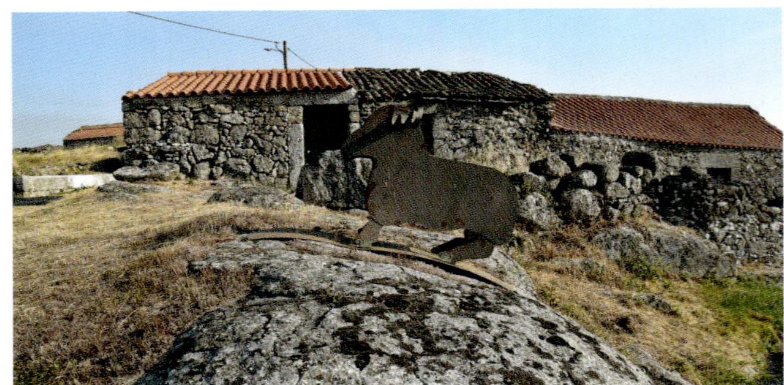

Skulpturen zieren das Dorf der Tiere

wurden bzw. noch genutzt werden. Dieses „Dorf der Tiere“ ist mit Skulpturen geschmückt – ein Esel, ein Widder.

Die Markierungen führen uns zwischen den Häusern hindurch nach links, steil bergab in die Ortschaft **Fernão Joanes** 02. An der Hauptstraße wenden wir uns nach rechts. Gegenüber vom Friedhof biegen wir erneut nach rechts ab. Es geht bergan und wir umrunden das letzte Haus auf einem Pfad. Ein Feldweg schlängelt sich hinauf zu einer breiten Sandpiste. Dort halten wir uns nach links. Wir stoßen auf ein Asphaltsträßchen, dem wir nach rechts folgen. Vorbei an einem Steinkreuz erreichen wir eine Gabelung. Dort können wir einen Abstecher zu der schön gelegenen **Kapelle** 03 „Nossa Senhora do Soito“ machen.

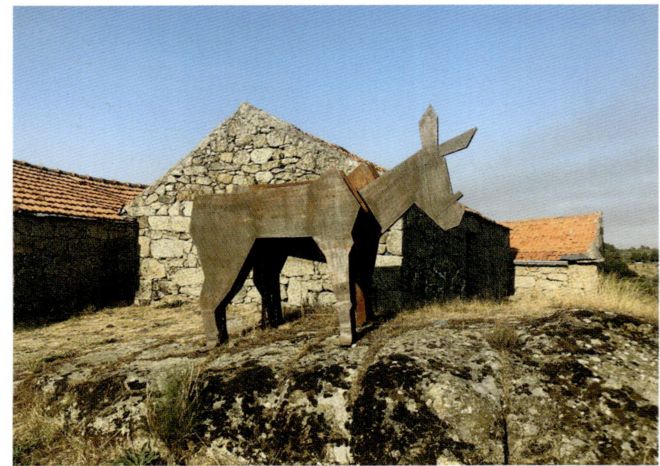

Eselsfigur vor alten Steinhäusern

Unsere Tour verläuft jedoch in Richtung Cortelha do André nach links. Wir passieren schön gelegene Rastplätze, die zu einer Pause einladen. Weiter geht es durch einen Kiefernwald in Kurven bergan. Zwischen Eichen, Kiefern und hohen Felsbrocken gewinnt der Weg an Höhe. Wir machen einen Abstecher zur **Cortelha do André** 04.

Anschließend setzen wir unseren Weg auf der Schotterpiste fort. Wir nehmen den nächsten Weg nach rechts und wandern durch eine schöne Ginster- und Kiefernlandschaft mit vereinzelten Felsformationen. Von links stoßen zwei Wege zu unserem hinzu. An einer Gabelung halten wir uns nach links und an einer Kreuzung nach halbrechts entlang eines jungen Kiefernwaldes. Neben einem zerfallenen Steinhaus wenden wir uns nach rechts und schlagen kurz darauf in einen Feldweg nach links ein. Vorbei an einem Privatgrundstück laufen wir zwischen Ginsterbüschen nach rechts und neben Viehweiden erneut nach rechts. Dann geht es halb nach links auf die Ortschaft Meios zu. Entlang von Kleingärten gelangen wir in die Ortschaft zurück. Im Ort halten wir uns nach rechts und erreichen unseren **Ausgangspunkt** 01.

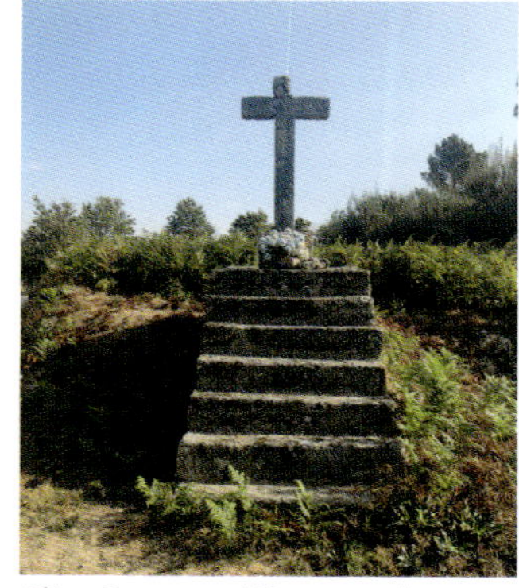

Altes Kreuz am Wegesrand

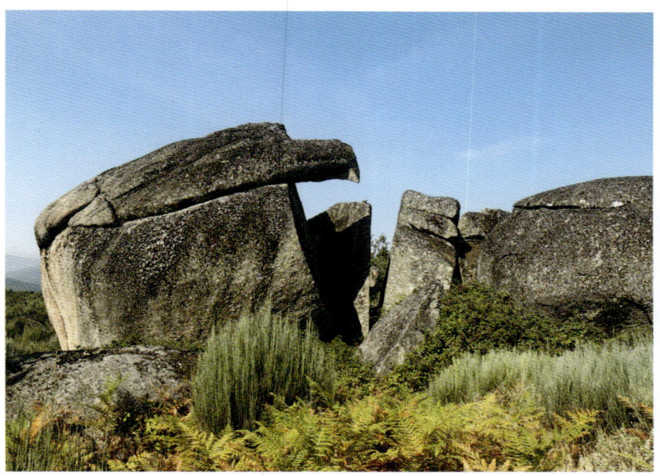

Schöne Felsformation

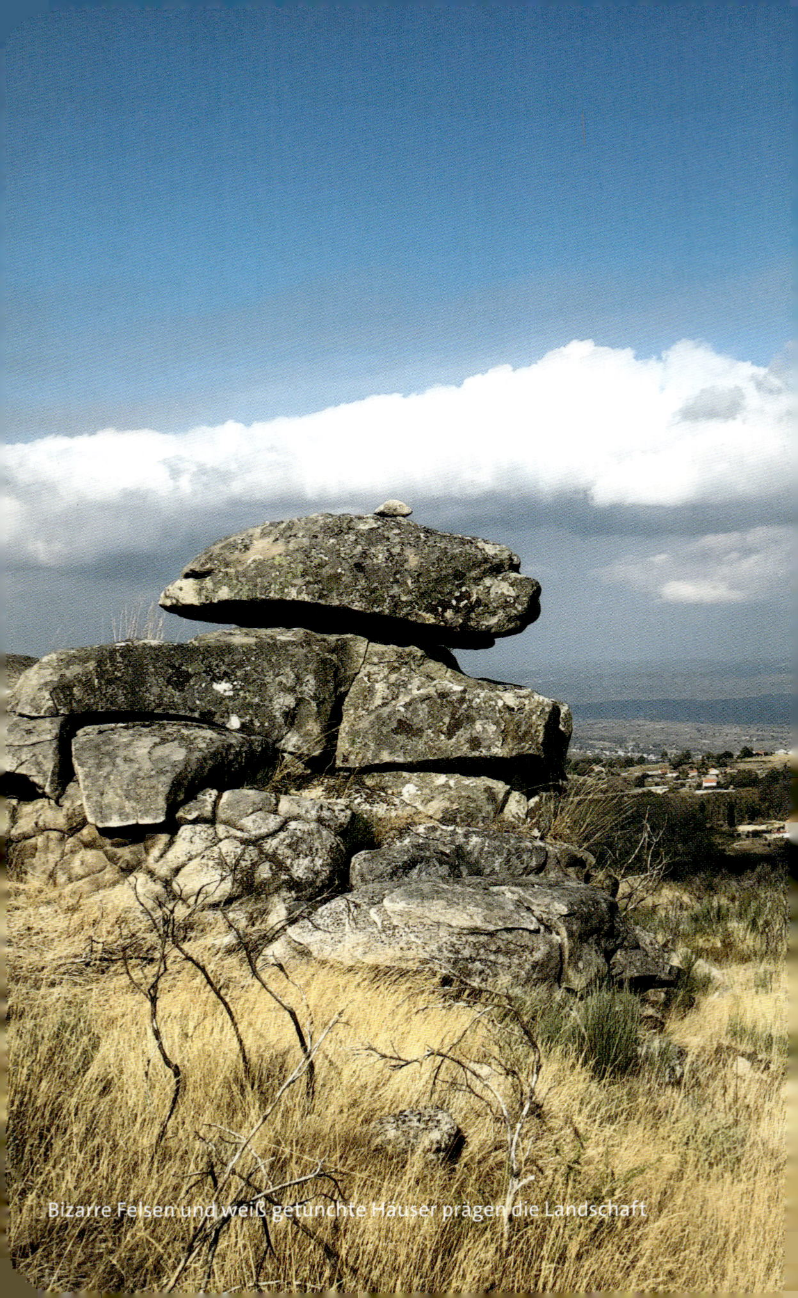

Bizarre Felsen und weiß getünchte Häuser prägen die Landschaft

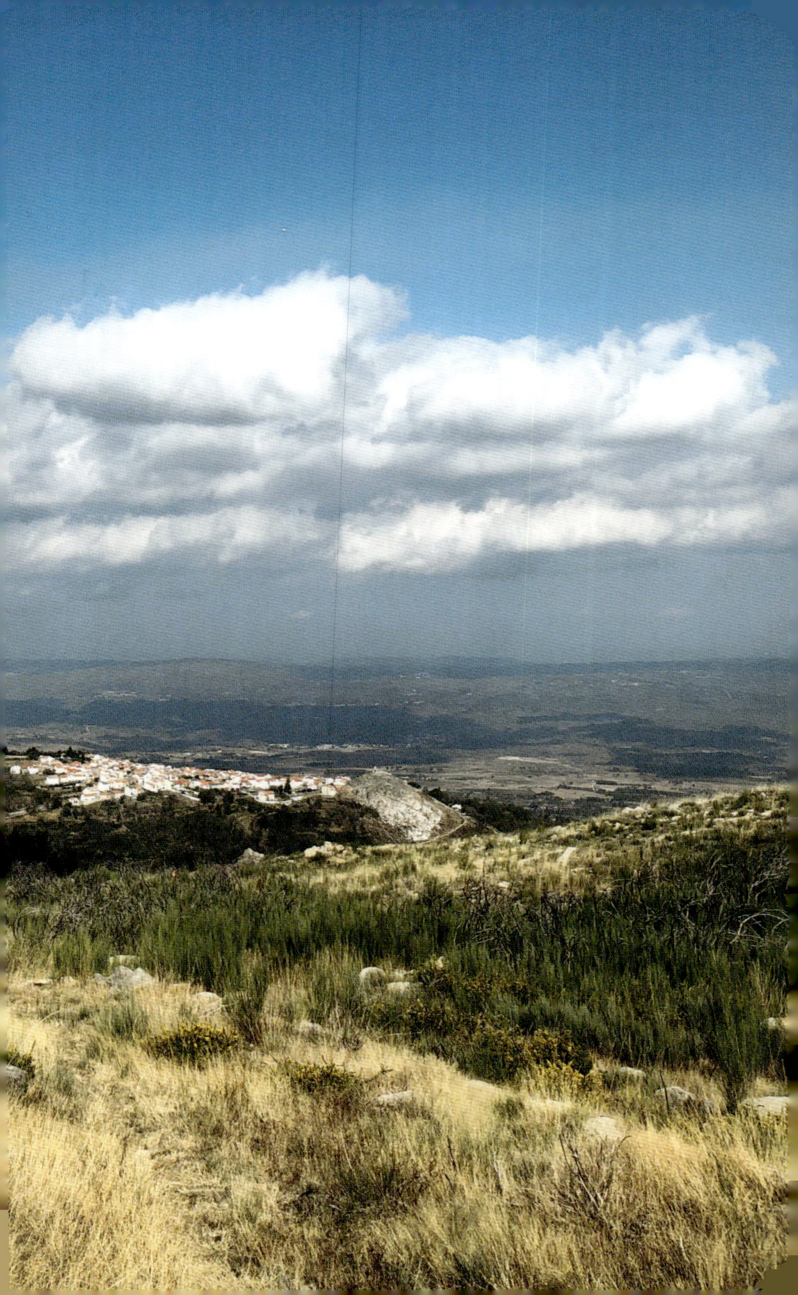

ALLES AUSSER WANDERN

Pena Aventura Park
Freizeitpark mit vielen sportlichen Attraktivitäten.
Rua do Complexo Turístico
de Lamelas, nº 2
Portela de Santa Eulália
4870-129 Ribeira de Pena
+351 259 498 085
www.penaaventura.com.pt

Magikland
Insbesondere für Kinder zwischen 5 und 10 Jahren sehr interessant.
Rua de Santo André, nº 1279
4560-221 Penafiel
+351 255 712 357
www.magikland.pt

Wasser- und Freizeitpark Piscinas Foz do Cávado – Esposende2000
Av. Eng.º Eduardo Arantes e Oliveira
Esposende
4740-204 Esposende
+351 253 964 182
www.esposende2000.pt

Parque Aquático de Amarante
Rua do Tâmega, nº 2245
4600-909 Fregim – Amarante
+351 255 410 040
www.parqueaquaticoamarante.com

Water Park Gerês
Praia fluvial de Alqueirão
R. ER 205-5 638, Vilar da Veiga
+351 915 658 866
www.waterparkgeres.pt

Live Beach – Praia de Mangualde
Avenida Senhora do Castelo
Mangualde
+351 962 663 400
www.livebeach.pt

Azurara Park Adventure
Rua das Flores Azurara
4480-190 Vila do Conde
+351 252 641 395
www.azurara-parque-aventura.com

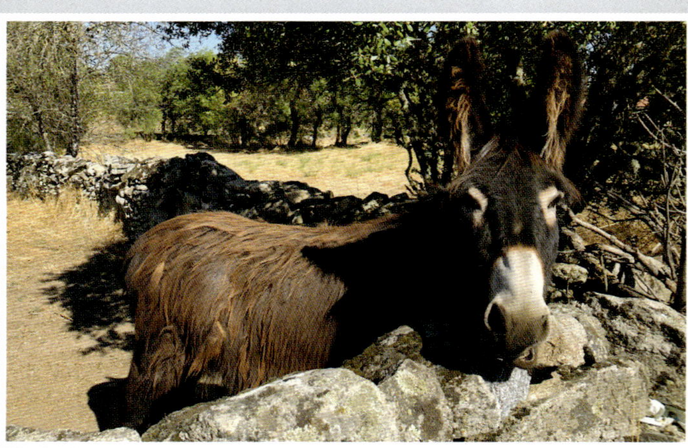

Esel finden sich in jedem Dorf

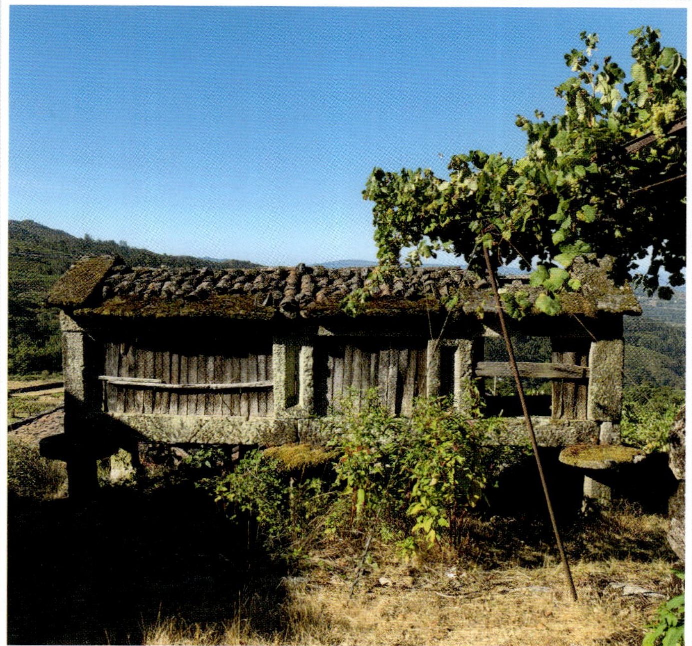

Alter Kornspeicher

Nahezu in jedem kleinen Dorf, in jeder Stadt oder entlang des Meeres und in den Bergen finden wir Hinweise auf eine Unterkunft.

Eine sehr interessante Auswahl an Ferienhäusern und Ferienwohnungen: https://www.traum-ferienwohnungen.de/europa/portugal

Während unserer Touren im Norden Portugals waren wir ausschließlich auf ausgesuchten Campingplätzen unterwegs. Wir lieben die Abgeschiedenheit und meiden den Trubel. So haben wir besonders schöne Zeiten auf den folgenden Plätzen verbracht:

Camping Covas
4920-042 Covas

Nationalparkzentrum Porta do Mezio
4970-660 Soajo

REGISTER

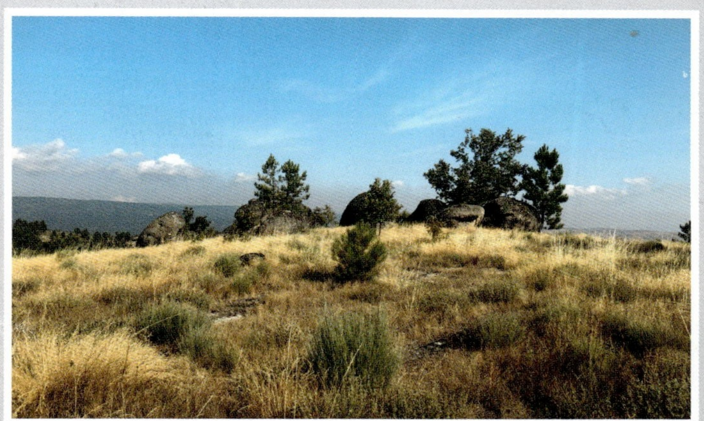

Felsen, Kiefern, Heide, Ginster

IMPRESSUM

1. Auflage 2022 Verlagsnummer 5974 ISBN 978-3-99121-480-9

Text und Fotografie: Astrid Sturm

Bildnachweis: Alle Bilder stammen von der Autorin

Titelbild: Weinanbau im Tal des Douro (© Astrid Sturm)

Grafische Herstellung: Maria Strobl
Wanderkartenausschnitte: © KOMPASS-Karten GmbH
OpenStreetMap Contributors (www.openstreetmap.org)

Alle Angaben und Routenbeschreibungen wurden nach bestem Wissen gemäß unserer derzeitigen Informationslage gemacht. Die Wanderungen wurden sehr sorgfältig ausgewählt und beschrieben, Schwierigkeiten werden im Text kurz angegeben. Es können jedoch Änderungen an Wegen und im aktuellen Naturzustand eintreten. Wanderer und alle Kartenbenützer müssen darauf achten, dass aufgrund ständiger Veränderungen die Wegzustände bezüglich Begehbarkeit sich nicht mit den Angaben in der Karte decken müssen. Bei der großen Fülle des bearbeiteten Materials sind daher vereinzelte Fehler und Unstimmigkeiten nicht vermeidbar. Die Verwendung dieses Führers erfolgt ausschließlich auf eigenes Risiko und auf eigene Gefahr, somit eigenverantwortlich. Eine Haftung für etwaige Unfälle oder Schäden jeder Art wird daher nicht übernommen. Für Berichtigungen und Verbesserungsvorschläge ist die Redaktion stets dankbar. Korrekturhinweise bitte an folgende Anschrift:

KOMPASS-Karten GmbH
Karl-Kapferer-Straße 5, A-6020 Innsbruck
www.kompass.de/service/kontakt

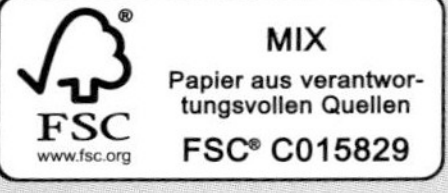